전주정보영상진흥원 - 총서5

영상편집 기술매뉴얼

Post Production Technical Manual

이상모 · 박영신 공저

Introduce

머리말

저희 전주정보영상진흥원은 첨단 디지털 영상시대에 발맞추어 영상산업 분야의 후반제작거점화라는 특화전략 아래 그동안 디지털 영상 후반제작시설로서 '전주영화제작소'와 '음향마스터링스튜디오'를 구축하여 운영해오고 있다.

아울러 이를 바탕으로 디지털 영상편집(DI색보정 교육 포함)과 음향편집 기술교육을 통해 현장 실무형 전문인력을 양성하여 관련 기업현장에 배출하고 있다.

이런 사업들을 계기로 영상산업 분야의 편집기술에 관한 기본 입문지식과 실무과정을 터득하는데 편의를 제공하는 취지에서 이번 '영상편집기술 매뉴얼'이라는 또 하나의 총서를 펴내게 된 것이다.

지난해에 발간된 '디지털 색보정 매뉴얼북'에 이어 이번 총서도 디지털 영상편집 분야에 진출하고자 하는 분들께 귀중한 가이드가 되었으면 하는 바램이다.

이 책이 완성되기까지 기본원고를 집필하신 이미지카의 이상모 대표를 비롯하여, 영상편집툴인 '파이널 컷 프로'의 프로세스와 실제 사례를 집필하신 박영신, 출판을 맡아주신 MJ미디어사의 나영찬 대표님께 두루두루 깊이 감사드린다.

아무쪼록 이 책이 영상편집에 관한 유익한 길잡이가 되어주길 기대해 본다.

2011년 7월

원장 박 광 진

저자의 말

영화의 '제7예술선언'은 영화가 건축과 미술 등의 조형예술과 음악과 시로 표현되는 시간예술이 합쳐져 종합예술로서의 새롭게 탄생한다는 선언이다. 편집은 이러한 조형예술과 시간예술을 종합예술로 완성해내는 마지막 보루이다. 그러므로 영화는 편집으로 완성된다고 해도 과언이 아니다. 편집도 매뉴얼에 의한 기계조작만으로는 영상예술을 만들어내기에 역부족이다. 영화가 예술일 수 있는 이유는 편집이라는 과정을 거치기 때문이다.

강단에서 편집 강의를 시작할 때면 학생들은 마음이 급하다. 이론적인 개념원리는 그만 설명하고 빨리 편집기술을 가르쳐 달라고 성화다. '파이널 컷 프로', '프리미어', '아비드', '애프터이펙트' 등을 이용해서 자르고, 붙이고, 변형시키는 편집툴은 하나의 도구일 뿐이다. 사용법은 매뉴얼에 나와 있다.

그렇다면 무엇을 가르치고 배우게 할 것인가? "자식에게 고기를 잡아주는 것보다 고기잡는 방법을 가르쳐라"는 교훈처럼 이 책의 1~2장에서는 '고기잡는 법'으로 편집의 이론적 체계와 개념원리를 설명하고, 3장에서는 대표적인 편집툴로서 '파이널 컷 프로'의 사용법과 실례를 담고 있다.

아무리 마음이 급해도 편집 매뉴얼을 열어 보기 전에 먼저 편집 이론을 습득하고, 원리를 터득해야 한다. 영화는 탄생한 지 100여년 동안 시

대별, 장르별로 수많은 실험과 시행착오를 거쳐오면서 편집론(Montage)이라는 이론적 체계를 확립했기에, 노하우를 습득하기 이전에 편집의 흐름을 파악하는 것도 중요한 것이다.

편집은 인간의 아날로그적인 감성을 디지털 기술로 빚어 감동을 만들어내는 예술행위이다. 진흙에서 질그릇이 만들어지느냐, 백자가 만들어지느냐는 도공이 쏟아내는 공력(功力)의 차이가 아닐까? 아무쪼록 이 책이 영상편집에 관한 길라잡이가 되기를 진심으로 기대하는 바이다.

2011년 7월

저자 이 상 모

Contents

차 례

제 3 장

파이널 컷 프로 / 173

01

영상편집이란 무엇인가?

PART 1

영상편집이란 무엇인가?

01 영상편집의 이해

한 편의 영화 제작을 위해 찍어놓은 촬영 소스로서 한옥풍의 집이 있다고 설정하자. 집안에는 40대 아주머니를 비롯하여, 나이 어린 남자아이와 소녀, 그리고 머리가 하얗게 센 백발의 노인 두 명이 있다면 우리는 먼저 이들의 관계를 알아야 영상편집을 할 수 있다. 노인 두 분이 하룻밤 묵고 가는 나그네인지, 친정 부모인지, 40대 아주머니가 아이들의 어머니인지, 아니면 감금상태로 유괴를 당했는지, 이들의 관계를 알아야 본격적인 편집이 가능하다.

물론 드라마인 경우에는 시나리오와 콘티, 다큐멘터리인 경우에는 구성 대본 등에 의해서 촬영되어지면 촬영된 쇼트들만으로는 단순히 한 집 안에 5명의 사람이 존재하는 것이지만, 편집에 의해서 엮어져야 비로소 이들 각 개체들의 관계가 성립되고 이 집 안에서 하나의 이야기가 꾸며질 수 있다.

이처럼 영상편집에 의해서 각 개체(Shot)들 간에 유기적인 관계를 설정해내고, 개체(Shot)들 간에 생명력을 부여해 한 편의 이야기를 만들어내는 것이다.

영상편집이란? - 편집의 기본 요소

영상의 편집이란 촬영된 영상(Shot)들의 내용을 효과적으로 전달하기 위해서 상황과 문맥에 따라 배열하는 것을 말한다. 촬영과정에서는 현장의 편의에 맞게 내용상의 순서는 무시되고 촬영된 쇼트들은 편집을 통해서 사건의 연속적인 흐름을 유지하고 의도하고자 하는 프로그램으로 만들어진다.

영상편집의 가장 기본적인 기능은 촬영된 쇼트의 선택이다. 가장 효과적이고 의미 있는 시각적인 쇼트를 선택하고, 적절하지 못한 쇼트는 버리는 것이다. 편집과정을 통해서 시간과 공간의 순서 없이 촬영된 불필요한 화면을 제거하고, 재구성을 통해서 새로운 의미를 부여한다. 영화가 하나의 예술작품으로 탄생할 수 있는 이유도 이러한 재창조(Reproduction)의 편집과정을 거쳐서 만들어지기 때문이다.

일반적으로 편집이 잘된 경우에는 시청자가 편집과정을 인식하지 못하고 물 흐르듯 자연스럽게 화면 자체에 몰입하게 된다. 그래서 편집은 보이지 않는 예술이라고도 한다. 구체적인 편집의 기능은 촬영한 쇼트(Shot)들에 대한 결합(Combine), 압축(Condense), 수정(Correct), 구성(Build)으로 설명되기도 한다.

■ 쇼트(Shot)의 배열

쇼트의 배열은 수만큼 다르게 나타난다. 마치 바둑판 위에 돌을 얹어가듯, 쇼트의 배열은 제작자의 의도와 계산 속에 다양해질 수 있기 때문이다. 쇼트를 어떻게 배열하는가에 따라 전체적인 의미와 깊이가 달라질 수 있다. 시청자들은 배열에 따라 두 개의 쇼트를 심리적으로 다르게 연결짓고, 이것이 연출자가 자신의 메시지를 시청자에게 받아들여지게 하기 위해 선택하고 배열하는 편집의 기본 개념이다. 쇼트의 배열에도 문장을 만들 때와 같이 기본적인 문법이 있는데 그것을 영상문법이라고 한다.

쇼트를 편집할 때 쇼트를 어떤 속도로, 어느 만큼의 길이로 배열하는가에 대한 결정은 편집의 세련도와 직결된다. 쇼트의 길이와 속도를 판단할 때 다음과 같은 요소들의 검토가 필요하다.

- 쇼트의 복잡성, 난이도

모든 쇼트는 각기 보여주고자 하는 정보와 정서를 지니고 있다. 그리고 그 정보와 정서를 시청자로 하여금 충분히 인지할 수 있게 하고, 의도한 느낌을 느낄 수 있게 하는 것이 편집의 기본이라 할 수 있다. 이를 위해서는 쇼트가 지닌 중요도, 복잡성, 난이도에 따라 쇼트의 길이를 적절히 조절해야 한다. 일반적으로 내포된 정보와 정서가 많이 얽혀 있고 난이도가 높은 쇼트일수록 그 길이는 늘리고, 변화 속도는 완만하게 하는 편집이 효과적이다.

- 쇼트의 친숙도, 인지도

일상에서 많이 보고 많이 들은 내용은 짧게 표현해도 쉽게 내용이 전달되듯이, 이미 본 듯한 쇼트일수록 간단히 처리하는 것이 효과적이다. 일반적으로 친숙도와 인지도가 낮은 쇼트일수록 그 길이는 늘리고, 변화 속도는 완만하게 하는 편집이 효과적이다.

- 쇼트의 리듬, 호흡

음악에 리듬이 있고 강약이 있듯이, 쇼트의 배열에도 리듬과 호흡이 있다. 쇼트의 리듬과 호흡에 따라 시청자의 감정이 진전되는 속도가 달라지는데, 잘 조화된 프로그램은 끊임없이 그 리듬과 호흡을 재조정하고 있다. 일반적으로 쇼트의 리듬과 호흡은 전체 프로그램의 길이가 짧은 것일

수록 빨라지기 마련이다.

■ 쇼트(Shot)와 컷(Cut)

쇼트(Shot)와 컷(Cut)은 영상언어의 최소단위이다. 쇼트는 촬영의 최소단위로, 카메라의 셔터를 눌러서 돌기 시작해서 멈출 때까지 기록된 영상이다. 컷(Cut)은 편집에서 사용되는 최소 단위로 쇼트와 같이 쓰이기도 하지만, 엄밀한 의미에서는 촬영된 1쇼트를 두 장면으로 나누었을 때는 2컷(Cut)이 된다.

■ 씬(Scene)과 시퀀스(Sequence)

씬(Scene)은 동일한 장소, 동일 시간 내에서 일어나는 일련의 상황을 일컫는 장면이다. 보통 몇 개의 쇼트(컷)이 모여 의미를 갖는 씬을 구성한다. 시퀀스(sequence)는 장소, 액션, 시간이 연속성을 통해 하나의 에피소드를 이루는 이야기가 시작되고 끝나는 독립적 구성단위를 말한다. 씬이 모여 하나의 의미 있는 단락, 즉 시퀀스를 구성한다.

※ 쇼트(Shot), 컷(Cut) 〉 씬(Scene) 〉 시퀀스(Sequence)

영상편집의 발견

초기의 영화들은 연극무대 앞이나 주어진 한 장소에서 카메라를 고정시켜놓고 움직임 없이 기록하는 정도였다. 단순하게 이미지를 기록하는 것만으로 만족했으므로 카메라를 어디에 배치하는 것이 좋은지에 대해서는 거의 생각하지 못했다. 또한 영화는 신기한 마술이나 연극장면들이 주를 이루었고, 커트 없이 시각적인 액션들을 1장면 1쇼트로 구성하였으며, 액션이 끝나면 영화도 끝났다. 당시의 영화는 '필름다르'라고 불리는 일종의 무대극 형태의 필름의 단편들이었다.

예컨대, '영화의 아버지'라 불리는 미국의 그리피스(D. W. Griffth)와 '편집기법의 창시자'라고 할 수 있는 포터(Edwin S. Porter)의 작품들은 이러한 단순 기록에 불과했던 활동사진들에 편집기법을 적용하면서 영화를 예술로 발전시키는데 많은 공헌을 했다.

미국의 포터(Edwin S. Porter)는 〈대열차 강도 The Great Train Robbery, 1930〉에서 다른 장소에서 벌어지는 사건들을 극적인 시간에 따라 적절히 교차편집하여 이른바 평행 편집의 가능성을 제시하였으며, 쇼트가 영화표현의 최소단위라는 개념을 발견함으로써 '편집의 창시자'로 불리워지게 됐다. 그러나 참다운 의미에서의 편집의 발견자는 그리피스(D. W. Griffth)라고 할 수 있다.

이는 포터가 비록 쇼트의 개념을 발견하기는 하였으나, 〈대열차 강도〉 이후의 작품에서 다시 씬(Scene)을 영화 표현의 최소단위로 보는 단계로 되돌아갔을 뿐 아니라, 그의 쇼트(Shot) 개념도 씬과 대동소이한 것이었기 때문이다. 그의 카메라 움직임은 쇼트의 개념에 의한 의도된 조작이 아닌 작업 시 따르는 물리적인 불가항력으로 인한 움직임으로 보아야 할 것이다.

이에 반해 D. W. 그리피스는 클로즈업(Close-Up) 쇼트의 심리적 효과를 발견하고 편집시에 적절히 사용하여 인간의 감정이나 심리 묘사를 통한 긴장감을 높임으로써 당시의 영화가 지니지 못했던 예술성을 발견하였다. 그리피스는 영화에서 세부묘사를 통한 의미표현을 대단히 중요하게 생각했다. 예를 들면, 물기를 담고 있는 눈동자, 불끈 쥔 주먹, 입술에 어리는 슬픈 미소 등등…. 이런 미세한 표현들이 배우들의 웅변적인 연기보다 더욱 호소력을 지닌다는 것을 간파했던 것이다.

D. W. 그리피스는 〈인톨러런스 Intolerance, 1916〉에서 살인 누명을 쓴 남편이 최후 판결을 기다리는 순간, 그리피스는 방청석에 앉은 부인의 손을 클로즈업시켰다. 초조하게 꼬고 있는 손동작은 그녀의 심적 불

안을 어떤 대사보다도 극명하게 보여주고 있다. 이는 떨리는 부인의 손을 클로즈업함으로써 재판정의 긴장된 분위기를 영상 속에 함축시킨 수준 높은 편집기법이다.

요컨대 포터는 씬을 중심으로 영화적 줄거리를 전개했으나, 그리피스는 쇼트를 통해 극적 구조를 자유로이 운용하였던 것이다. 이처럼 그리피스는 쇼트의 극적 국면과 재현적 측면을 강조함으로써 미국식 편집을 완성시켰다고 할 수 있다. 그리피스에서 유래한 이러한 편집개념은 모든 행위의 서술적 연속성을 유지하는 연속편집(Continuity Cutting), 짧은 쇼트의 연결을 통해 관객의 심리를 조절하는 고전편집(Classical Cutting), 형식보다는 관념간의 결합을 강조하는 주제편집(Concept Cutting) 등으로 발전하였다.

몽타주 이론의 성립

편집과정에서 화면들이 어떻게 보여야 하는가를 선택하는 기술적인 작업과 미학적인 판단을 포함하고 있다. 같은 화면일지라도 편집기법에 따라 그 의미와 메시지는 달라진다. 동영상은 사진 등의 정지 영상과 다르게 한 컷으로 완성되고 평가되는 것이 아니라 각 컷들의 배열을 통해 완성되고, 조합된 총체적 의미로 평가될 수 있다.

몽타주(Montage)는 원래 프랑스어의 'Monter' 즉, 조립하다의 뜻으로 '여러 가지 영상을 한 화면 내에 짜 넣는다'라는 것과 '편집을 통한 필름의 조합'을 가리키는 사진 용어였으나, 러시아의 이론가들(푸도프킨의 구성적 몽타주 이론과 에이젠슈테인의 상충에 의한 변증법적 몽타주 이론)에 의해 영화에 도입되면서 쇼트(Shot)들의 연결에 따라 새로운 의미를 창조한다. '쇼트(Shot)의 연결이 새로운 의미를 갖게 된다'는 뜻으로 발전하게 되었으며, 이 후 '편집'과도 동일한 의미로 쓰이고 있다.

미국에서의 몽타주는 대사 없이 디졸브나 컷으로 연결된 짧은 쇼트(Shot)를 이용해 이야기를 전달하는 것으로 '몽타주 시퀀스'라고 한다.

이러한 기본개념은 러시아의 이론가와 감독들에 의해 본격적인 이론으로 정립되었다. 영화의 몽타주(Montage) 이론은 러시아에서 10월 혁명의 목적에 정당성을 부여하고, 대중을 선동할 목적으로 1920년대 중반에 레닌영화학교를 주축으로 한 클레쇼프(Lev Kuleshov), 푸도프킨(V. I. Pudovkin), 베르토프(Dziga. Vertov) 그리고 세르게이 에이젠슈테인(Sergei Eisenstein)에 의해서 논리적 체계를 갖추게 된 것이다.

예컨대, 베르토프(Dziga Vertov)는 '영화의 눈'을 주장하며 편집의 중요성을 강조한 대표적 인물로서 "리얼리티는 있는 그대로 카메라에 의해 포착되지만, 이를 효과적으로 편집함으로써 인상적이고도 설득력있는 전체로서의 리얼리티가 재생산된다. 그러므로 기존의 무능한 인습적 서술영화는 새로운 영화로 대체되어야 한다"고 주장했다. 선전선동이나 계몽을 위한 베르토프의 이론은 그리피스가 이야기의 전개를 위해 극적 강조를 중요시했던데 비해, 다소 기계적이며 수학적인 측면이 강했다.

이에 반해 클레쇼프(Lev Kuleshov)의 이론적 실험은 매우 실천적이며 합리적이었다. 모스크바 국립영화학교에서 '클레쇼프 워크샵'을 주도했던 그는 몇 가지 실험을 통해 몽타주 이론의 성립에 결정적인 토대를 마련했다.

그 중에서도 '클레쇼프 효과(Kuleshov Effect)', 또는 '이반 모쥬킨의 무표정한 얼굴을 촬영한 다음, 이것을 3등분한 후 각각의 중간에 ① 관 앞에서 울고 있는 여인, ② 소꿉장난하고 있는 천진스런 어린애들, ③ 식탁의 스프 접시를 연결하여 관객에게 보여주면, 관객에게는 모주킨의 동일한 무표정이 전후의 각 상황에 따라 다른 표정으로 느껴진다'는 발견이었다.

또 '창조적 지리학(Creative Geography)', 또는 '인공적 풍경화(Artificial Landscape)'는 각기 다른 장소에서 촬영한 두세 개의 필름을 연결하면 마치 한 장소에서의 상황으로 관객에 보여지며, '창조적 해부학(Creative Anatomy)'은 각기 다른 인물들의 신체부위를 연결해서 보여준 뒤 맨 마지막에 전혀 다른 인물의 얼굴을 보여주면 관객은 그 모든 장면을 한 인물의 신체로 받아들인다는 것이다. 푸도프킨의 스승이었던 클레쇼프는 이러한 실험을 통해서 진정 영화문법을 기초한 인물이라고 할 수 있다.

클레쇼프 제자로 '클레쇼프 워크샵'의 일원이었던 푸도프킨(V. I. Pudovkin)은 이런 그의 실험을 체계화하여 몽타주 이론을 확립하게 되는데, 이후 몽타주는 비로소 쇼트를 분해요소로 한 다양한 편집의 틀로 이해되게 된다.

푸도프킨은 영화가 쇼트로 표현된다기보다는 구조화된다고 보았으며, 영화를 조형소(素)라는 견지에서 자신의 몽타주 이론을 체계화하여 쇼트를 하나의 단어로 보고 이처럼 불완전한 개개의 쇼트가 기계적으로 결합되어 씬의 단계를 유기적으로 구성함으로써 다시 양 쇼트간의 동시진행을 표현하는 동시편집(Parallel cutting), 뒤 화면이 앞 화면의 은유나 상징으로 기능하는 상징편집(Symbolic montage), 작품 전반을 통해 반복되는 주제를 뜻하는 반복편집(Leit-motif)으로 분류하였다. 이러한 푸도프킨의 몽타주 이론을 보통 '구성적 몽타주(Constructive Montage)'라고 한다.

러시아 몽타주 이론 중에서도 가장 격론을 유발시킨 에이젠슈테인(Sergei Eisenstein)은 몽타주의 참다운 위상이란 푸도프킨처럼 쇼트의 연쇄(Linkage)가 아니라 충돌, 상충(Collision)에 있다고 주장한다. 실제 그의 영화 〈전함 포템킨〉에서 이를 적용하였는데, 영화속에서 보여지는 '사자상'의 움직임이 그의 몽타주 이론을 실제 적용시킨 컷으로 유명하다.

요컨대 푸도프킨에게서의 화면의 병치가 연속된 연결을 뜻한다면, 에이젠슈테인에게 있어 화면의 병치란 곧 한 쇼트와 그 다음 쇼트가 충돌하여 하나의 새로운 의미가 변증법적으로 창조되는 것으로, 몽타주란 그에게 있어 정과 반의 합일 즉, 변증법적 통합을 의미했다. 따라서 에이젠슈테인의 몽타주 이론은 보통 변증법적 몽타주(Dialectic Montage), 지적 몽타주(Intellectual Montage), 상충 몽타주(Collision Montage) 등으로 불린다.

그 자신의 분류에 의하여 이 상충의 몽타주는 장면간의 내용에는 관계없이 커팅의 탬포에 따라 병치되는 선조적 편집(Metrical Montage), 멜로디는 물론 색채나 조명에 따라 정서적 반응을 유도하는 격조 편집(Tonal Montage), 이상의 세 가지를 종합하는 동시에 관객에게 충격을 주어 강렬한 반응을 불러일으키게 하는 충격 편집(Overtone Montage), 그리고 장면간의 충돌이 새로운 지적개념을 낳고 이것이 다시 다른 장면과 충돌하여 또 다른 지적 개념을 갖게 하는 지적 편집(Intellectual Montage) 등이다.

에이젠슈테인의 새로운 몽타주 이론은 유럽의 편집에 큰 영향을 끼쳐 편집의 흐름을 가시적으로 드러내는 스타일이 크게 유행하게 되었으며, 이런 에이젠슈테인의 몽타주 이론을 잘 활용했던 유럽의 영화 작가로 고다르와 프랑소와 트뤼포 등이 있다.

유럽에서는 몽타주를 일반적인 편집과정으로 사용한다. 즉, 쇼트(Shot), 씬(Scene), 시퀀스(Sequence)가 조립되면서 최종적인 작품으로 완성된다고 본다. 이러한 몽타주 이론은 마르땡(Marcel Martin)과 예술적 표현을 중시하는 표현 편집(Expressive Montage)으로 대별할 수 있다.

또한 1920년대 이후에는 이른바 미국식 편집(American Montage)

이라고 하는 몽타주 시퀀스가 세계적으로 보편화되어 있다. 전후에는 특히 미국적인 '불가시 편집'에 대항하는 가시적 편집이 유럽의 창조적 작가들에 의해 시도되었는데, 이를테면 장뤽 고다르(J. L. Godard)의 '생략 편집'이 대표적이다.

편집은 설득적인 기술

프로그램을 만드는 사람에 따라서는 프로그램의 목적을 눈에 보이는 객관적 사실 그대로를 보여주는 것에만 초점을 맞추는 사람도 있다. 그러나 대개의 프로그램 제작 과정을 살펴보면 제작자의 의도야 어떻든 제작자의 주관적인 선택과 결정이 곳곳에 개입되어 있음을 알 수 있다.

영상은 연극과는 달리 카메라 앵글이라는 메커니즘을 통해 같은 장면도 선택적으로 잘리고, 또 다시 편집을 통해 필요한 부분만이 선택되어 배열된다는 속성 때문이다. 더욱이 시청자의 입장에서 보면 시청자 역시 선택을 통해 프로그램을 수용하고 있기 때문에 객관적 사실이 있는 그대로 많은 사람들에게 같은 형태로 전달되었다고 말하기는 힘든 것이다. 심지어 객관적 사실 전달이 목표인 뉴스나 사실 기록을 하는 프로그램조차도 카메라 앵글과 배열에 따라 사건이 더 크거나 작게도 보일 수 있다. 결국 프로그램은 제작자나 시청자의 끊임없는 선택과 결정의 과정 속에 놓여있는 것이다.

이런 선택과 결정이라는 속성 속에 제작자가 프로그램을 통해 궁극적으로 추구하는 목표는 사실 자체의 전달보다는 사실에 대한 해석과 느낌을 설득적으로 전달하는 것이 될 것이며, 또한 그 프로그램을 통해 달성하고자 하는 기대 효과를 실제 효과로 만드는 것이 될 것이다.

이런 관점에서 본다면 프로그램에 있어서 가장 중요한 관건이 되는 것은 프로그램이 지니는 '설득적 힘'이 될 것이며, 편집 역시 이러한 목적을 구체화시키는 일종의 설득적 기술이라고 말할 수 있을 것이다. 그래서 좋은 편집을 위해서는 치밀한 계산 속에 무엇을 전달할 것이며, 어떤 테크닉으로 관심을 끌 수 있는가에 대한 끊임없는 연구가 필요하다. 특히, 편집이 설득적인 기술이라는 점을 고려하면 쇼트와 정보를 선택하고 배열하는 데는 미학적인 판단 이전에 선행되어야 할 다음과 같은 몇 가지 중요한 선택 기준이 있다.

■ 무엇을 보게 할 것인가?

편집에 있어서 단순히 '무엇을 보여줄 것인가?'하는 것도 중요하지만, 프로그램에 설득적인 힘이 붙으려면 보다 적극적인 입장에서 '무엇을 보게 할 것인가?'가 더욱 중요한 고려점이 될 수 있다. 시청자는 보여준다고 해서 제작자가 의도한 대로 다 보는 것은 아니다. 시청자가 꼭 봐야만 하는 것을 제작자의 의도에 부합되도록 보게 만드는 적극적인 노력이 필요하다.

■ 무엇을 보지 못하게 할 것인가?

'무엇을 보게 할 것인가?'하는 문제만큼이나 중요한 것이 '무엇을 보지 못하게 할 것인가?'이다. 주제와 의도에 부합되지 않는 부분은 보게 함으로써 혼란만 가중시킬 수 있기 때문이다.

■ 무엇을 보기를 원하며(want), 무엇을 봐야만 하는가(need)?

시청자가 프로그램을 통해 무엇을 보기를 원하며(want), 무엇을 봐야만 하는가(need)에 대한 고려는 시청자와 제작자 간의 원활한 커뮤니케이션을 위한 전제 조건이 되기도 한다. 프로그램을 통해서 시청자가 반드시 볼 필요가 있는 의미있는 정보일지라도 시청자가 보기를 원치 않는 형태로 전달된다면 결국 기대 효과는 달성하기가 어려울 것이다. 반대로 시청자가 보기를 원하는 형태로 전달되더라도 볼 필요가 없는(의미있는 정보가 부재한) 것이라면 그 역시 문제가 있는 것이다. 따라서 시청자가 원하는 요소와 필요로 하는 요소 간에는 적절한 조화가 필요하다.

보다 훌륭한 제작자라면 시청자에게 필요한(need) 요소를 보고 싶도록(want) 전달하기 위한 노력이 필요한 것이다. 이런 노력은 내용적인 면에서 뿐만 아니라 각각의 쇼트들을 구사하는데 있어서도 마찬가지로 필요하다. 즉, 꼭 필요한 쇼트를 보고 싶도록 구축해야 한다는 것이다. 시청자는 상투적인 쇼트를 싫어하며, 시청자 스스로의 예상을 깰 수 있는 신선한 쇼트를 보고 싶어 한다.

■ 언제 보여줄 것인가?

특정한 정보를 담은 쇼트를 보여주는 시기 역시 전체 구성 속에서 잘 계산되어야 한다. 보여주는 시점을 잘 못 맞추면 훌륭한 컷도 의미를 상실하거나 혹은 전체 흐름의 재미를 반감시킬 수 있다.

예를 들어, 나이든 어머니들이 초등학교 과정을 늦게나마 배워 졸업하는 졸업식장을 소개하는 프로그램을 생각해보자. 일반적인 초등학교 졸업식장과 다르게 벅찬 울음을 터뜨리는 어머니들도 있으며, 아이들은 식장 밖에 서 있고 대신 가슴에 꽃을 단 어머니들이 식장 의자에 앉아 있을 것이다. 이 경우 만학의 졸업식을 감동적으로 표현하기 위해서는 '학부모처럼 보이는 이 분들이 바로 초등학교 과정의 졸업생'이라는 사실을 언제 공개하는 것이 좋을까? 이 정보를 담은 쇼트를 먼저 보여주고 뒤에 세부적인 식장 분위기를 담은 컷을 배열하는 방법이 있는가 하면, 반대로 보통 초등학교 졸업식과는 뭔가 다른 듯 한데, 이유는 알 수 없는 묘한 식장의 분위기를 몇 컷 배열하여 호기심을 유도한 후, 그 사연을 알리는 쇼트를 뒤에 배열할 수도 있을 것이다. 이 두 가지 다 가능한 편집이지만 후자의 편집 배열이 전자보다 훨씬 더 호기심과 감동을 줄 가능성이 높다. 이처럼 '언제 보여줄 것인가?'에 대한 계산은 편집의 묘미를 강화시킨다.

■ 제작자의 관점

시청자의 관심과 감동을 얻기 위해서는 외형적 테크닉도 중요하겠지만 그보다도 더욱 중요한 것은 제작자의 관점 혹은 시각이다. 단조롭고 평범한 일상도 보는 관점에 따라 그 의미와 중요성이 완전히 달라질 수 있기 때문이다. 프로그램은 단순히 사실(Fact)을 그대로 전달하는 것이 아니라 제작자의 관점을 토대로 재구성하여 전달하는 것이라는 점을 명심할 필요가 있다. 가령, 다큐멘터리가 '기록 영화' 혹은 '뉴스'와 다른 점을 여러 가지로 생각해 볼 수 있겠으나, 그 중 가장 큰 차이는 사실(Fact)에 대한 제작자의 관점이 다큐멘터리 안에는 들어있다는 점이다. 즉, 다큐멘터리에서 제작자의 관점이 빠지면 단순 기록 영화 혹은 뉴스가 될 수도 있는 것이다. 제작자의 독창적이며, 설득적인 힘이 실린 좋은 프로그램도 될 수 있는 것이다.

02 영상편집의 구성 요소

쇼트(Shot)의 유형

■ 설정 쇼트(Establishing Shot)

상황안내 쇼트라고도 하는 설정 쇼트는 프로그램의 처음, 한 시퀀스나 씬의 첫 부분에 롱 쇼트, 혹은 풀 쇼트로 전체의 모습을 보여주어 그 상황을 설명하고, 그 속에 있는 요소들 간의 관계를 보여주는 쇼트를 말한다.

설정 쇼트는 대개 롱 쇼트 혹은 풀 쇼트지만 때에 따라서는 팬을 해서 전체의 세트와 등장인물 등을 소개할 수도 있다.

■ 리액션 쇼트(Reaction Shot)

리액션 쇼트란 어떤 사람이 대사를 말하거나 액션을 하고 있을 때, 이를 듣거나 보는 다른 사람의 표정을 잡아 어떤 반응을 나타내는가를 설명하는 화면이다. 즉, 카메라의 밖이나 옆 장면에서 행해진 상대방의 말이나 행위에 대해 반응하는 등장인물을 잡은 화면을 말한다. 드라마, 인터뷰, 토론 프로그램 등에서 카메라는 항상 말하는 사람만을 잡는 것은 아니다. 듣는 사람의 표정과 반응을 적절히 삽입하여 상대방의 감정을 보여줌으로써 극적인 효과를 높일 수 있다. 주로 클로즈업(Close-Up)이나 클로즈 쇼트(Close Shot)가 많이 사용되는데, 이럴 경우 극적 효과 증대에 효과적이다.

■ 매치 컷(Match Cut)

선행하는 컷 A와 그것에 이어지는 컷 B에 동일하게 등장하는 피사체(인물, 물체)가 변하지 않으면 두 컷을 서로 연결했을 때 물 흐르듯 자연스럽고, 시청자로 하여금 혼동을 느끼지 않게 할 수 있다. 이 때 컷 B를 컷 A의 매치 컷이라고 할 수 있다.

매치 컷으로 연결하려면 다음과 같은 요소에 주의를 기울여야 한다.

① 피사체의 통일성 확보를 위해 색채(색상, 채도, 명도)에 변화가 없어야 한다.

② 화면의 밝기에 급격한 변화가 없어야 한다.

③ 시선방향에 급격한 변화가 없어야 한다.

④ 화면의 사이즈(Size)와 앵글(Angle)에 적정한 변화를 주어야 한다.

■ 컷 어웨이(Cut Away)

컷 어웨이는 주로 점프 컷의 방지나, 시간의 축약, 화면 전환 등을 위해 화면 내의 주 피사체나 주가 되는 행동 이외의 것을 삽입하여 보여주는 것을 말한다. 즉, 컷 어웨이는 새로운 피사체의 쇼트를 삽입하여 일부러 불연속의 상태를 만들고, 이 때 발생되는 이질감을 이용하여 시간과 공간의 비약을 표시한다.

■ 리버스 앵글 쇼트(Reverse Angle Shot)

리버스 앵글 쇼트는 앞의 화면과 180도 반대 방향에서 찍은 쇼트를 말한다. 주로 두 사람이 마주보고 있는 장면에서 많이 쓰인다. 가령, 서로 마주보고 있는 두 사람의 인물인 경우는 A의 등을 넘어 B를 촬영하는 오버 더 숄더 쇼트(Over The Shoulder Shot)와 B의 등을 넘어 A를 촬영하는 오버 더 숄더 쇼트를 교차하면 서로의 표정도 알 수 있고 연결의 이질감도 없는데, 이 때 쇼트 A에 대한 쇼트 B를 '리버스 앵글 쇼트'라고 한다. 리버스 앵글 쇼트가 앞의 화면과 조화를 이루기 위해서는 동일한 초점거리의 렌즈를 사용하고, 대화중인 두 사람 사이의 중심점에서 동일한 거리에 카메라를 위치시켜야 하며, 두 사람의 시선을 잇는 이미지너리 라인에 대해 동일한 각도에 카메라를 위치시켜야 한다.

■ 팔로우 쇼트(Follow Shot)

카메라가 피사체의 움직임을 따라가면서 찍는 것을 '팔로우 쇼트(Follow Shot)'라 한다. 팔로우 쇼트는 매우 동적인 화면을 구사하므로 상황에 맞게 잘 활용하면 효과를 볼 수 있다. 그러나 이유가 불충분한 팔로우 쇼트는 오히려 불안정한 화면이 될 수 있고, 시청자의 시선을 어지럽게 할 수도 있다. 즉, 팔로우 쇼트를 구사할 때는 고정 쇼트로 찍을 때와는 분명히 차별화되는 분명한 이유와 장점을 살리도록 노력해야만 한다는 것이다.

영상편집의 유형

■ 액션 편집(Action Edit)

때로는 '동작편집'이라 하고 대개의 경우 컷으로 이루어진다. 화면상에 액션이 튀지 않도록 동작의 연계가 필요하다. 여기에는 편집의 구성요소인 동기, 정보, 쇼트의 구성, 음향 등이 전부 필요하다.

■ 스크린 포지션 편집(Screen Position Edit)

이 편집은 '방향편집'이라 부른다. 이는 첫번째 쇼트에 나타난 동작이나 연기에 근거해 화면상에 새로운 포지션을 설정하는 것을 말한다. 연기자가 손으로 무엇을 가리킨다면 다음 쇼트는 가리키는 그 무엇이 되어야 하는 편집이고, 이미지라인에 의한 편집도 여기에 속한다. 이 편집은 주로 촬영단계에서 계획되어야 한다.

■ 형태 편집(Form Edit)

사물의 특징적인 외양이나 색채, 부피, 음향 등을 다른 쇼트의 그것들과 결부시키는 편집이다. 특히 음향이 동기가 되는 경우가 많은데 이럴 때는 음향을 선행시켜 편집의 유연성을 시도한다. 대체적으로 생략, 비약 등에 많이 쓰인다.

어린아이가 비행기를 접고 있다. 그의 아버지는 그들 가족을 두고 미국으로 떠난다. 종이비행기가 난다. 그리고 인천공항에서 비행기가 이륙한다. 종이비행기와 보잉기, 돌고 있는 선풍기의 날개와 헬리콥터 등 상징성과 구체성의 교차편집이랄 수 있다.

■ 컨셉 편집(Concept Edit)

이 편집을 '아이디어 편집'이라고도 하는데, 연출자의 머리속에서 이루어진다. 이 편집은 제대로만 이루어지면 극적인 강조가 돋보이고 상징성과 은유가 고급스러워진다. 이 역시 연출자의 촬영이 선행되어야 가능한 편집으로, 연출 콘티가 제대로 서 있지 않으면 불가능한 작업이다. 이 편집은 하나하나의 쇼트의 의미보다, 두 개의 쇼트를 연결했을 때 생겨나는 효과가 시청자에게 새로운 이미지를 제공한다. 이 편집은 독창적인 아이디어가 되지만, 잘못될 경우에는 상투적인 것이 되기 쉽다.

신과 인간의 문제를 끊임없이 탐구한 잉그마르 베르히만 감독의 〈산딸기〉에서는 주인공의 고독과 소외의 의식세계를 "바늘이 없는 시계"로 표현해 진한 여운을 남겼다. 인간의 죽어가는 모습 다음 쇼트에 "멈추어 버린 낡은 시계"를 이어 붙인다든지, 치열한 비행기 전투 장면 다음에 작전실의 현황판에서 전투기의 모형깃발이 뽑힌다든지 하는 방식이다.

어떤 경우라도 편집은 서사적 연속성을 전달하기 위해서 경제적으로 공간을 조직하는 작업이다. 동시에 편집은 기본적으로 창조적인 힘을 가지고 있다. 하나의 쇼트는 별 의미가 없지만 그것을 어떻게 연결하느냐에 따라 하나의 새로운 의미로 태어난다.

영상편집의 기법

■ 연속편집(Invisible Edit)-관습적 편집

일명 '불가시(不可視) 편집' 혹은 '데꾸빠주(Decoupage)'라고 일컬어지며, 대부분의 드라마에 사용하는 설명적인 방법이다. 이것은 사건의 모든 행위로 자연스럽게 이어가는 방법으로, 시청자들이 전혀 저항감이나 이질감을 느낄 수 없도록 컷과 컷을 연결하는 편집기법이다. 일반적으로 연기자가 행동하는 중간에 쇼트를 연결하면 눈에 보이지 않는 편집을 할 수 있다. 관객의 시선이 연기자에 집중되기 때문에 쇼트 자체의 연결은 눈치채지 못하는 것이다.

일반적으로 편집을 뜻하는 Editing, Cutting과 같은 의미로 몽타주(Montage)와 데꾸빠주(Decoupage)가 사용되고 있다.

데꾸빠주(Decoupage)는 프랑스어로 '자르다'라는 뜻으로 극중에서 연기를 자연스럽게 분할하여 보여주는 것을 의미한다. 즉, 하나의 극적인 씬(Scene)에서 등장인물들의 행위를 자연스럽게 분할하여 여러 개의 쇼트(Shot)로 보여주는 작업이 데꾸빠주이다. 한편, 데꾸빠주는 연속성(continuity)을 유지하면서, 편집이 가해졌음을 최대한 숨기는 연속편집 또는 불가시 편집(invisible cutting)과 유사한 의미로 사용된다.

관객이 눈치채지 못하게 컷이 이루어질 때 영화가 조작되지 않았다는 환영이 생긴다. 일반적으로 이와 같은 불가시적이고 조심스러운 편집 원칙은 행위 중간에 컷하는 것이다.

불가시성을 창조하는 또 다른 유사한 관습은 설정 쇼트, 미디엄 쇼트 그리고 클로즈업을 기초로 한 편집 유형이다. 고전적 할리우드 스타일에서 마스터 쇼트(master shot), 즉 한 씬의 전체적인 극적 행위를 담고 있는 풀 쇼트가 먼저 촬영된다. 완성된 영화에서 관객이 이런 쇼트를 흔히 볼 수는 없다. 우리는 마스터 쇼트(등장인물과 행위를 일정한 맥락에 위치시키기 때문에 '설정 쇼트'라고도 부른다)의 부분을 보게 될 것이고, 다양한 미디엄 쇼트와 클로즈업이 이 마스터 쇼트 속에 삽입되거나 편집될 것이다.

예를 들어 완성된 영화에서 우리가 사막을 천천히 가로질러 가고 있는 마차의 롱 쇼트를 본다고 가정해 보자. 그 다음에는 특정한 마차의 미디엄 쇼트와 마부의 얼굴 혹은 특별한 마차 바퀴의 클로즈업이 마스터 쇼트 중간에 삽입된다. 그러나 감독은 마스터 쇼트를 촬영하고 난 뒤에 이 삽입 쇼트들을 촬영했을 것이다. 편집을 하는 과정에서 삽입 쇼트들과 마스트 쇼트는 어떤 극적인 강조와 정서적 뉘앙스를 전달할 수 있도록 편집된다. 그러나 이 모든 편집에 대한 우리의 반응은 무의식적으로 이루어지고 편집과정은 불가시적으로 된다.

■ 고전적 편집

단순히 자연스러움을 위해 연속적으로 연결했던 것에서 좀 더 발전해 극적인 집중과 감정을 강조하기 위한 편집이다. 그리피스 시대의 클로즈업은 단순하게 크게 보이기 위해서만 사용되었다. 따라서 배우들의 고통을 강조하기 위해서는 필요 이상의 과장된 연기가 필요했던 시절이었다.

그러나 그리피스는 경련하는 배우의 눈썹의 움직임을 클로즈업으로 찍어 극중 인물의 심리를 전달했다. 그리피스는 극중 인물의 동작을 각기 다른 쇼트로 나누어 찍어 미세한 부분의 감정을 표현했고, 의도된 여러 쇼트들의 편집을 통해서 감독의 주관을 관객들에게 정확하게 전달했다. 이 편집은 한마디로 현실적 시공간에 의해 편집되는 것이 아니라, 심리적으로 연결된 쇼트들을 편집하는 방식이다.

■ 주제적 편집

주제적 편집은 영화를 단순오락이 아닌 예술의 차원으로 끌어올린 편집기법이다. 흔히 몽타주편집이라 일컫어지는 주제적 편집은 고전적 편집에 비해 비판적이며 편집된 쇼트들의 연속이 무엇인가를 의미한다는 것이다. 이 편집방식은 1920년대 푸도프킨에 의해 제안되어 에이젠슈테인에 의해 더욱 발전되었다. 그리피스의 클로즈업은 어떤 의미를 가지는 쇼트들임에도 불구하고 연속되는 화면속에서는 그 이상의 의미를 주지 못했다.

그런 맥락에서 푸도프킨은 쇼트들의 편집을 통해서만이 새로운 의미가 창조된다고 주장한 것이다. 즉, 쇼트의 의미는 편집 속에 있는 것이지,

쇼트 하나하나에 어떤 의미가 있는 것이 아니라는 것이다. 물론 이런 이론에 이의가 없는 것은 아니지만, 에이젠슈테인은 "씬 개개의 쇼트는 불안전하며, 자기 완성적이라기보다는 상호보완적"이라면서, 기계적이며 비유기적으로 연결된 푸도프킨의 개념을 발전시켜 변증법적인 개념을 발표했다. 즉, 쇼트 A와 B가 합쳐서 AB의 효과를 낸다기보다는 완전히 질적으로 다른 의미를 가진 C가 창출된다는 주장이다. 즉, 정(正), 반(反), 합(合)의 원리에 의해서 새로운 개념이 생겨난다는 원리이다. A+B≠C → A+B=C

■ **생략편집(Elliptical Edit)**

실제로 행해지는 액션을 과감히 생략해 드라마의 템포를 살려낸다. 한 사내가 계단을 오른다. 드라마 전개상 그 과정을 다 보여주고 싶지 않다. 디졸브, 와이프, 페이드 등 기계적인 장면 전환기법을 사용하면 된다. 그러나 이 방법은 지나치게 고전적이다. 계단 아래 선 사내가 프레임 밖으로 사라지고 이어서 계단의 꼭대기의 프레임 안으로 들어오게 한다. 이 두 쇼트를 잇는 순간적인 빈 화면이 생략된 시간을 의미한다.

■ **점프컷(Jump Cut)-비관습적 편집**

점프컷(Jump Cut)은 영화에서 사용된 급작스러운 편집을 의미한다. 데꾸빠주나 할리우드 스타일 이면에 숨겨진 취지는 관객이 누군가에 의해 매개된 세계를 보고 있다는 사실을 망각하게 만드는 것이다. 아무도 쇼트에서 쇼트로의 전환을 눈치채지 못했다는 것이야말로 편집자가 가장 듣고 싶어 하는 말이다. 그러나 관객의 만족감에 충격을 주고자 하는, 즉 관객이 가지는 시간과 공간에 대한 지속적인 감각을 이완시키기를 원하는 연출가들은 쇼트들이 일치되지 않도록 연결해서 컷을 고도로 가시적으로 만들면서 할리우드의 문법을 당당하게 무시해 버린다. 오래 전부터 실험 영화와 아방가르드 영화들은 이런 방법으로 쇼트들을 연결해 왔다.

영화적 시간

■ 시간의 압축

영화에서 가장 빈번한 시간의 조작은 압축이다. 실제로 할리우드에서 몽타주는 큰 시간의 단위(달, 년)를 몇 분으로 압축할 목적으로 다양한 장면 전환 장치를 사용해서 분리된 쇼트들을 빠르게 연결하는 시퀀스를 가리키는 단어로 사용된다. 스크린 시간이 영사 시간과 같은 서사영화는 거의 없다. 영화에서 시간의 압축은 대부분 씬들 사이, 즉 컷이나 디졸브 혹은 다양한 장면 전환 편집 장치 사이에서 이루어진다.

시간의 압축은 시퀀스나 씬 사이의 시간으로 제한되지 않는다. 그것은 편집을 통해 한 씬의 내부에서도 일어날 수 있다. 그러나 영화의 삶에서는 부적절한 극의 재료를 제거하거나 영화의 속도를 증가시키기 위해 그 시간을 압축할 수 있다. 영화의 플롯에서 극의 재료를 제거하거나 영화의 속도를 증가시키기 위해 그 시간을 압축할 수 있다.

영화의 플롯에서 계단을 오르는 행위가 극적으로 중요하지 않다면 감독은 한 쇼트에서 계단을 오르는 등장인물을 보여주고 난 뒤에 그가 극의 중요한 행위가 일어나게 될 방으로 들어가는 쇼트로 바로 컷할 수 있다. 우리는 자연스럽게 그 방이 계단 꼭대기 어딘가에 있다는 것을 아는데, 그것은 우리의 과거 영화 경험과 상황 논리 때문이다.

한 등장인물의 아프리카 행 비행 여행 전체가 몇 초로 압축될 수 있다. 우리는 그가 비행기에 탑승하는 쇼트를 보고, 공중에 떠 있는 비행기 쇼트를 보고, 비행기가 나이로비 공항에 착륙하는 쇼트를 본다. 이렇게까지 많이 볼 필요도 없다. 한 쇼트에서 등장인물의 대사를 통해 자신이 아프리카로 갈 것이라고 간단히 언급한 뒤 그 다음 쇼트에서 그는 그곳에 가 있을 것이다.

편집자가 행위의 한 부분에서 행위의 다른 부분으로 반복적으로 컷어웨이할 때 극적 시퀀스 내부에서 다른 종류의 씬 간 압축이 일어날 수 있다. 도망가는 도둑의 씬과 민병대가 그들을 추적하는 씬이 교차하는 시퀀스에서, 도둑으로의 컷어웨이 쇼트(이를테면 도둑이 말을 타고 도로를 질주하는 쇼트, 강을 건너는 쇼트, 말의 편자가 떨어지는 쇼트 등)가 반복될 때 우리는 시간이 경과했다는 것을 알 수 있다. 도둑의 컷어웨이 쇼트들과 마찬가지로, 민병대로의 컷어웨이 쇼트들(이를테면 민병대 사이에서 기다리다 도둑을 잡는 민병대의 쇼트 등)도 시간에서 움직이고 있었다. 우리는 각 쇼트(도둑 혹은 민병대 쇼트 어느 것이든)와 이전 쇼트의 공간이 달라지기 때문에 시간이 생략되었다는 것을 알 수 있다.

■ 시간의 확장(Expansion)

스크린 시간은 압축될 뿐만 아니라 확장될 수도 있다. 순간적으로 흘러가 그 의미를 강조할 수 없을 때 감독들은 대체로 시간을 늘린다. 가장 보편적인 것이 슬로모션이고, 그 다음이 중복편집(Overlapping Edition)이다. 중복편집은 한 인물의 하나의 행동을 여러 각도에서 촬영해 반복해서 이어 붙이는 편집기법이다. 이는 사건을 지연시켜 시청자를 초조하게도 한다. 그러나 쇼트와 쇼트의 조형적 관계를 무시하면 안 된다. 두 개의 쇼트를 연결시키는 편집은 그들 쇼트 간의 유사성이 있든 혹은 이질감이 있든 회화적 특성으로 표현하지 않으면 안 된다.

어떤 행위가 3분의 상영 시간을 차지하지만 실제 시간은 단지 1분에 불과할 수도 있다. 이런 시간의 확장은 일련의 쇼트들(전체 행위에서 주요 행위로 삽입되는 작은 부분들 혹은 동시적이면서 관련이 있는 어떤 다른 행위의 쇼트들)을 삽입하거나, 간단한 어떤 행위의 길이를 확장하기 위해 이후에 컷이나 디졸브로 편집될 수 있도록 한 행위를 여러 각도에서 촬영함으로써 이루어진다.

어떤 측면에서 보면 완전히 다른 행위로의 컷어웨이는 한 행위 내부에서 세부 묘사의 쇼트를 삽입하는 것과 유사하다. 컷어웨이 쇼트는 시간을 압축시키기도 하지만 확장시키기도 한다. 어떤 영화에서 드릴로 금고를 열려는 도둑을 우리가 보고 있다고 가정해 보자. 구멍을 뚫고 있는 도둑의 쇼트는 건물 외부를 순찰하고 있는 경찰의 쇼트로 컷어웨이된다. 이와 같은 교차 편집은 관객으로 하여금 행위가 연결되어 있다고 기대하게 하면서, 서스펜스를 창조하고 시간을 확장시킨다.

어떤 장면에서 시간을 확장하는 두 번째 방법은 한 행위를 다양한 앵글로 촬영한 뒤 한 행위에 대한 다른 시각을 함께 연결(컷이나 디졸브)하는 것이다. 우리는 완성된 영화에서 반복되는 행위를 보게 되겠지만, 그 반복은 우리에게 그 행위에 대해 전지전능한 시각을 부여해 줄 뿐만 아니라 상영 시간이나 경험한 시간을 확장시키면서 그 행위를 강조하고 극적으로 전환시킨다.

■ 동시적 시간-평행편집(Parallel Editing)과 교차편집(Cross Cutting)

평행편집은 각기 다른 장소에서 같은 시간에 발생한 사건을 한 씬 속에 같은 쇼트로 배치하는 것이고, 교차편집은 둘 혹은 서너 개의 씬을 서로 앞서거니 뒤서거니 하면서 연결시켜 사건발생의 시간적 동시성을 보다 긴박감 넘치게 나타내고자 하는 것이다.

평행편집이 설명적이라면, 교차편집은 좀 더 집중적이다. 같은 행위에도 불구하고 그 쇼트의 길이를 짧게 하면 긴박감은 더욱 커진다. 이것은 한 씬 속에 사용하는 쇼트가 많으면 많을수록 화면의 속도는 증가한다는 원리다.

예를 들어 금고를 끈질기게 열려는 은행 강도를 보여주면서, 순찰중인 경찰차의 쇼트와 도망가는 도둑이나 추적하는 민병대 쇼트를 교차편집으로 보여주면 상황의 긴박감을 고조시킬 수 있다. 이러한 편집에서의 쇼트의 길이는 대부분 직감적으로 처리된다. 특별한 어떤 규칙이 있는 건 아니다. 그것이 가장 이상적인 길이인지를 상황 맥락에서 감각적으로 감지해야 한다. 그런 감각은 하나의 리듬을 형성하면서 그 이음새가 보이지 않는다. 이것이 바로 쇼트의 "운율"이다. 편집은 쇼트와 쇼트를 공간적으로 서로 잇는다. 서로 다른 공간에서 촬영 되었더라도 하나의 공간으로 창조할 수 있다. 또 편집은 시간을 늘이거나 줄일 수 있다.

화면 전환

화면 전환 즉, 쇼트를 바꾸는 것은 '시청자가 무엇인가 새로운 것, 다른 것을 보고 싶어 할 때 바꾼다'는 대 원칙에서 출발한다. 세부적으로는 화면 전환의 원칙을 다음과 같이 정리해볼 수 있다.

- 기존 쇼트의 정보와 지식이 다했을 때
- 전혀 다른 것을 보여주려 할 때
- 유익하고 효과적인 다른 각도로 보여주려 할 때
- 강조하려는 바가 다를 때
- 다른 요소로 관심을 바꿀 때

쇼트를 바꿀 때는 항상 이유가 분명해야 한다. 이유가 충분치 못한 화면 전환은 오히려 집중력을 떨어뜨리고 관점을 흐리게 만들 수 있다. 그래서 단지 길다는 이유만으로 쇼트를 분리하는 것보다는 한 쇼트로 길게 하는 편이 차라리 좋을 수도 있다. 또한 쇼트를 바꿀 때는 뭔가 새롭고 최선의 앵글을 보여주려는 노력이 병행되어야 한다. 화면 전환을 위해 쇼트와 쇼트의 연결 장치로는 컷팅, 페이드, 디졸브, 와이프 등이 있다.

화면 전환의 기법 가운데 가장 기초적인 방법은 컷팅(Cutting)이다. 이는 한 장면 한 장면을 자르고 이어 붙여서 다음 화면으로 이어지게 하는 방법이다. 컷은 쇼트와 쇼트의 이동을 가능케 하는 시각적 전환이다. 잘된 편집은 컷과 컷 사이의 전환을 시청자들이 거의 눈치채지 못하게 한다. 컷팅을 할 때 시각적 혹은 기술적인 측면에서 보다 자연스럽게 보이게 하기 위해서 다음과 같은 컷팅 방법들을 많이 사용한다.

■ 컷팅(Cutting)

컷팅은 하나의 화면에서 다른 화면으로 순간적으로 바꾸는 기법으로, 가장 눈에 띄지 않는 화면 전환의 방법이다. 방송사의 PD들이 촬영 후 가편집을 할 때는 1 : 1(플레이어와 레코더 VTR 각 1대)의 선형 편집기를 사용하기 때문에 거의 컷팅 위주의 편집을 하며, 가편집이 완료된 후 후반편집(종합편집) 과정에서 부분적으로 디졸브나 와이프 등의 화면 전환 장치를 사용하여 수정하기도 한다. 컷팅 편집은 화면 전환의 대부분을 점하는 기본 기법이 된다.

• 액션(Action) 컷팅

동작의 시작과 완료의 순간에 눈에 띄지 않게 하는 컷팅이다. 장면 속에서 어떤 움직임이 있을 때 그 움직이는 피사체의 사이즈를 먼 쇼트에서 가까운 쇼트로, 혹은 가까운 쇼트에서 먼 쇼트로 바꾸는 것이다. 이는 연속된 동작의 도중에 하지 않으면 의미가 없다. 따라서 동작이 빠르게 변하는 장면에서는 곤란하다.

이 컷팅은 요즘 쇼프로그램에서 랩가수들이 노래할 때 쉽게 볼 수 있다. 가령, 노래가 시작되기 전에 그룹 가수들이 일치된 동작으로 춤을 추고 있을 때 그 중 한 사람으로 컷팅하는 것은 좋지만, 가수들이 서로 다른 동작을 취하는 도중에 한 사람으로 컷팅되는 것은 혼란을 주기 쉬워 바람직하지 않다. 다만 방청객의 시선이 어떤 특정인의 동작에 집중돼 있는 순간, 혹은 인기의 주역인 사람의 동작 등을 컷팅하는 것은 괜찮다. 이를 위해 연출자는 상황의 의미는 물론 가수의 움직임 등을 잘 파악하고 있어야 한다. 이처럼 동작에 따른 컷팅을 할 때는 컷팅 타이밍이 매우 중요하다.

• 리액션(Reaction) 컷팅

자연스러운 동기, 표정, 내용의 변화의 순간을 활용한 컷팅이다. 이는 드라마 등에서 많이 쓰이는 컷팅 수단이다. 사실 TV 컷팅의 대부분이 특수한 경우를 제외하곤 리액션 컷팅으로 이루어져 있다고 볼 수 있다. 가령, 장면 속에 있는 인물이 어딘가를 보고 있다면 시청자는 당연히 인물이 보는 것에 대해 궁금해 할 것이다. 따라서 인물이 보는 장면으로 컷팅되어야 할 것이다. 이때 장면이 충분히 인식되었으면 다시 이전 장면으로 되돌아가도 좋다. 또한 사람과 사람의 대화 장면일 때는 한 사람의 대사에 대한 다른 사람의 반응이 행동이나 대사로 나타날 것이며, 이것이 반응에 따른 컷팅의 기회가 되는 것이다.

• 오디오(Audio) 컷팅

소리나 음악이 있을 때 소리의 출처, 끝, 비트 등에 맞춘 컷팅이다. 오디오 컷팅은 컷팅의 타이밍을 맞추기에 가장 쉬운 방법이며, 알기도 쉽다. 대사에 의한 컷팅은 대본을 보고 있으면 타이밍을 놓치지는 않으나, 컷팅에 앞서 비디오 장면을 확인하지 않으면 어색한 컷팅이 될 수 있음에 주의해야 한다. 음악 프로그램에서는 대부분 노래나 연주의 한 소절이 끝나는데서 컷팅한다. 이것이 제대로 맞아떨어지면 컷팅에 묘미가 생긴다.

• 삽입(Insert) 컷팅

삽입되는 쇼트로 컷팅하는 것이다. 주인공이 어떤 사건이나 상황에 처했을 때, 그 상황에 대한 과거의 아픈 추억이 생각나서 상황에 대한 대처를 주저하고 있는 장면이라면 아픈 추억의 장면이 상황에 대처하기 전에 삽입될 것이다. 중요한 것은 현재 상황의 진행상 확실한 동기가 아니면 시도하지 않는 게 좋다. 또한 TV 공개 프로그램의 객석 풍경, 스포츠 중계의 관전 풍경 혹은 경기장 밖의 전경 등을 삽입하는 것들 역시 삽입 컷팅이라고 할 수 있다.

이상 네 종류의 컷팅 중에서 가장 쉬운 방법은 오디오 컷팅이고, 음악이 주된 목적이 아닌 프로그램에서는 대부분 리액션 컷팅이 널리 쓰인다. 컷팅 시에는 일정한 컷팅 패턴을 확립하고, 전체의 흐름이 끊기지 않도록 해야 한다. 또한 새로운 화면에는 언제나 새로운 정보가 담겨져 있어야 하며, 분명한 이유가 있지 않는 한 무빙(줌, 팬, 틸트)하고 있는 쇼트의 중간에서 컷팅하는 것도 피하는 것이 좋다. 그리고 화면뿐만 아니라 음향의 연속성 역시 유지되도록 컷 편집이 이루어져야 한다.

■ **편집점(Cutting Point) 찾기**

① 기존 쇼트의 정보와 지식이 다했을 때 시청자는 지루해하고 무엇인가 새로운 것을 원할 때 컷을 해야 한다.

② 세부적인 것을 보여준다. 지금보다 더 자세히 보여주고 싶을 때 카메라가 더 다가가 촬영한 것으로 컷할 수 있다.

③ 동작을 연장시킨다. 카메라가 더 이상 따라갈 수 없을 때, 동작을 연장시켜 주는 다른 쇼트로 컷할 수 있다.

④ 장소와 시간을 바꾼다. 실내에서 거리로 컷하면 장소가 거리로 바뀐다.

⑤ 효과를 변화시킨다. 카메라가 클로즈업으로 타이트하게 다가서면 사건은 강조되고, Long 쇼트로 컷하면 사건은 평범해진다.

⑥ 사건의 리듬을 설정해준다. 컷을 빨리 하면 흥분되고, 컷을 느리게 하면 조용하고 적막하다.

■ 광학적 화면 전환

가장 일반적인 화면 전환 기법으로는 페이드인, 아웃(Fade in, out)이 있다. 보통 시작되는 첫 장면은 페이드인으로 시작하고 마지막은 페이드아웃으로 끝난다. 한 작품에서도 중간 중간에 몇 개의 페이드인, 아웃이 있을 수 있다. 이 페이드아웃은 시간 경과를 나타냄과 동시에 하나의 단락이 마무리되는 것을 의미하기 때문에 페이드아웃이 되면 시청자들은 하나의 사건이 정리되므로 긴장을 풀게 된다. 요즘은 화면이 점점 검어지는 것이 아니고 점점 하얗게 바래지는 기법을 선호하기도 한다.

디졸브(Dissolve)는 화면의 끝 부분이 희미해지면서 다음 장면이 겹쳐서 점점 뚜렷해지는 기법이다. 이 기법은 시간경과나 회상 또는 환상이나 급격한 변화가 아닌 정서적이고 조용한 분위기의 장면전환에 많이 쓰인다.

디졸브를 사용하는 이유는 다음과 같다.

- 행동을 부드럽게 연결한다.
- 장소와 시간의 변화를 나타낸다.
- 두 영상 사이의 관계가 깊다는 것을 나타낸다.

와이프(Wipe)는 앞 화면을 쓸어내리면서 다음 화면으로 들어서는 기법으로 디졸브의 변형된 형태라 할 수 있다. 시간경과, 장소이동 등에 흔히 쓰이지만 디졸브보다는 템포감이 있다고 볼 수 있다. 흔히 전환을 주고받는 씬에서 두 사람을 화면에 오른쪽 왼쪽에서 동시에 보여주다가 전환이 끝나면 한 사람을 밀어내고 다른 한 사람만 남게 하는 것도 이런 종류다. 와이프(Wipe)는 과감한 화면 전환 기법이기 때문에 특수효과로 분류하기도 한다. 요컨대 와이프는 영화나 텔레비전에서, 한 장면이 화면 한쪽으로 사라지면서 뒤이어 다음 장면이 나타나는 기법으로서, 극적인 상황에서 긴장감을 살리면서 장면전환을 할 수 있는 장점이 있다.

03 영상편집 시스템

최초의 VTR 편집은 필름이나 오디오 테이프처럼 실제로 테이프를 잘라서 붙이는 스플라이스(Splice) 편집이었다. 스플라이스 편집은 필름 편집 시스템에서 착안된 것으로, 물리적으로 테이프 자체를 끊어서 이어주는 정밀한 조작의 작업이다. 필름에서는 정확하게 주어지는 콤마(Comma)의 천공에 의해 별다른 어려움 없이 편집할 수 있지만, 외관상으로는 전혀 내용을 식별할 수 없는 VTR테이프의 경우는 문제가 보다 까다로웠다. 특수한 약품처리를 한 뒤 정밀한 조작에 의해 테이프를 이어주어야 하는 어려움이 뒤따랐고, 결국 현재와 같은 빈번한 편집 작업은 효율적인 측면에서 사실상 불가능했다.

이러한 문제는 전자편집 방식이 도입됨으로써 해결될 수 있었다. 전자편집은 테이프를 자르지 않고 전자적으로 편집하지만 편집의 기능은 동일하다. 전자편집에서 보통 전혀 신호가 기록된 적이 없는 테이프를 가지고 편집을 하기 위해서는 어떤 형태로든 최초의 영상신호 및 컨트롤(CTL) 신호를 기록해야만 한다. 왜냐하면 어떠한 형태의 편집이든 편집을 행하기 위해서는 동기의 근거가 되는 신호가 제공되어야 하기 때문이다. 이것을 크래쉬 레코드(Crash Record)라고 부르기도 하는데, 마치 컴퓨터에서 새 디스켓을 사용하려면 포맷팅을 해주는 것과 비슷한 원리이다. 일단 테이프에 신호가 기록되면 그것을 시발점으로 해 여러 가지 형태의 편집이 이루어진다.

영상편집의 양식

■ 어셈블 편집(Assemble Edit)

어셈블 편집은 원본 테이프에서 필요한 화면과 모든 음향채널 및 컨트롤 트랙의 신호를 동시에 레코딩 테이프에 이어가며 순차적으로 편집하는 기법이다. 레코딩 테이프에 이전에 실려 있던 모든 신호들은 지워지며 편집점에서부터 새로운 신호가 실리게 된다. 편집을 할 때는 레코딩 테이프의 In점 즉, 녹화 개시점을 지정하고, 또 오리지널 테이프의 In점 즉, 사용할 부분의 시작위치를 지정해야 한다.

어셈블 편집을 하면 매 컷의 영상이 종료되는 지점에서는 컨트롤 신호의 기록이 중지되기 때문에 다음 컷을 이어 붙이려면 반드시 어셈블 편집으로만 계속 해야 한다. 만일 도중에 인서트(Insert) 편집으로 바뀌게 되면 편집점에서 영상동기의 불연속 현상이 발생한다. 다시 말해, 어셈블 기록은 시작부터 비디오테이프상의 모든 신호를 지우고 새로운 화면, 음향, 컨트롤 트랙을 한꺼번에 기록하는 것이어서 화면을 그대로 두고 음향만을 기록할 수 없으며, 한번 어셈블로 시작한 편집은 어셈블 편집으로만 계속 이어가야 한다는 것이다.

■ 인서트 편집(Insert Edit)

인서트 편집은 기록된 내용의 일부를 삭제하거나 수정, 추가할 때 사용되는 것으로 영상이나 음향채널의 전부 혹은 일부를 임의로 선택해 편집할 수 있다. 즉, 인서트 편집은 컨트롤 신호를 포함한 기존의 신호가 이미 레코딩 테이프에 존재하고 있다는 것을 전제한 가운데, 새로운 영상이나 음향의 일부 혹은 전부를 삽입시키는 것을 말한다.

인서트 편집에서는 기존에 레코딩 테이프에 들어있는 컨트롤 신호가 손상되지 않고 유지되기 때문에 어떠한 지점에서 새 신호를 삽입하더라도 동기상의 문제가 전혀 발생하지 않는다. 그러나 인서트 편집을 하려 할 때 레코딩 테이프의 한 부분에 컨트롤 신호가 없거나 불연속으로 연결되었을 때에는 동기 불일치로 인한 신호 불안 현상이 나타나게 된다. 따라서 인서트 편집은 반드시 편집할 부분에 컨트롤 신호가 연속적으로 기록되어 있어야 한다는 전제가 필요하다. 만일 어셈블 편집을 하여 완성한 테이프 중 어느 한 장면의 화면 혹은 오디오를 수정하고자 할 때는 절대로 어셈블 편집을 사용해서는 안 되며, 인서트 편집으로만 수정해야 한다.

■ 스플리트 편집(Split Edit)

화면과 오디오의 출발점에 약간의 시차가 생기도록 하는 편집기법이다. 편집기에 있는 스플리트(Split) 버튼을 사용하여 화면의 In점과 사운드의 In점을 각각 다르게 설정한다. 장면 전환 시 특수한 효과를 노리기 위해 다음 장면의 음향이 앞 장면의 마지막 부분에 미리 들어와야 할 경우에 스플리트 편집을 사용하면 된다.

만일 드라마에서 화면의 음향을 이전 화면에서 미리 들리도록 하는 상황 연결 편집 같은 것을 하려면 오디오 In점을 먼저 정하고 일정한 시차를 둔 후 화면의 In점을 설정하는 스프리트 편집을 해야만 한다.

■ 다이내믹 모션(Dynamic Motion)

편집기의 스피드(Speed) 버튼을 활용하여 편집될 내용의 일부를 정지화면, 페스트, 슬로우 등의 변속 재생된 화면으로 기록되도록 하는 편집기법이다. 특별한 장면을 강조하거나 상황의 마무리 처리와 같은 곳에 주로 활용된다. 예를 들어 스포츠 프로그램의 결정적인 순간포착이나 드라마의 피날레 장면 같은 것이 있다.

■ 1 : 1 편집과 2 : 1 편집 – 선형 편집(Linear Editing)

• 1 : 1편집(테이프 대 테이프 편집)

단일 영상원 편집 시스템(Single-Source Editing System)이라고 하는 1 : 1 편집 시스템은, 한 대의 재생 VTR(Player)과 또 한 대의 녹화 VTR(Recorder)을 맞물려서 재생 VTR로부터 송출시키는 신호를 녹화 VTR로 이전시킬 수 있는 편집 시설이다. 이것은 가장 기본적인 형태의 기법이다. 필요 없는 부분을 버리고 원하는 부분만을 순차적으로 이어나가는 형태로 편집이 이뤄지는데, 이어지는 영상 소스 사이의 연결 호흡과 이미지 구도 같은 것이 세밀하게 고려되어야만 한다.

또한 색상이나 음질의 변화 상태도 이음매에서 거부감 없이 연결될 수 있도록 유의해야 한다. 1 : 1 편집은 성격상 단순한 작업 형태로 인해 가볍게 다뤄질 우려가 있으나, 편집자는 Cutting 편집이야말로 편집의 가장 기본적인 골격이 된다는 사실을 염두에 둬야 할 것이다.

• 2 : 1 편집(A/B롤 편집)

복수 영상원 편집 시스템(Multi-Source Editing System)이라고도 하는 2 : 1 편집 시스템은, 두 대의 재생 VTR로부터 송출시키는 신호를 각각 혹은 합성하여 녹화 VTR로 이전시킬 수 있는 편집 시설이다.

이 방식은 1 : 1 편집 시스템보다 더욱 발전된 형태라고 할 수 있는데, 보통 편집 컨트롤러(Controller)를 사용하여 재생 VTR 2대와 녹화 VTR을 동시에 컨트롤하면서 편집한다. 대체로 편집 컨트롤러에서 스위처를 함께 연결하여 사용하는데, 그렇게 하면 1 : 1 편집 시스템과는 달리 디졸브, 와이프, 페이드, 컷, 키(Key) 등과 같은 다양한 화면 전환을 비롯하여 여러 영상 효과들을 만들어 삽입할 수 있다.

편집점의 결정 방법

전자편집에서 편집점을 정확하고도 빨리 찾기 위해서 개개의 프레임(Frame)을 표시하는 어드레스 시스템이 개발되었다. 어드레스 시스템을 이용한 편집점의 결정 방법은 컨트롤 트랙(CTL, Control Track) 방식과 타임코드(TC, Time Code) 방식의 두 가지가 있다.

이것은 VTR의 테이프 작동 시간 표시계에 있는 TC/CTL 전환 버튼으로 선택할 수 있다. 테이프 작동 시간 표시계를 컨트롤 트랙 방식으로 선택하면 촬영 원본 테이프의 임의의 지점에서 편집자가 제로 세트(Zero Set)할 수 있지만, 타임코드 방식을 선택하면 이미 촬영 원본에 기록되어 있는 시간이 표시되므로 제로 세트할 수 없다. 타임코드 방식의 수치는 다른 VTR에 넣어도 불변의 값이 된다.

컨트롤 트랙 방식은 테이프 작동 시간 표시계의 현재 가장 일반적으로 이용되고 있는 방식이다. 이 방식을 사용하면 새로이 편집하기 위해 테이프에 일부러 신호를 기록할 필요가 없다. 편집중 일단 VTR에서 테이프를 뺐다가 끼우면 컨트롤 트랙 수치는 변하게 된다. 간단한 전자편집과 같이 편집점의 결정과 접합을 리얼타임(Real Time)으로 순차처리해 가는 경우에는 컨트롤 트랙 방식을 이용해도 지장이 없으나, 테이프 타이머의 제로 세트는 테이프를 걸 때마다, 또 조작자의 의해서 임의의 위치에서 이루어지므로 절대적인 테이프 어드레스는 되지 않는다. 그래서 제각기 작업을 나눠서 하는 경우에는 불변의 테이프 어드레스인 타임코드 방식을 이용할 필요가 있다.

주요 편집기기

■ VTR

VTR(Video Tape Recorder)은 편집에 있어 가장 기본이 되는 기기이다. 방송용 VTR은 고품질 영상과 음향을 안정성 있게 처리해야 하므로 높은 신뢰성이 요구된다. VTR 및 테이프는 프로그램 제작을 위한 모든 노력의 결정체이어서 운용과 관리에 많은 주의를 요한다. 그동안 다양한 포맷의 VTR이 등장했고, VTR의 발전에 따라 제작기술에 많은 변화가 있었다. 이와 병행하여 컴퓨터를 이용한 비선형 편집기, 특수 영상효과 장비, 대용량의 서버 등이 급속한 발전을 하고 있어서 기존의 VTR의 역할 중 많은 부분을 점차 대체하고 있는 추세이기도 하다.

■ 영상합성기기 및 영상효과기기

영상합성기기(VMU, Video Mixing Unit)는 여러 가지 영상소스들을 입력, 선택, 합성한 뒤 출력해내는 기기로 일명 스위처(Switcher)라고도 한다. 스위처를 이용하면 디졸브, 와이프, 페이드, 컷, 키 등 다양한 장면전환 기법을 사용할 수 있다.

그리고 영상효과기기(DVE, Digital Video Effect)는 주어진 입력영상을 디지털 신호처리를 통해 다양한 형태로 변환, 출력해내는 기기로서 모든 신호변환을 실시간으로 처리할 수 있다. 주로 사용되는 기능은 축소, 확대, 이동, 회전, 모자이크, 쉐이프(Shape) 전환 등인데 최근에는 영상합성기기와 영상효과기기의 기능이 함께 결합된 기기가 널리 애용되고 있다.

■ 문자 발생기(Character Generator)

편집에 있어 자막은 매우 중요한 몫을 담당하고 있다. 자막의 내용뿐만 아니라 자막 자체의 모양이나 색상처리 과정 등이 프로그램 내용에 활력을 불어넣으며, 시청자에게 흥미를 유발하는 효과가 크기 때문에 자막 처리기는 꾸준히 변신을 거듭하며 발전해 왔다.

TV 방송 초기에는 TV 화면에 자막을 넣으려면 검은 종이에 흰 글씨로 쓰고 흑백 포지티브 필름으로 촬영한 것을 필름 체인에 의해 수퍼시켰다. 그러나 글씨 쓴 검은 종이(5″×7″)나 사진을 그대로 영상화하는 장치(Flying Soft Scanner)가 1970년 후반에 개발됨에 따라 보다 손쉽게 TV 화면을 만들 수 있었다.

그 후 1980년대 초 문자 발생기의 등장으로 이제까지 종이의 시대는 마감하고 전기적인 신호로 자막을 생성해내어 사용하게 되었으며, 88올림픽 때는 국내에서 개발한 컴퓨터그래픽 기술에 의해 자막 처리, 도표 삽입 등이 보다 편리하게 되었다.

자막 처리기에는 단순히 자막만을 만들어내는 기기와 만들어낸 자막을 다양한 형태로 처리하는 기기 등이 있다. 요즘 널리 사용되고 있는 비선형 편집기에는 자막 기능이 내장되어 있고, 또한 보다 세련된 자막 발생 프로그램을 플러그 인시켜서 활용할 수도 있다.

■ **음향합성기기 및 음향효과기기**

음향합성기기(AMU, Audio Mixing Unit)는 영상을 합성하는 VMU에 대응되는 음향기기로, 입력된 음향을 적절히 합성해내는 기능을 갖고 있다. 다만 VMU와는 달리 AMU는 동시에 여러 개의 소스들을 합성해 출력할 수 있는 기능을 갖추고 있다.

대형 콘서트의 경우 AMU를 이용해 수십 개에 달하는 음향 소스들을 각 소스마다 적절한 음색과 음량으로 합성, 출력해내는데 이와 같은 과정을 믹스다운이라고 부른다.

그리고 원래의 소리에 필요한 만큼의 잔향 효과를 준다거나 신분 보호를 위해 음성 변조를 한다거나 전환 소리 효과를 위해 필터를 쓰는 경우가 간혹 있는데, 이런 경우에 사용되는 기기를 통칭해 음향효과기기(DAE, Digital Audio Effect)라고 한다.

■ 음향재생기기

대개의 프로그램이 촬영 단계에서 얻어진 음향 이외에 많은 종류의 효과나 음악 소스들을 사용해 편집 작업을 하게 된다. 특히 최근에는 드라마에서도 배경 음악의 중요성이 강하게 부각되고 있는 추세이어서 추가 음향을 삽입 혹은 합성하기 위해 사용되는 신호원으로 쓰이는 기기가 음향재생기기이다.

■ 연결 단자

비디오 편집 혹은 관련 시스템을 스스로 구성하려는 사람에게는 비디오와 오디오의 연결 단자와 그 내용은 매우 중요한 사항이다. 비디오 포맷과 연결 방식은 불가분의 관계에 있기 때문이다. 작업하려는 비디오의 포맷과 캠코더와 VCR, 그리고 컴퓨터간의 연결 방식을 미리 고려하지 않으면 각각의 장치가 갖고 있는 고유한 장점을 살리지 못하고 데이터 전송 과정에서 화질을 떨어뜨릴 수 있다.

예를 들어, 캠코더는 DV 방식의 비디오에 1394 단자를 갖고 있지만 컴퓨터나 VCR의 연결단자가 1394 단자를 지원하지 못하면 S-Video 단자나 콤포지트 단자(RCA)를 이용할 수밖에 없고, 이는 필연적으로 화질을 저하시키게 되는 것이다.

특히 새롭게 시스템을 구성하는 경우에는 현재 지원되는 인터페이스뿐만 아니라 향후 지원하게 될 인터페이스까지 꼼꼼히 점검하여 시스템을 준비하여야 한다. 대부분의 전문적인 비디오 장비는 비디오 케이블로 BNC 커넥터를 사용하고, 오디오 케이블로는 XLR이나 RCA 포노플러그(Phono Plug)를 이용한다.

입력 단자	전달신호	내 용
IEEE 1394	비디오/오디오	DV단자, I-link, FireWire 등으로 불리는 것으로 디지털 장비의 편리함을 활용한 단자다. 모토로라와 애플 컴퓨터의 제안으로 사용되기 시작했다. 영상장비와 영상장비를 DV 단자로 연결해 놓으면 오디오 신호와 비디오 신호를 동시에 전달할 수 있으며, 입력과 출력을 같은 선으로 이용할 수 있다. 그리고 제어 신호를 보낼 수 있으므로 장비를 원격으로 조작할 수 있다. 양방향 전송이 가능하다.
BNC	비디오	Baby N Connector의 약자로, 콤포지트 및 콤포넌트의 다양한 비디오 소스를 연결하는데 사용한다
S-Video	비디오	'수퍼(Supper) 잭'이라고도 한다. 색상(C-chrominance)과 밝기(Y-luminance)로 영상신호를 분리해 보내는 단자이다. 연결 부분을 보면 핀이 4개 있는데, 2개는 접지용이며 실제 영상신호는 2개의 핀에서 2가닥으로 전달되므로 콤포지트 단자보다 영상신호가 풍부하다.
XLR	오디오	전문가용 마이크 혹은 VTR의 오디오 장치를 연결하기 위해 사용한다.
RCA 포노플러그	비디오/오디오	콤포지트 잭, RCA 잭, A/V 잭 등 다양한 이름으로 불려지고 있고, 오디오 장비에 처음 적용된 단자다. 케이블은 2개(영상/음성)와 3개(영상 1/음성 2)로 된 것이 있는데, 3개짜리 중 노란색은 영상, 흰색(L)과 빨간색(R)은 스테레오 오디오를 전달한다. 노란색 단자를 통한 비디오 신호는 혼합된 영상신호 1가닥으로 전달된다.

선형 편집과 비선형 편집

비디오 편집은 크게 선형 편집(Linear Editing)과 비선형 편집(Non-Linear Editing)으로 구분할 수 있다. 원래 비디오 편집은 재생용 VCR과 녹화용 VCR을 연결하여 비디오테이프를 재생하고 비디오테이프로 녹화하며 편집하는 것이 일반적이었다. 이와 같이 일반적으로 테이프에서 테이프로 녹화하며 편집하는 전통적인 편집 방식을 '선형 편집'이라고 한다.

이에 비해 영상 신호를 컴퓨터의 하드디스크에 디지털 신호로 기록하여 편집하는 방식을 '비선형 편집'이라고 부른다. 비선형이라는 말은 줄이 없다는 뜻이 아니라, 영상을 꼭 순서대로 편집하지 않아도 된다는 뜻이다. 즉, 기존 선형 편집(VCR 편집)에서와 같이 선형화(線形化)된 순차(順次) 편집이 아니고 자유로이 위치를 변경하며 편집을 할 수 있다는 뜻이다.

■ 선형 편집(Linear Editing)

1956년부터 널리 사용되어온 테이프 편집은 선형 편집이지만, 정작 '선형 편집'이라는 이름이 붙여진 것은 1980년대 후반부터 비선형 편집과 구별하기 시작하면서부터였다.

대부분의 선형 편집 시스템은 제작에 필요한 다른 장비들 즉, 오디오 테이프 레코더, 스위치, 특수 효과 장비, TBC(Time Base Corrector) 등과 연결하여 작업하는데 용이하도록 설계되어 있다. 선형 편집도 효과기를 사용하여 여러 가지 좋은 영상을 얻을 수 있다.

그러나 선형 편집은 필요한 장면을 찾기 위해 테이프를 앞뒤로 돌려야 하므로 많은 시간이 걸리고, 세밀하게 Cutting하기도 어렵다. 또한 아이템을 순서대로 녹화해야만 되고, 편집하는 비디오 중간에 다른 장면을 추가할 경우 처음부터 다시 할 수밖에 없다.

기존의 아날로그 형태의 선형 편집기의 경우 데이터 복사에 따른 세대 손실(Generation Loss)로 화질 저하를 감수해야 했다. 그러나 최근의 디지털 형식의 선형 편집기의 개발로 복사로 인한 화질 저하의 문제는 많이 해소되었다. 따라서 선형, 비선형의 구분을 단순히 아날로그, 디지털의 구분 개면과 거의 동일시하던 기존의 시각은 수정될 필요가 있어 보인다.

■ 비선형 편집(Non-Linear Editing)

• 비선형 편집의 특성

비선형 편집이란 편집 소스(Source)인 영상과 음성을 디지털화하여 하드디스크(Hard Disk) 등의 랜덤 액세스가 가능한 대용량의 기억장치에 기록하여 컴퓨터에서 편집하는 방식을 말한다. 기존의 선형 편집이 비디오 테이프를 기록매체로 사용하는 데 반해, 비선형 편집은 컴퓨터상의 하드디스크가 주 기록 매체로 사용된다.

비선형 편집에서는 이러한 장점 외에도 스위처(Swicher), 오디오 콘솔

(Audio Console), 영상효과기(DVE), 문자 발생기(Character Generator)와 같은 편집 기기들이 소프트웨어로 포함돼 있고 VCR의 기록매체는 하드디스크로 되어 있어 한 사람의 편집자가 독립적으로 편집할 수 있는 장점도 있다.

비선형 편집 시스템은 영상 입출력을 위한 VCR과 비선형 편집기로 이루어진 독립적인 형태이나, 최근에 이러한 형태에서 벗어나 네트워크(Network)를 통한 자료 공유를 위해 비디오 서버(Video Server)를 활용한 비선형 편집 시스템 개발이 관심을 끌고 있다.

또한 비선형 편집기는 데이터(Data)를 압축하지 않고 사용하는 비압축 방법과, 데이터를 국제적으로 사용되는 압축방법인 MJPEG, MPEG 등의 기술을 이용해 디스크의 효율성을 높이는 두 가지 형태로 사용되고 있다.

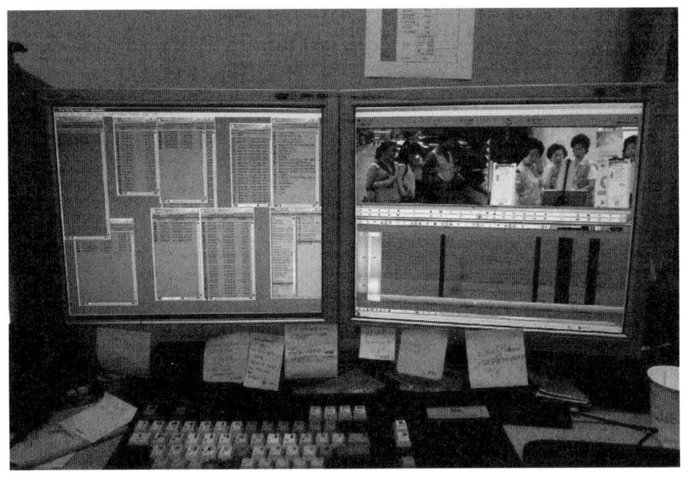

① MPEG

Moving Picture Experts Group의 약어로서, ISO/ITU-T, MPEG은 동영상 압축표준안이다. 이 작업은 JPEG에 인터필드

(Inter-Field) 압축과 동영상의 연속된 프레임의 유사성을 이용하여 행하는 압축 등을 추가했다. MPEG 1은 1.2Mbits/sec와 CD-ROM급의 데이터로 동작하도록 되어 있으며, 따라서 CD를 사용해서 영상을 재생할 수 있다. MPEG 2는 VHS로부터 HDTV에 이르는 넓은 범위를 커버하며 영상해상도의 레벨과 프로파일(Profile)을 사용해서 여러 단계로 구분된다. 일반적인 데이터율(Data Rate)은 2~10Mbits/sec이다.

② 캡처보드(Capture Board)

캡처(Capture)란 정지화상이나 동영상을 컴퓨터 하드디스크로 저장하는 일련의 작업을 말한다. 이러한 작업이 가능한 보드를 캡처보드라 한다. 캡처보드는 크게 정지 영상 캡처보드와 동영상 캡처보드로 나누어진다.

● 비선형 편집의 장·단점과 전망

기존의 선형 편집과 비교하면 비선형 편집은 편집이 용이하고 간편한 장점과, 컴퓨터로 편집을 하는 시스템의 특성상 제한되어지는 단점이 있다. 이를 선형 편집과 비교하여 살펴보면 다음과 같다.

〈비선형 편집의 장점〉

① 수정 편집이 용이하다.

기존의 선형 편집에는 편집이 끝난 테이프의 쇼트들이 1, 2, 3이 있다면 1쇼트와 2쇼트 사이에 새로운 쇼트를 넣으려면 2와 3쇼트를 다시 편집해야 하지만, 비선형 편집에서는 새로운 쇼트를 1과 2쇼트 사이에 드래그(Drag)하기만 하면 된다.

② 편집회수에 관계없이 화질, 음질의 열화가 없다.

모든 신호의 처리가 디지털이므로 복사를 많이 하더라도 신호에 전혀 지장을 주지 않는다. 아날로그의 복사에는 S/N비(신호 대 잡음

비율)가 떨어지나 디지털의 복사에는 S/N비의 저하가 없다.

③ 액세스 타임(Access Time)이 제로에 가깝다.

편집시 필요한 쇼트를 찾고자 할 때 선형 편집에서는 셔틀(Shuttle)을 이용해 찾아야 하기 때문에 시간이 소요되어 편집 효율이 떨어질 수 있으나, 비선형 편집에서는 랜덤 액세스의 기능으로 필요한 화면을 즉시 불러 볼 수 있다.

④ 입력된 소스(Source)에 자막 삽입, 합성, 화면 전환, 오디오 믹싱 등 온라인 편집작업이 가능하다.

선형 편집시 자막 혹은 디졸브(Dissolve) 같은 간단한 화면효과를 사용하려 해도 스위처(Switcher), 문자 발생기(Character Generator) 등 여러 가지의 장비가 필요했지만, 비선형 편집 시스템에는 소프트웨어로 이 모든 기능을 가지고 있다. 그러므로 비용이 절감되고 효율이 높다.

⑤ 네트워크(Network) 기술을 이용해 자원공유를 할 수 있으며, 다른 소프트웨어와 호환성이 있다.

⑥ 다양한 매체를 활용할 수 있다.

다양한 형태의 입력과 출력이 가능하여 테이프, 웹(Web), DVD, 비디오 CD 등 컴퓨터에서 사용할 수 있는 거의 모든 매체의 활용이 가능하다.

〈비선형 편집의 단점〉

① 모든 테이프의 소재를 디스크 저장장치로 복사하는 작업, 즉 디지타이징(Digitizing)이 필요하다.

대부분의 카메라는 테이프를 기록매체로 활용하고 있고, 자료화면 역시 대부분 테이프로 되어 있어 편집하기 위해서는 이 소스들을 디스크에 디지타이징하여야 한다. 이때 테이프의 기록시간만큼 디지타이징 시간이 소요된다. 선형 편집에서는 이러한 디지타이징이 필요가 없다.

아비드(AVID)사와 이케가미(IKEGAMI)사는 공동으로 디지타이징이 필요하지 않는 디스크 타입의 카메라(DNG)를 개발하여 영상과 음향을 탈착이 가능한 디스크에 기록하고, 이 디스크를 비선형 편집 시스템의 컴퓨터에 장착만 하면 편집이 가능하도록 하였다.

② 디스크 저장장치의 저장용량의 제한이 있다.

디스크 저장장치는 그 용량에는 한계가 있다. 많은 양의 편집 소스를 다 저장할 수가 없어 일반적으로 준비된 편집 소스 중 꼭 필요한 부분만 디지타이징하여 편집을 한다. 또한 한 작품의 편집작업이 끝이 난 후 디스크의 저장 내용을 지우고 다음 작품의 작업을 위해 디지타이징하면, 먼저 작업을 하였던 편집 소스는 없어지므로 그 후에 다시 수정편집을 하려면 다시 편집 소스를 다시 디지타이징하지 않으면 불가능하다.

③ 편집작업 도중에 다른 편집 시스템으로 이동하거나 다른 프로를 편집하기가 아직은 불편하다. 선형 편집의 경우는 작업하던 테이프만 가지고 다른 편집 시스템으로 이동하면 가능하나, 비선형 편집 시스템에서는 하드디스크에 저장되어 있는 편집 소스를 이동할 수가 없으며 그 동안 편집한 내용도 테이프로 녹화하여 이동할 수밖에 없다.

● 비선형 편집 시스템의 구성

비선형 편집 시스템은 크게 편집 소프트웨어와 캡처보드를 포함한 편집보드로 구분할 수 있다. 사용자는 사용 용도에 적합한 편집보드를 장착하고 편집 소프트웨어를 설치하면 비선형 편집 시스템을 구성할 수 있다. 이때 주의할 점은 PC 사양이 편집 소프트웨어나 편집보드가 원활하게 지원되는지를 검토해 보아야 한다.

① 편집 소프트웨어

㉮ 소프트웨어 선택의 고려사항

편집 소프트웨어를 결정함에 있어 사용자의 편리성과 용도뿐 아니라 아래의 사항들을 고려하여야 한다. 다양한 편집 소프트웨어가 있고 이들은 제각기 특별한 기능들을 보유하고 있어, 어떤 용도로 비선형 편집 시스템이 편집에 사용될 것인지를 파악할 필요가 있다.

- 컴퓨터 하드웨어 사양(CPU, Memory, HD 용량)
- 지원 가능한 캡처보드
- PC OS(운영체계) : Windows, Windows NT, Macintosh
- A/V Signal Format : SDI, DV, MPEG, 컴포지트, 컴포넌트
- Export Type : 테이프, Web, DVD, VCD
- 다양한 플러그 인(Plug In)
- 소프트웨어 특성 : CG(Computer Graphic), 크로마 키(Chroma Key), DVE, 실시간(Real Time), 프리뷰(Pre-view)

㉯ 편집 소프트웨어 종류

파이널 컷 프로(Final Cut Pro(Apple)), 프리미어(Premiere (Adobe)), Xpress 4(Avid), Edit(Discreet), Speed Razer.(in : sync), Media Studio Pro(Ulead) 등 다양한 소프트웨어가 있다.

IEEE 1394는 애플 컴퓨터가 개발한 디지털기기간 전송 기술로 통신기기와 컴퓨터 및 가전제품을 단일 네트워크로 연결, 멀티미디어 데이터를 100Mbps~400Mbps의 빠른 속도로 주고받을 수 있도록 해주는 인터페이스 기술을 말한다.

IEEE 1394는 미국전기전자기술협회(IEEE)에서 AV기기에 사용하기 위해 만든 데이터 전송을 위한 직렬 버스(bus) 규격으로, 전송 속도 400Mbps의 고속 데이터 전송이 가능하며 'Fire Wire'라는 별칭이 있다.

TV와 VCR 등과 PC 간의 신호변환을 위한 비디오보드를 포함하는 편집보드로서 일반적으로 캡처보드라고 한다.

② 편집보드 종류

동영상 캡처보드들은 다양한 제품이 출시되어 있는데, 그 주된 목적이 영상편집용이냐, 멀티미디어나 인터넷을 통한 동화상 편집용이냐에 따라 다시 두 시장으로 나누어져 있다. 영상편집용 보드라고 불리는 일련의 제품들은 640×480 이상의 해상도를 가지고 있어야 하며, 압축비율은 6 : 1 이상을 권장하고 있다. 하지만 실제로 편집된 동화상을 TV에서 보려면 720×480 이상인 NTSC 표준 규격을 지원해야 하고, 방송용으로 사용되려면 720×486인 D1 규격과 2 : 1 이상의 압축률을 지원해야만 한다는 것이 규격화되어 있다.

또한 대부분의 캡처보드들이 어떤 영상소스를 받아들이느냐에 따라 다양한 가격층을 구성하고 있는데, 대체적으로 컴포지트, Y/C(Super 또는 S-VHS로 불림) 등을 입력소스로 받아들이게 되면 비교적 저렴한 가격층을 구성하게 되고, 컴포넌트, SDI 등을 입력신호로 받아들이게 되면 비교적 고가의 가격대를 형성하게 된다. 때문에 비교적 저렴하면서도 고화질의 영상소스를 담을 수 있는 DV 포맷을 선호하는 추세이다.

멀티미디어용이나 인터넷용 동영상의 편집은 320×240 규격을 그 표준으로 하며, 속도에 따라 혹은 사용 목적에 따라 160×120으로 조정해 사용할 수 있다. 하지만 각 보드들을 지원하는 보드일수록

가격이 고가이기 때문에 보드를 선택하기 전에 어떤 용도로 사용할 것인지 꼼꼼히 따져 보아야 한다.

또한 편집을 할 것인지, 아니면 그냥 원하는 영상을 MPEG-1, VIDEO-CD(VCD) 형식이나 MPEG-2 DVD에 기록할 것인지에 따라 캡처보드 종류가 달라지게 된다. 일반적으로 동영상 캡처보드와 MPEG 형식으로 캡처되는 보드(MPEG 보드라고도 불린다)들은 별도로 구입해야 하지만, 요즈음은 두 기능을 하나의 보드로 지원하는 제품들이 출시되고 있다.

동영상 캡처보드와 정지영상 캡처보드의 가장 큰 차이점으로는 오디오 캡처 기능에 있다고 할 수 있다. 물론 고급 오디오 입력을 위해서는 별도의 오디오 캡처보드가 필요하지만, 대부분의 경우 동영상 캡처보드가 지원하는 기능을 사용하거나 사운드 카드를 이용한 캡처를 사용하기 때문에 여기서는 오디오 캡처보드에 대해서 언급하지 않기로 한다.

일반적으로 캡처보드라고 하는 제품들은 대부분 AVI 파일 형식으로 파일들을 저장하는 방법을 택하고 있다. 하지만 AVI 형식의 단점은 하나의 파일에 2GB 이상의 용량을 저장할 수 없다는 것이다. 때문에 이런 문제점을 해소하기 위해 여러 제품들이 독자적인 파일 형식을 빌어 그 한계를 넘어서고 있다.

대부분의 동영상 파일의 확장자가 AVI 파일이라고 볼 수 있는 것은 아니다. 각 제조사마다 고유의 형식을 가지고 있는 동영상 파일을 만들어 자기 제품의 우위 선점과 제품 판매 전략을 꾀하기 때문에, 파일의 확장자가 같은 AVI로 되어 있다고 해도 어떤 코덱(Codec)을 사용하였는가에 따라 그 파일의 호환성이 좌우되고 있다.

• 비선형 편집(Non-Linear Editing) 과정

비선형 편집은 크게 캡처, 편집, 출력의 세 과정으로 되어 있다.

① 캡처(Capture)

테이프에 기록된 영상을 컴퓨터의 저장장치인 하드디스크 드라이브로 옮기는 것을 말한다. 이 과정은 아날로그 영상 편집에서는 없었던 작업이다. 이 과정을 위해서는 컴퓨터에 별도의 캡처보드를 장치해야 한다. 캡처보드를 생산하는 대표적인 업체들로는 피나클, 매트록스, 카노푸스 등이 있는데, 각 업체마다 그 성능에 따라 매우 고가부터 저가까지 다양한 제품을 출시하고 있다.

비선형 영상 편집을 위해 하드디스크 드라이브로 옮겨 담는 영상 데이터는 많은 양의 데이터를 차지하므로 용량이 큰 하드디스크 드라이브를 쓴다. 기존 하드의 용량이 40GB에서 80GB인데, 테이프 1시간의 영상을 디지털 데이터로 바꾸면 크기가 45GB나 되므로 1/4~1/5 크기로 압축해 저장하는 AVI 동영상 파일(13GB)을 주로 사용한다. 그러므로 1시간 분량을 캡처받고 다듬은 후 다른 매체에 내보내기 위해서는 20GB 정도의 빈 용량이 있어야 한다. (최근 하드 용량이 TB급으로 확대되고 있어 압축 파일 포맷 등이 달라질 수 있음.)

디지털 영상 편집을 하려면 용량도 문제가 되지만, 무엇보다 먼저 속도가 빨라야 한다. 컴퓨터를 쓰는 보통의 작업은 데이터 크기가 크지 않기 때문에 속도가 말썽을 부리는 일이 드물다. 그래서 보통 사무용 컴퓨터는 5400rpm(Round Per Minutes)보다 느린 하드디스크 드라이브를 써왔다. 그러나 디지털 영상 편집을 하기 위해서는 적어도 7200rpm 이상의 빠른 하드를 써야 한다.

컴퓨터의 신호 전달 속도는 흔히 CPU의 속도를 1로 약속하고 비교한다. 램(RAM)은 보통 1/10로 느리고, 하드디스크 드라이브는

1/100(펜티엄 초기모델의 경우임)로 더 느리다. 그러므로 컴퓨터의 성능은 가장 느린 부품의 속도에 발목이 잡혀 있다. 따라서 성능을 향상시키기 위해 계획을 세울 때는 먼저 하드디스크를 고려할 필요가 있다. 이미 사용하고 있는 컴퓨터를 쓰기 위해서는 적어도 CPU, RAM, HDD 정도는 성능을 확인하고 보강해 주어야 한다.

② 편집

컴퓨터를 이용하여 영상 편집을 하기 위해서는 편집 프로그램(소프트웨어)이 필요하다. 영상을 캡처받는 기능부터 편집하고 출력하는 기능까지 컴퓨터 편집의 전 과정에 프로그램의 성능은 매우 중요하게 작용한다. 그리고 기존 선형 편집에서는 가편집(Off-Line Edit)과 후반편집(On-Line Edit)이 확연히 구별되며, 편집 장비 역시 다르지만, 비선형 편집에서는 컴퓨터 한 대로 가편집과 후반편집을 한 번에 할 수 있다.

비선형 편집에서 기본 편집과정은 크게 네 단계로 나누어진다. 그 첫번째는 Cutting 편집과정인데, 원본 영상 중에서 편집에 사용할 부분을 자르고 배열하는 단계라 할 수 있다. 두 번째 과정은 장면 전환 효과를 적용하는 단계인데, 대개의 비선형 편집 프로그램 안에는 수십 가지의 다양한 장면 전환 효과(Transition)들이 내장되어 있어서 손쉽게 사용할 수 있다. 세 번째는 자막을 넣는 과정이다. 선형 편집기에는 기본적으로 움직이지 않는 스틸 자막, 수평으로 흐르는 크로울링 자막, 수직으로 흐르는 롤 자막 등이 들어 있으며, 전문 자막 프로그램을 플러그인(Plug-In)하여 다양한 형태의 자막을 삽입할 수도 있다. 네 번째 과정은 오디오 편집이다. 기본적인 볼륨 조절 이외에 스테레오 선택 및 특수 효과를 줄 수도 있다.

이렇게 네 단계의 편집이 끝나면 기본 편집은 완성된다. 그리고 편집한 영상에 특별한 느낌을 추가하기 위해 고급 효과 편집을 추가할 수 있다. 어느 정도 전문적인 영상 편집 프로그램들 안에는 비디오 및 오디오 효과를 주기 위한 각종 필터가 내장되어 있고, 2개 이상의 화면을 보여주게 하는 PIP(Picture In Picture) 효과 편집도 들어 있다. 또한 블루 스크린처럼 투명도를 조절하여 화면을 합성시키는 기능도 사용할 수 있다.

컴퓨터 영상의 편집과정

기본 편집	Cutting 편집(자르기, 배열) ↓ 장면 전환-Transition ↓ 자막-Title ↓
효과 편집	소리작업-Sound ↓ 비디오 효과- Filter ↓ PIP, Motion ↓ 투명 처리 합성

업체	프로그램	개 요
Adobe	Premiere	가장 많이 알려진 영상 편집 프로그램으로, 저가의 IEEE 1394 카드로도 캡처와 편집을 할 수 있다.
	After Effect	모션 그래픽 프로그램으로, 보통 영상 합성 작업에 많이 쓴다.
	Encore DVD	손쉽게 전문 오소링(Authoring)을 할 수 있다.
Avid	Xpress DV	Avid Xpress, Avid Composer, Avid Sym-pony처럼 고가의 방송 및 영화 전문가용으로만 출시되던 것을 보다 저렴하게 노트북과 데스크톱에서 사용하도록 DV 포맷으로 만든 것이다.
Canopus	Canopus RT	Storm 보드를 구입하면 제공되는 편집 프로그램이다. Storm Audio, Storm Navi, Storm video, Storm Edit 4개의 주요 프로그램이 작업 내용별로 기능 분담된 것이다.
	Edius	일본이 본사인 카노푸스는 어도비 사의 프리미어를 같이 번들해 왔으나, 자체 캡처보드를 위해 새로 출시한 전문 편집 프로그램이다.
Apple	Final cut pro	애플 컴퓨터에서 작동되는 전문 편집 프로그램이다.
	Shake	영상 합성에 많이 쓴다. 플로(Flow) 방식으로 작업을 하는 구조를 지녔다.
	Edit	고가의 편집 장비에 번들되는 전문 편집 프로그램이다.
	Combustion	특수 효과를 위한 영상합성 프로그램으로, 영화 관계자들이 많이 사용한다.
Sony	Movie shake	소니 캠코더를 구입하면 무료로 제공되는 편집 프로그램이다.

업체	프로그램	개 요
Microsoft	Movie maker	Windows XP를 설치하면 무료로 사용할 수 있는 영상 편집 프로그램이다
Pinnacle	Studi	취미로 영상 편집을 하려는 사람을 대상으로 한 손쉬운 영상 편집 프로그램이다. 캡처에서 편집, 출력, 오소링까지 한 번에 끝낼 수 있는 쉬운 영상 편집 프로그램이다.
	Edition	고가의 전문 영상 편집 시스템에서 사용되던 프로그램을 데스크톱용으로 출시한 것이다.
	Commotion Pro	영상합성에 사용되는 프로그램이다.
Cinegy	Extreme	플로(Flow) 방식으로 하는 인터페이스가 특징인 영상 편집 프로그램이다.
Ulead	Media studio Pro	대만에 본사를 둔 유리드의 고성능 편집 프로그램이다.
Sonic Foundy	Vegas Video	오디오 효과 전용 프로그램으로 유명한 Sound Forge를 개발한 소닉파운드리에서 개발한 영상 편집 프로그램이다.

③ 출력

컴퓨터 편집의 마지막은 매체에 다시 옮겨와 담기이다. 대표적인 저장 매체는 테이프 외에 CD, DVD, 홈페이지 등이 있다. 각 매체는 저장 용량이 다르며, 이 용량 때문에 화질의 차이를 보인다. 즉, 대용량 매체인 경우에는 보다 좋은 화질을 위해 화면을 크게, 데이터 전송량도 많이 주지만 매체의 용량이 적은 경우에는 작은 화면에 적은 데이터 전송량을 갖는다. 또한 특정 프로그램에서만 작동되는 형식으로 압축되는 경우가 있다. 출력되는 영상물은 고유의 확장자를 갖게 되는데, 확장자 중심으로 정리해보면 다음과 같다.

㉮ AVI

마이크로소프트사의 비디오 포 윈도(VFW)용 동영상 파일이며, 미디어 플레이어에서 재생된다. 동일한 확장자를 가지는 다양한 압축방식(Codec)이 존재한다. 최근에 Divx 코덱으로 압축된 동영상 파일이 가지는 확장자이다. 이러한 동영상을 보려면 기본 미디어 플레이어 외에 동일한 코덱을 설치해 주어야 한다. 이 코덱은 인터넷상에서 무료로 다운로드받을 수 있다.

㉯ MOV

애플(Apple)사의 애플 퀵타임(Quick Time)에서 재생되는 동영상 파일이다. 퀵타임은 인터넷상에서 무료로 다운로드받을 수 있으며, 동일한 확장자를 가지는 다양한 압축방식(Codec)이 존재한다.

㉰ MPEG-1 MPG

동영상 CD 혹은 VCD로 불리는 표준으로 650MB 용량의 콤팩트디스크(CD)에 60분 이상의 동영상을 담기 위한 표준이다. 따라서 압축을 많이 하여 화면 크기는 352×240으로 제작한다. 초당 데이터 전송량은 1.5MB를 넘지 못한다.

㉱ MPEG-2 MPG

DVD 매체를 위한 압축표준으로 3.9GB에서 18GB에 이르는 고밀도 압축 미디어를 사용하므로 화질이 좋다. 화면 크기는 720×480이며, 초당 데이터 전송량은 3MB에서 9MB 사이로 조절해 4.7GB 미디어에 58분에서 128분의 동영상을 저장한다.

㉲ MPEG-4 WMV/WMA/ASF

마이크로소프트사의 윈도미디어 서버에서 서비스되는 인터넷용 파일이며, 352×240 크기를 가지게 된다. 인터넷용 파일의 화질 및 화면 크기는 대역폭의 선택에 따라 달라진다.

㉳ MPEG-4 RM/RA

리얼네트웍스사의 리얼미디어 서버에서 서비스되는 인터넷용 파일이며, 352×240 크기를 가지게 된다. 인터넷용 파일의 화질 및 화면 크기는 대역폭의 선택에 따라 달라진다.

특수효과 편집

아날로그 편집 환경에서 특수영상 효과가 가능해진 것은 DVE(Digital Video Effect)의 등장 덕분이다. 1980년대 초에 1세대 DVE인 '스퀴줌'이 등장한 이후, 화면의 축소, 확대, 이동, 회전은 물론 포스터라이제이션(Posterization), 솔라리제이션(Solarization), 네가(Nega), 모자이크(Mosaic) 등 이전에는 볼 수 없었던 다양한 화면 처리가 가능해지게 되었다.

이후 급속한 발전을 거듭하던 DVE기술은 콴텔사의 '미라지(Mirage)'에 이르러 화면을 구(Sphere) 모양 등 여러 가지 3D 모양으로 변환시킬 수 있게 되었고, 페이지 턴(Page Turn) 효과 등 입체적인 영상 표현도 가능하게 되었다. 이즈음 방송사에서는 포스트 프로덕션의 개념을 도입하게 됐으며, 사후 편집의 비중이 한층 더 커지게 되었다.

그러나 포스트 프로덕션 체제를 갖춘 편집실에서 더욱 정교한 효과 작업을 수행하기 위해서는 그림 소스를 제공하는 VTR, 특수영상을 구현하는 DVE, 모든 소스를 합성하는 VMU가 상호 연동되어야 하고 반복되는 복사로 인한 화면 열화로부터 자유로워져야 했다. 이런 상황에서 디지털 기술의 발전으로 엄청난 양의 영상 정보가 손실되지 않고 하드디스크에 저장되는 것이 가능해졌고, 비선형 편집 시스템이 등장했다. 디지털 비선형 편집 시스템은 기존의 선형 편집 시스템에 비해서 편집 기능뿐 아니라 비주얼 효과(Visual Effects) 기능 면에서도 월등한 것이었다.

'특수 영상 효과'는 비주얼 효과와 메커니컬 효과(Mechanical Effect)로 구분할 수 있다. 비주얼 효과는 3D 컴퓨터 그래픽과 2D 영상합성을 통한 방법이 활용되고 있는 반면, 메커니컬 효과는 특수분장(Special Make-up), 애니매트로닉스(Animatronics), 미니어처(Miniature), 화공효과(Pyrotechic) 등이 활용된다. 방송에서 접근할 수 있는 특수효과는 사전 기획에 의해 특수 촬영된 영상 및 3D 그래픽 소재 등 다양한 영상 소스를 바탕으로 디지털 특수 영상 장비를 이용해 특수 영상을 창조해 내는 것이 대부분이라고 할 수 있다.

또한 특수 영상 제작에 필요한 영상 합성 가공 기능이 탁월해 블루 매트 페인팅(Blue Matte Painting)기법과 같은 영상 합성을 통해 블루 스크린 앞의 담배 연기까지도 뽑아 낼 수 있을 만큼 키(Key) 기능이 세밀해졌고, 그래픽 툴을 이용해 매트를 그리거나 원하는 부분만 마스크로 뽑아내는 것이 가능해졌다. 게다가 오토트랙(Autotrack) 기능이 있어 화면 내의 움직이는 물체에 다른 사물을 합성해 마치 합성된 사물이 움직이는 것과 같은 그림을 만들어낼 수 있다. 요즘은 다양한 영상 효과 관련 툴들이 일반인들에게도 폭넓게 보급되고 있어서 보다 손쉽게 영상의 고급 효과까지 구사할 수 있게 되었다.

■ 2D 효과

2D에는 평면을 구성하는 요소인 X축과 Y축 상의 값으로 구현되는 모든 효과를 포함한다. 이는 입체를 표현할 수 있는 Z축 상의 값이 없다는 점에서 3D(3차원 입체) 효과와는 구별된다. 2D 효과를 사용하면 키(Key)와 같은 배경 화면 위에 다른 화면을 덮어 올리는 수직 편집을 할 수 있다.

2D 효과를 위한 조절 요소(Parameter)들로서는 크게 위치(Position), 크기(Size), 색상(Color), 회전(Rotate), 보더(Border), 키 조절요소인 게인(Gain) 등이 있다. 이와 같이 조절 요소들을 적절히 조합 사용해 2D 효과를 구현한다.

■ 3D 효과

2D 평면과 효과를 구현하기 위한 요소는 X와 Y값에 기인해 다양한 효과 표현을 할 수 있는 반면, 3D(3차원 입체) 효과의 경우는 입체를 구현하기 위해 또 다른 하나의 요소(Z값)에 해당하는 구성 요소가 필요하다. 하지만 여기서 Z값은 수학적 의미의 입체 구현 요소 Z값과는 거리가 있다. 3D를 디스플레이(Display)하는 모니터들이 평면인 이유로 입체 효과는 다른 방법을 취하게 된다.

이러한 표현을 하기 위한 요소 Z(모니터 평면의 앞과 뒤쪽)만을 살펴보면 대표적으로 원감(Perspective), 음영(Shadow), 하이라이트(Highlight), 사이즈 변화 등이 있다. 이는 미술에서 화폭에 그림을 그릴 때를 상상 해보면 쉽게 예견되는 표현 요소가 될 것이다. 3D 효과 Z값 표현요소들을 조합해 변형을 주면서 같은 패턴(Pattern)이라도 다양한 효과를 구현할 수 있다.

2D 효과의 종류

2D 효과	효과명	내 용
장면 전환 효과	디졸브	앞 화면이 서서히 사라짐과 동시에 뒤 화면이 서서히 나타나는 효과.
	와이프	다양한 와이프 패턴(Pattern)을 이용해 화면을 닦아내듯 전환하는 효과.
	페이드 인/아웃 (Fade In/Out)	화면이 서서히 임의의 색(검정색, 흰색 등)과 믹스(Mix)되며 나타나거나 사라지는 효과.

2D 효과	효과명	내 용
키 (Key)	루미넌스키 (Luminance Key)	휘도 값의 차이를 이용하는 키. 휘도 값의 컷라인(Cutline)을 조정함으로써 컷라인 미만 값은 제거해내고 그 이상 값은 화면에 남겨, 남겨진 부분 화면만이 다른 배경 화면 위에 합성되어 보이는 효과.
	크로미넌스키 (Chrominance Key)	색상의 차이를 이용하는 키. 조정된 임의 색상을 제거해 필요한 화면 부분을 얻어내는 효과. 일반적으로 푸른(Blue)색 배경에 인물 및 사물을 두고 촬영한 장면에서 푸른 배경색만을 제거해 남은 부분의 소스를 다른 화면과 합성, 처리해 만든다. 일반적으로 크로마키라고 한다.
	매트키 (Matte Key)	키 작업을 하게 되면 화면 중 남는 부분이 생기는데, 이를 키홀(Key Hole)이라 부른다. 이렇게 별도로 키홀만을 만든(Black과 White만으로 이루어진) 회면을 배경화면 위에 얹고 홀 안에 다른 비디오 화면을 채워 넣는 것을 말한다.
모션 (Motion)	프리즈 (Freeze)	연속으로 촬영된 영상 중에서 지정된 프레임(Frame)을 수차례 반복적으로 연속 프린트해 정지 화면으로 만들어내는 효과.
	슬로우 (Slow)	화면 동작 스피드를 1/2배, 1/3배 등으로 저속 처리해 만드는 효과.
	패스트 (Fast)	화면 동작 스피드를 2배, 3배 등으로 고속 처리해 만드는 효과.
	스트로브 (Strobe)	1에서 30프레임까지 연속적으로 재생되지 않고 5프레임, 10프레임, 15프레임 등 임의의 프레임 단위로 정지되었다가 재생되는 효과.

2D 효과	효과명	내 용
픽처 인 픽처	PIP(Picture in Picture)	배경 화면 위에 다른 화면을 작게 올리거나 위치 변화를 주어 올리는 효과. 뉴스 방송에서 쉽게 볼 수 있다.
이미지	컬러효과 (Color Effect)	영상의 색상 및 질감의 변화를 주는 효과. 컬러 밸런스(Balance), 밝기(Bright), 콘트라스트(Contrast), 포스터라이제이션(Posterization), 솔라리제이션(Solarization) 등의 효과가 있다. 색 보정을 위해 사용하기도 한다.
	플립(Flip)	화면의 상하가 바뀌어 보이는 효과.
	플롭(Flop)	화면의 좌우가 바뀌어 보이는 효과.
	프립 플롭 (Flip Flop)	화면의 상하 및 좌우가 바뀌어 보이는 효과.
	마스크 (Mask)	상하좌우 또는 임의의 형태와 모양으로 화면을 가리는 효과.
	줌인/아웃 (Zoom In/Out)	화면의 확대와 축소시 사용하는 효과.
자막	롤링(Rolling)	상하 방향으로 자막이 진행되게 하는 효과.
	크로울링 (Crawling)	좌우 방향으로 자막이 진행되게 하는 효과.

3D 효과의 종류

3D 효과	내 용
원근 (Perspective)	화면이 원근감 있게 보이는 효과. 이를 구현하려면 Z값이 주어질 수 있게 회전(Rotate)이 가미되어야 한다.
음영(Shadow)	화면의 임의 각도에서 빛에 의한 그림자를 만들어, 본 화면을 배경화면 위로 살짝 떠있는 듯 보이게 하는 효과. 음영의 깊이, 색깔 등의 조절이 가능하다.
페이지턴 (Page Turn)	책장을 넘기는 것과 같이 화면이 넘어가는 효과, 말려서 넘어가는 진행 정도(Curl), 말려진 각도(Angle) 그리고 어느 정도로 깊게 마는가(Radius)의 세 가지가 기본 조절 값이다.
회전(Rotate)	3D에서 회전효과는 원근이 적용되고, 3D축에 의한 회전 중심이 적용되어서 구현된다. 만일, 회전축을 화면의 좌측 에지(Edge)에 두고 우측으로 45도 회전했다면, 회전한 우측 에지는 원근에 의해 좌측 에지보다 길이가 짧을 것이다. 그리고 좌측 에지는 원래 길이의 값을 갖고 깊이 방향으로 45도 각도로 기울어진 화면이 된다. 또한 회전축을 대상 화면의 외부에 둔다면 화면은 그 외부 회전축을 중심으로 실린더(Cylinder) 형태로 회전하게 된다.
물결(Splash)	호수에 돌을 던졌을 때 나타나는 물결 파문 모양과 같은 효과. 물결 파고의 부분에 하이라이트가 적용되어 돌출된 입체 물결로 보이게 된다. 물결의 지름(Radius), 물결 파고의 개수(Frequecy), 물결 파고의 진폭(Amplitude), 원의 비대칭정도(Aspect) 등의 조절에 의해 원하는 물결 모양의 효과를 만들 수 있다.
구면(Sphere)	화면을 구면처럼 보이게 하는 효과. 마치 볼록거울에 물체를 비출 때처럼 구면의 형태로 일그러져 보이게 된다.
물방울 (Rain Drop)	화면을 물방울 모양으로 보이게 하는 효과. 이는 변수를 어떻게 주느냐에 따라 물방울 모양 이외의 다양한 모양으로 변할 수 있다.

3D 효과	내 용
꼬리(Trail)	화면의 이동시 움직임에 따른 유성 꼬리와 같은 늘어지는 잔상이 보이는 효과. 비디오 트레일과 스파클(Sparkle) 트레일로 나누어진다. 비디오는 움직이는 화면을 쫓아 계단식으로 중첩된 화면의 잔상을 보이며 스파클은 쫓는 잔상이 잘게 나누어진 작은 반짝이는 입자로 잔상 꼬리를 보인다. 또한 잔상의 유지시간을 조정함으로서 긴 꼬리 및 짧은 꼬리를 만들 수 있다.
큐브(Cube)	육면체 모양을 만드는 효과. 실제는 6면 전체가 아니라 6면을 바라볼 때 보이는 3면으로 구성된다. 육면체로 보이기 위해서는 반드시 3면이 나타나야 하는데 좌우 측면 두 개, 상하 측면 하나가 필요하다. 이것은 각 측면의 화면을 만들어 화면상으로 세 측면을 조합해 입체를 만든 다음 조합된 전체를 또 다른 효과인 이동 및 회전 등을 적용해 사용한다.

Post Production Techical Manual

02

포스트 프로덕션 기술

PART 2

포스트 프로덕션 기술

01 영상·음성의 기록

오늘날과 같은 TV방송이 본격화된 것은 VTR의 출현에 의한 영향이 크다. TV방송 개시 초기에는 생방송과 필름 송출이었지만, VTR에 의한 저장과 기록이 가능해짐에 따라 방송의 내용과 다양성이 크게 확대된 것이다.

현재는 영상과 음성의 품질향상을 위해 아날로그 VTR에서 디지털 VTR로 바뀌었다. 한편 디스크 미디어의 대용량화에 따라 디스크계 기록 시스템의 보급이 일시에 진행되어 왔다. 앞으로 대용량화와 액서스 스피드의 고속화가 예견되는 플래시 메모리를 이용한 기록 시스템도 등장하고 있다.

방송 전체를 고려하면 리니어계의 시스템이 차지하는 비율이 높은데, 편집 등의 업무의 주류는 논리니어계 시스템으로 이행하고 있는 등 과도기에 있다. 포스트 프로덕션의 기술자로서는 다양한 기록 시스템에 대응할 수 있는 기술을 익혀둘 필요가 있으며, 이 장에서는 그러한 다양한 기록 시스템을 소개하기로 한다.

현재 일반적으로 사용되고 있는 기록 시스템은 그 매체의 차이에서 테이프 시스템(VTR), 디스크 시스템, 반도체 시스템으로 구분할 수 있다. 이 중 VTR은 신호처리 방법에 따라 아날로그 VTR과 디지털 VTR, 콤포지트와 콤포넌트, SD와 HD로 구분할 수 있다.

VTR의 변천

■ VTR의 등장

아날로그 VTR은 1956년에 처음 방송용 VTR로써 2인치 4헤드 VTR이 실용화되었다. 그 후 보다 성능이 좋은 VTR의 개발이 이루어지고, 콤포지트 방식의 1인치 VTR・3/4인치 VTR, 콤포넌트 방식의 1/2인치 VTR, 그리고 하이비전 방식의 1인치 VTR・1/2인치 VTR이 상품화되어 왔다. 콤포지트 방식의 VTR은 영상신호를 분리하지 않고 1개의 트랙, 또는 구분된 2개의 트랙에 기록하고 있었지만, 이 방식으로는 품질의 개선에 한계가 있었다.

그래서 Y신호와 C신호를 분리하여 별도의 트랙에 기록함으로써 콤포넌트 방식에 의해 고품질의 영상, 테이프 크기의 소형화 등이 실현되어 갔다. 이에 따라 카메라 레코더의 소형화가 진행되고, 방송제작과 보도현장에서의 유연하고 기동력 있는 촬영이 가능해졌다.

그리고 새로운 방송방식으로 1990년대에는 아날로그 하이비전 방송이 실용화되고, 이에 따라 하이비전용 VTR이 개발되게 되었다. 하이비전 VTR은 1인치의 VTR이 실용화되었지만, 처음에는 스튜디오 수록과 스포츠 중계 등 기동력을 그다지 필요로 하지 않는 현장에서 사용되어 왔다. 그 후에 1/2인치 소형 카세트 타입의 휴대용 VTR이 개발되어, 기동적인 로케 등에서도 활용할 수 있게 되었다.

■ 디지털 VTR의 등장에서 논리니어 기록 시스템까지

아날로그 신호를 그대로 변조하여 자기 테이프에 기록하는 아날로그 VTR에 비해, 영상을 디지털 신호로 변환하여 기록하는 디지털 VTR은 고화질을 유지할 수 있다.

1980년대에 이러한 기능을 활용한 디지털 VTR이 등장하여, 1982년에 당시의 CCIR(현 ITU-R)이 국제간의 프로그램 교환을 고려한 방식으로써 CCIR 601을 권고하고, 이를 받아들여 SMPTE와 EBU가 검토하여, 1986년 4 : 2 : 2 디지털 VTR 포맷에 의한 최초의 디지털 VTR 'D-1'이 규격화되었다.

이 규격은 주사선(走査線)이 다른 525개/60필드, 625개/50필드의 양방식에 공동하는 것으로, 세계 통일 포맷으로써 ITU-R 601 권고의 콤포넌트 디지털 신호를 기록 재생시의 베이스 밴드 신호로써 사용되고 있다. 또한 방송시의 콤포지트 디지털 신호의 필요성에서, 1986년에는 SMPTE가 콤포지트 방식으로 D-1과 동일한 테이프 사이즈인 'D-2'를 규격화하였다. 이것이 국내에서의 지상 아날로그 방송용 VTR 소재의 납품기준이 되어 있다.

그 후 1993년에 처음으로 압축기술을 채용한 1/2인치 디지털 베타캠이 등장하고, 다시 1995년에는 퍼짐을 줄인 1/4인치 사이즈(6.35mm)의 DVCPRO, DVCAM이 상품화되었다. 일반용 DV포맷이면서 고화질 VTR도 방송제작에 사용되게 되었다.

한편 1997년에는 기록 미디어에 처음으로 하드디스크를 채용한 Edit-cam이 등장, 최근에는 미디어에 광 디스크를 채용한 XDCAM과 반도체를 채용한 P2 등의 시스템이 등장하고 있다. 이렇게 소형화가 진행되어 종래보다 훨씬 기동력이 있는 촬영과 컴퓨터와의 친화성이 현실화되었다. 또한 지상 디지털 방송의 개시와 함께, 각 시스템도 HD 영상에 대응할 수 있게 되고, 고해상도의 영상을 기록할 수 있게 되고 있다.

VTR의 구조

현재 VTR의 주류는 디지털로 바뀌었지만, 그 구조는 아날로그의 VTR이 베이스가 되어 있어, 아날로그와 디지털 공통의 기능과 설계도 많다. 우선 아날로그 VTR부터 그 구조를 설명하기로 한다.

■ 아날로그 VTR

• VTR의 기록구조

VTR의 기록은 영상을 기록하는 회전헤드, 음성과 컨트롤 신호를 기록하는 고정헤드에 의해 행해진다. 회전헤드는 드럼이라고도 부르며, 테이프에 대해 경사로 접하여 기록하는 방식을 취하고 있다. 이러한 기록방법을 헤리컬 스캔(Helical Scan)이라 부른다. 영상신호는 테이프의 진행방향에 대해 경사로, 음성신호와 컨트롤 신호는 고정식 헤드에 의해 테이프의 진행방향과 평행한 긴 방향으로 기록된다.

• 영상신호의 기록

주파수 대역이 약 6MHz인 영상신호에서는, 최고 주파수가 약 20 kHz인 음성과 동일한 긴 방향의 고정헤드로 기록하려고 하면, 음성신호에 비해 약 300배의 속도로 테이프를 돌리지 않으면 안 된다. 따라서 영상신호에는 사전에 FM변조를 행하고, 또한 회전헤드로 테이프와 기록헤드의 상대속도를 올리고 있다.

1필드의 영상신호를 테이프상의 영상트랙 1개에 기록하는 방법을 논세그먼트(Segment;부분, 나눔) 방식, 여러 개의 트랙으로 나누어 기록하는 방식을 세그먼트 방식이라 한다.

• 음성신호와 컨트롤 신호의 기록

고정헤드에 의해 기록되는 트랙은 테이프 긴 방향의 상하에 위치하며,

음성신호와 컨트롤 신호, 타임코드용 등으로 사용된다.

음성 트랙은 테이프의 상부 또는 하부에 2ch분의 음성을 2개의 트랙에 기록한다.

컨트롤(CTL) 트랙은 통상 음성 트랙의 반대방향에 기록된다. 헤리컬 스캔 방식 VTR은 재생시의 테이프 스피드와 비디오 헤드의 회전 위상을 조금의 오차도 없이 컨트롤하지 않으면 안 된다. 이를 위해 CTL 신호에 따라, 기록시의 비디오 헤드와 재생시의 비디오 헤드가 같은 장소를 비추도록 제어 컨트롤한다.

CTL 펄스(30Hz)는 1필드마다 플러스와 마이너스가 반전하는 디지털 신호이며, 또한 4필드 단위로 변하는 컬러 프레임 펄스(15Hz)가 있어, 이를 사용하면 EIA RS-170의 규격에 맞는 편집시에 H시프트가 없는 컬러 프레임 편집을 할 수 있다.

• 드럼 구성

드럼은 통상 헤드가 붙어 회전하는 위 드럼과 고정된 아래 드럼으로 구성된다. 헤드는 영상신호의 소거 헤드, 녹재(錄再) 헤드(또는 R/P HEAD), 재생 헤드 등이 있다.

재생 헤드는 회전방향과 직각으로 세밀하게 진동시켜 자동으로 트래킹(Tracking)을 행하여, 통상 재생은 물론 느린 화면 재생시에도 노이즈바가 발생하거나, 신호의 타이밍이 흐트러지지 않도록 하고 있다. 이러한 기능을 자동 트래킹 제어라 한다.

• 기록 · 재생회로

기록계열의 회로는 모쥴레이터라 부른다. 입력된 영상신호는 입력레벨 조절회로에서 기준레벨을 조정하여, 로우패스 필터에 의해 혼변조 왜곡의 원인이 되는 고주파수 성분을 제거한다. 그리고 S/N비를 개선하기 위해 펄스신호를 2배로 하여, 고주파 보정을 행한 후에 FM변조를 할 수 있다. 재생계열의 회로는 디모쥴레이터라 하며, 읽어낸 FM신호에 대해 보정을 행한 후에 기록시와 반대의 처리를 행하여 영상신호를 되살린다. 그 후 영상신호는 시간축의 보정과 탈락의 복구 등을 행하기 위해 TBC에 보내진다.

• TBC(Time Base Corrector)

헤리컬 스캔 VTR은 테이프가 드럼을 경사로 투사하기 때문에, 드럼의 회전간격과 테이프 회전의 속도변동 등에 의해 시간축이 변동한다. 시간축 변동(타임 베이스 에러)이 일어나면, 재생화면에 찌그러짐, 흔들림, 컬러락 벗어남 등의 현상이 나타난다. 이 시간축 변동은 VTR의 회전 메커니즘에 의해 발생원인은 다양한데, 이를 보정하는 것이 TBC의 주요 역할이다. 또한 그밖에도 외부신호와의 타이밍(GENLOCK), 밝기신호와 농도신호와의 부정한 처리의 보정, 탈락 복구 등의 기능이 있다.

• 제어

VTR을 작동시키기 위해서는 고정밀 회전제어와 스피드 제어가 요구된다. 따라서 각종 제어가 여러 곳에서 사용되고 있다.

① 드럼 제어

기본적으로는 CTR을 바탕으로 한 클럭펄스와 드럼의 회전에 의해 발생하는 터크펄스 사이의 차를 검출한다. 이 위치 차이를 제어신호로써 회전 스피드를 제어하는 회전속도제어 루프와, 재생영상신호를 규정 위치에 맞추기 위해, 기준 수직 동기신호와 클럭펄스에 의해 기준위치 발생회로를 형성하고, 이와 터크펄스의 위치 차이에서 드럼의 회전위치를 제어하는 위치제어 루프로 구성되어 있다.

② 캡스턴 제어

헤리컬 스캔방식에서 캡스턴모터의 회전위치 변동은 재생 영상신호의 시간축 변동으로 나타난다. 따라서 터크펄스와 클럭펄스로 속도제어 루프를 형성하고, 재생 CTR 펄스와 기준 컨트롤 신호의 위치차로 제어 컨트롤하고 있다.

③ 텐션 제어

헤리컬 VTR에서는 테이프의 드럼 주위가 길기 때문에, 텐션 변동이 크다는 문제가 있다. 텐션 변동은 기록된 트랙의 길이 변동이 되어 결과적으로는 시간축 변동이 된다.

그 현상으로써는 기록시와 재생시의 텐션차에 의해 헤드의 교체위치에서의 기간 불연속, 즉 늘어짐이 발생한다. 특히 트랙 길이가 길기 때문에 현저하게 나타난다. 이 때문에 테이프에 대해, 항상 일정한 부하가 걸리도록 텐션을 컨트롤하고 있다.

④ 오토매틱 트랙킹 제어

기록된 테이프상의 트랙을 재생시에 완전히 맞도록 하는 것을 목적으로 한다.

재생시의 테이프 속도차이 등에 의해 발행하는 테이프 각도의 어긋남을 재생헤드의 위치를 변화시킴으로써 보정한다. 이 재생헤드를 상하로 움직이기 위해 압전소자를 이용하여 교류의 고압력을 걸어 헤드를 움직이게 한다. 이에 의해 얻어진 신호는 제어가 되어, 항상 RF 신호가 최대가 되도록 맞춘다.

■ 디지털 VTR

- 디지털 VTR의 특징

고화질, 고음질, 또한 여러 번 녹화재생을 반복해도 기본적으로는 신호가 나빠지지 않고, 테이프에 의한 탈락이나 주파수변동이 재생되지 않는 것이다.

VTR의 기본적인 구조는 아날로그의 VTR과 동일하지만, 아날로그 신호의 디지털화에 의해 정보량은 상당히 증가한다. 기록밀도를 높이기 위해서는 정보량당 기록파장을 짧게 할(주파수가 높아진다) 필요가 있지만, 상반적으로 비트 오류가 많아지거나, 출력신호가 저하된다.

이러한 문제를 아날로그에 비해 테이프 사용량을 늘리지 않도록 하기 위해 디지털 VTR에서는 다양한 처리를 하고 있다. 또한 음성신호도 영상신호와 마찬가지로 회전헤드에 의해 세그먼트 방식으로 기록하고 있다. 이를 위해 장방향에는 컨트롤신호, 타임코드, 큐트랙을 기록하고 있다.

• 디지털 VTR의 재생계 회로

① 직류/병류 변환 및 복구(디스크램블)

데이터에서 읽어낸 직류 데이터에 대해 에러 보정을 한 후, 병류로 전환한다. 얻어진 데이터는 TBC에 의해 시간보정 등을 하여 복구된다. D-2 VTR의 경우는 복구한 후에 병류 변환이 행해진다.

② 재배열 및 에러 정정

배열되어 있는 네이터를 원래의 배열로 되돌려, 기록시에 부가된 에러 정정 부호를 바탕으로 에러 정정을 한다. 이 검출정보에 의해 에러가 있는 화소부분에 대해, 상하좌우의 화소 데이터를 계산하여 대체신호로써 에러 수정 처리를 한다.

③ D/A 변환 및 병류/직류 변환

모든 처리를 끝낸 신호는 다시 아날로그 신호로 되돌린다. A/D 변환과 마찬가지로 시스템이 전부 디지털인 경우는, 이 기능은 생략된다. 외부로 출력할 때에는 병류에서 직류 데이터로 변환하여 SDI 출력 등이 가능하다.

■ HD TV용 디지털 VTR

위성 및 지상 디지털 방송의 새로운 포맷에 대응하기 위해 개발된 VTR이 HD TV용 디지털 VTR이다. HD TV용 디지털 VTR은 단순히 고해상도일 뿐만 아니라, 디지털 방송의 다양한 포맷으로의 변환이 가능한 기능을 탑재하고 있다.

예를 들어 HD포맷으로 촬영해두고, SD로의 사용시에 다운컨버트하거나, 24p로 촬영해두고 이를 용도에 따라 최종적으로 60i나 필름으로의 변환이 가능하다. 이렇게 HD TV 디지털 VTR을 사용함으로써, 하나의 포맷으로 촬영하여 제작한 작품을 다양한 포맷의 매체로 사용하는, 이른바 싱글 소스·멀티 유스가 가능하게 되었다.

HD TV 디지털 VTR에는 59.94/60Hz를 의식하지 않고 조작할 수 있는 것이 있다. 이것은 복잡한 조작의 불편이 없어진 반면, 납품할 때에 다른 시스템에서 재생을 할 수 없게 되는 경우가 있으므로 주의할 필요가 있다. HD TV용의 영상신호는 정보량이 상당히 많기 때문에 대부분의 VTR은 영상압축 방식을 채택하고 있다. HD D-5, HD CAM, HD CAM SR, DVCPRO HD 등이 대표적인 것이다.

VTR의 초기화

■ 아날로그 VTR

아날로그의 VTR은 과거에는 1인치 VTR과 3/4인치 VTR, 1/2인치 VTR 등이 사용되고 있었지만, 1인치와 3/4인치는 모습을 감추었다. 디지털화의 이행에 따라 아날로그 VTR의 사용빈도도 감소하고 있지만, 1/2인치 VTR에 관해서는 아직 일부에서 사용하고 있으며, 또한 과거의 영상 소재 가운데 이 포맷으로 저장되고 있는 것도 있다.

• 1인치 VTR

1인치 폭의 테이프를 사용하는 헤리컬 스캔 방식의 콤포지트 VTR로, 포맷도 타입 A에서 타입 D까지 다양한 것이 있었다. 테이프에의 기록은

1필드의 영상신호를 1트랙에 기록하는 논 세그먼트 방식과, 여러 트랙에 분할해서 기록하는 세그먼트 방식, 헤드 드럼에 테이프를 감는 방식인 알파감기, 오메가감기, 회전 드럼은 1헤드와 2헤드가 있었다. 일본에서 주로 사용되고 있었던 것은, 오메가감기, 싱글헤드에 싱크헤드가 달린 타입 C이다.

• 3/4인치 VTR

1973년 일본전자기계공업회(EIAJ)의 통일 규격 3/4인치 VTR로, 초기의 ENG(Electronic News Gathering)에 자주 사용되었다. 2개의 회전 헤드에 의해 헤리컬 스캔・논 세그먼트 기록방식의 콤포지트 VTR로, 카세트에 의한 자동장착을 채택했기 때문에 운용성・보수성이 상당히 뛰어났다. 사용하는 테이프의 자성체(磁性體)가 다른 SP타입의 VTR에 의해 기록 특성의 향상이 이루어지고, 음성은 돌비 노이즈 리덕션으로 기록되었다. 이 SP타입의 VTR은 노말 타입의 테이프를 사용해도 종래대로 녹화재생할 수 있다.

• 1/2인치 VTR(베타캠, 베타캠 SP, M II)

이 VTR은 ENG와 EFP(Electronic Field Production) 등의 방송 취재용으로 개발된 것이다. 대표적인 베타캠의 신호처리는 화질 등을 좋게 하기 위해, 휘도신호(Y)와 색상신호(색차신호 R-Y・B-Y)를 별도로 FM 변조하여, 별도의 트랙에 방위각을 주어(±15도) 평행하게 기록하는 콤포넌트 VTR이다.

휘도신호는 동기 첨단주파수 4.4MHz~백 피크 6.4MHz FM 반송파 주파수 편차 2MHz, 색차신호는 시간축 압축 CTDM(Compressed Time Division Multiplex)하여 R-Y・B-Y를 다중화함으로써 대역을 넓히고 있다. 또한 메탈 테이프를 사용하여 더욱 대역을 넓히고 FM 케리어를 조작하여 특성의 향상을 꾀한 베타캠 SP도 있다. 그리고 동일하게 특성의 향상을 꾀하여 색신호를 CTCM(Chroma Time Compressed Multiplex) 처리한 M II가 있다.

■ 디지털 VTR

디지털 VTR로의 이행이 진행되어, 현재는 대부분의 현장에서 디지털 VTR이 사용되고 있다. 또한 그 디지털 VTR도 소형화가 진전되어, HD를 포함한 멀티 포맷 대응의 시스템이 주류가 되고 있다.

• D-1 VTR

D-1 VTR은 1986년에 CCIR(현 ITU-R) 657 권고로 승인되어, 현재 ITU-R 601 권고의 세계 통일 포맷의 비압축 콤포넌트 디지털 VTR이다. 주사선이 다른 525선/60필드와 625선/50필드의 양방향이 공통의 포맷으로 되어 있다.

각 트랙은 2개의 헤드로 동시에 기록되기 때문에, 525선/60필드 방식에서는 5분할되고, 625선/50필드 방식에서는 6분할된다. 회전 헤드는 정보량이 많기 때문에, 헤드의 다채널화와 고속회전이 필요하다. 헤드 칩은 12개 있으며, 기록 헤드에는 기록용과 소거용의 갭이 있고 전부 16개의 갭이 있다. 헤드에는 용도에 맞추어 기록소거 헤드, 동시재생 헤드, 오디오 편집시에 사용되는 어드바이스 재생 헤드가 있다. 또한 헤드를 고속회전(9000rpm)시키기 때문에, 상하 드럼을 고정하고 헤드만을 회전하는 구조로 되어 있다.

• D-2 VTR

D-2 VTR은 1986년에 SMPTE에서 승인된 비압축 콤포지트 디지털 VTR이다.

샘플링 주파수는 서브 케리어의 4배인 14.3MHz로 6MHz+0-3dB라는 넓은 비디오 대역을 실현하고 있다. 8bit 양자화를 행하여 S/N 비

54dB로 색 재현성에도 뛰어나다. 음성은 샘플링 주파수 48kHz, 16·20bit 직선 양자화로 4ch을 확보하고 있다.

D-2의 헤드는 드럼상의 180도 맞은 편에 달려 있는 2개의 페어 헤드 2조에 의해 기록되며, 1필드의 비디오 신호는 6개의 트랙에 분할(세그먼트 방식, 단 페어 헤드 1트레이스=2트랙이 1세그먼트) 기록된다.

1필드의 영상은 상하 방향으로 3분할(1세그먼트)되며, 샘플 데이터 단위로 배열되어 기록된다. 따라서 재생시에 4개의 헤드 가운데 2개가 불량이 되어도 재생할 수 있는 높은 보정·수정 능력이 있다. 기록부호로써는 직류가 없는 M2 방식을 사용하여(기록신호에 장파장 성분이 없다) 중복기록이 가능해져 소거 헤드가 필요없게 되었다. 애지머스(azimuth, 방위각) 기록방식에 의해 L카세트로 최대 3시간 28분을 기록할 수 있다.

• D-3 VTR

D-3 VTR은 1991년에 SMPTE에서 승인된 1/2인치 폭의 비압축 콤포지트 디지털 VTR이다. D-2 VTR과 신호의 교환이 확보되고 있으며, 비디오 신호는 서브 캐리어의 4배로 샘플링되고, 8bit로 양자화된 후 2ch로 분할된다. 이 2ch가 상호 역방향의 헤드에 의해 1필드당 6개의 헤리컬 트랙에 기록된다.

오디오 신호는 입력의 4ch이 각각 48kHz로 샘플링되고, 16·20bit로 양자화된 후, 비디오 신호 트랙의 양쪽에 한쪽 2섹터씩 기록하고 있다. 또한 비디오 신호에 비해 품질약화를 가져오기 쉬우므로, 동일 오디오 채널의 섹터를 각 세그먼트별로 테이프의 양쪽에 분산시킴으로써 테이프의 손상에 강하도록 배려하고 있다.

D-3는 고밀도 기록이며, 20마이크로미터라는 좁은 트랙 폭에 고화질을 확보하기 위해서, 채널 코딩에 8-14방식이 이용되고 있다. 이것은 8bit의 데이터를 14bit로 변환하는 방식으로, 소요 대역이 종래의

87.5%이며, DC성분은 없고 스펙트럼이 중심으로 집중하는 특징이 있다. 이 방식에 의해 S/N 비가 개선되며, 재생 등가가 용이하고 중복 기록이 가능하다.

• 디지털 베타캠 VTR

디지털 베타캠은 업무용 VTR로써 처음으로 화상압축을 도입하여, 1993년에 상품화된 1/2인치 콤포넌트 디지털 VTR이다. 영상의 압축방식은 ITU-R 601의 4 : 2 : 2형식의 신호에 대해 프레임 내 약 1/2압축의 DCT를 베이스로 한 소니 독자의 방식으로, 프레임 내 압축을 위해 프레임 단위로의 편집이 가능하다. 이 화상압축에 의해 장시간 기록과 헤드수의 축소, 캠코더 사용시 배터리 소비의 감소에 의한 장시간 연속기록을 할 수 있게 되었다.

영상 샘플링 주파수는 13.5MHz, 10bit 양자화, 1라인의 기록 샘플수 720, 1필드 기록라인수는 256. 오디오는 4ch, 샘플링 주파수 48 kHz, 20bit 양자화. 기록 데이터율은 125Mbps. 테이프 시간은 L카세트로 124분. 대규모의 LSI화에 의해 엔코드, 디코드, 오디오 프로세스를 포함한 모든 디지털 처리를 기판 한 장으로 할 수 있게 되고, 심장부가 소형화, 저소비 전력화되며, 외형 크기, 소비전력도 아날로그 베타캠과 동등하게 되고 있다.

트랙 피치는 약 22마이크로미터로 아날로그 포맷의 약 1/4. 1필드는 6트랙으로 구성된다. 각 트랙은 4개의 오디오 섹터를 중심으로, 그 양측에 2종류의 파일럿 신호를 기록하는 트랙킹 신호 에리어, 그리고 그 양측에 비디오 섹터가 배치되어 있다. 장방향 트랙에는 아날로그 포맷과 동일하게 테이프 하부에 타임코드와 컨트롤 트랙이 배치되고, 상부에는 아날로그 포맷의 오디오 2ch 부분에 큐 트랙이 배치되어 있다.

• 베타캠 SX VTR

베타캠 SX는 풀 디지털 시대의 보도취재·편집에 있어서, 영상신호의 슬림화를 목표로 1996년에 상품화된 1/2인치 콤포넌트 디지털 VTR이다.

테이프 베이스로의 취재, 논리니어(Non linear ; 비선형)로의 편집, 서버를 베이스로 한 종합 시스템 등, 방송국의 장래적인 보도 시스템을 고려하고 있다. 테이프와 하드디스크를 일체화한 하이브리드 레코더로는, 테이프 소재를 용이하게 논리니어 편집할 수 있다.

MPEG 방식의 압축을 채용하면서, GOP=2 프레임으로 함으로써 프레임 레벨의 편집이 가능하다. 또한 종래의 아날로그 베타캠과의 재생호환도 가지고 있다.

영상신호에는 MPEG2 4 : 2 : 2 Profile@MainLevel을 채용. 샘플링 주파수 13.5MHz, 8bit 양자화로 4 : 2 : 2의 신호를 약 1/10의 18Mbps로 압축하고 있다. 음성은 비압축 16bit, 4ch. 영상·음성 이외에 보조 데이터 영역을 두어, 타임 데이터와 유저 데이터를 기록하고 있다. 테이프 시간은 L카세트로 184분이다.

• MPEG IMX VTR

MPEG IMX는 베타캠 SX를 베이스로 MPEG-2 방식으로 최대한의 고화질화를 꾀하기 위해 2000년에 상품화된 1/2인치 콤포넌트 디지털 VTR이다. 당초는 유럽에서만 전개되고 있었지만, 그 후 SMPTE의 D-10 포맷으로 승인되어, 일본을 포함한 세계 각국에서도 상품화되었다. MPEG IMX는 ITU-R601의 4 : 2 : 2 영상신호에 대해, 8bit 양자화, MPEG-2 4 : 2 : 2 Profile@MainLevel로 압축을 하고 있지만, 1프레임별로 독립해서 압축하는 1GOP 방식을 채택함으로써, 프레임 단위의 편집이 가능해졌다.

음성신호는 48kHz 샘플링으로 비압축 16bit/8ch 혹은 24bit/4ch의 입출력을 구비하고 있다. 테이프 포맷, 기기구성 등은 베타캠 SX와 거의 동일하며, 보조 데이터 영역에는 타임 데이터와 유저 데이터를 기록하고 있다.

옵션인 네트워크 인터페이스 보드로 업계 표준인 MXF 파일로 변환할 수 있다. 이에 따라 영상·음성 데이터를 떨어진 장소에 설치된 서버나 VTR로 LAN을 통한 데이터 전송은 물론, XDCAM 시스템을 포함한 MXF에 준거한 논리니어 편집기 등 다양한 시스템간의 네트워크 구축이 가능하다. 또한 이때 메타 데이터를 전송함으로써 업무의 효율화를 꾀할 수 있다.

- D-5 VTR

D-5 VTR은 D-3 포맷을 베이스로 상품화되어, 1993년 SMPTE에 의해 승인된 1/2인치 콤포넌트 디지털 VTR이다. ITU-R601의 4 : 2 : 2 형식, ITU-R656(SMPTE 259M)의 10bit 풀 비트 콤포넌트 인터페이스에 준거하며, 콤포지트인 D-3와의 재생호환기능과 와이드 TV, 압축으로 HD TV 기록에 대한 대응이 확보되어 있다.

D-5 VTR의 베이스는 D-3 포맷이지만 테이프 속도를 2배로 하고, 트랙 피치를 유지한 채 기록 채널수를 D-3의 2ch에서 4ch로 확장, 이에 따라 최대 기록률 288Mbps를 얻어 D-3의 약 2.5배의 기록능력을 확보하고 있다. 영상 샘플링 주파수는 13.5MHz, 10bit 양자화로, Y/C 모두 기록 샘플수 720으로 하고 있다. 10bit·13.5MHz로 기록된 신호는 내부에서 8bit·18MHz로 변환되어, 랜덤 배열 이후의 처리를 8bit 단위로 행하기 때문에, 풀 비트인 채 하드웨어를 효율화, 소형화하고 있다. 샘플링 주파수 18MHz(8bit)의 모드도 구비되어 있어, 16 : 9의 와이드 화면인 경우의 고해상도화에도 대응하고 있다.

• HD D-5 VTR

HD D-5는 HD방송 제작에 있어서, 시스템의 소형, 경량, 저가격화의 요망을 받아, 1998년에 상품화된 1/2인치 콤포넌트 디지털 HD VTR이다. 종래의 D-5 VTR에 신호압축 부호기를 추가함으로써, D-5 VTR의 영상기록 영역에 HD의 압축 데이터를 기록할 수 있도록 한 포맷이다. 따라서 HD D-5는 D-5 VTR과 거의 동등한 편집기능, 특수 재생기능이 있다.

HD D-5의 샘플링은 Y=74.25MHz, PB·PR=37.125MHz로, 양자화 비트수는 8·10bit, 수평해상도는 1920, 유효 라인수는 1080라인, 데이터율은 301Mbps이다. 후에 720/60p, 1080·720/24p, 음성 4ch을 기록할 수 있는 상위 기종이 등장하고 있다. 입력신호는 1080i 등에 대응하고 압축비는 약 1/4, 압축 데이터는 D-5의 525모드로 기록된다.

• HD CAM VTR

HD CAM은 HD 카메라에 기동성을 확보하는 것을 목표로 1998년에 상품화된 1/2인치의 콤포넌트 디지털 HD VTR이다. 이에 따라 HD의 고정밀화상에 의한 필드촬영이라고 하는 새로운 HD의 영역이 넓어졌다. 인터레이스, 프로그래시브 양방의 방식에 대응한 모델도 있다. 기록시와 재생시에 동작 주파수를 변경하는 것도 가능하다. 또한 59.94·60Hz로 기록시의 주파수를 0.1% 변화시켰기 때문에, 테이프상의 테이프 포맷은 쌍방 동일하다.

HD CAM의 디지털 신호처리는 Y=74.25MHz, PB·PR=37.125 MHz로 샘플링한 후, 수평해상도를 1920에서 1440으로 변환하고, 4 : 2 : 2의 콤포넌트 신호를 3 : 1 : 1로 대역을 제한하며, 이에 대해 코에피션트(Coefficient ; 계수) 레코딩에 의해 데이터가 압축된다. 이 압축처리는 DCT, 양자화 제어, 가변 장부호화의 과정에 의해 행해진다. 영상

신호는 전체 약 1/7로 압축되며, 영상의 기록률은 140Mbps이다. 음성 신호는 20bit, 48kHz의 디지털 오디오 입출력을 4ch 장착하고 있다.

• HD CAM SR VTR

HD CAM SR은 HD CAM의 상위 모델로써, MPEG-4를 베이스로 하여 2003년에 상품화된 1/2인치의 콤포넌트 디지털 HD VTR이다. 종래의 HD CAM과 동등한 기동성에 의해 필드촬영에 유연하게 대응할 수 있으며, 고압축률이면서 고화질을 유지할 수 있는 MPEG-4의 채택에 의해, 수평해상도 1920을 실현하고, 합성과 CG 등 고도의 편집에도 국내에서 대응할 수 있게 되었다.

HD CAM SR의 샘플링 주파수는 RGB=각 74.25MHz, 혹은 Y=74.25MHz, PB · PR=37.125MHz이며, 양자화 비트수는 10bit이다. 1920×1080 또는 1280×720의 멀티 포맷에 대응하며, 이에 대해 MPEG-4를 베이스로 한 MPEG-4 studio profile 방식으로 압축하고, 압축률은 1/2.7, 영상의 데이터율은 440Mbps이다. 음성기록은 48kHz의 샘플링이며 24bit 양자화, 12ch의 음성트랙을 가지고 있다. 기록트랙 피치는 13.2㎛이며, 프레임당 트랙수는 24개이다. 영상의 통상 4 : 2 : 2 기록 이외에 RGB 4 : 4 : 4의 기록에도 대응하고 있다.

• 1인치 HD VTR

1인치 HD VTR은 1987년에 SMPTE에서 하이비전 스튜디오 규격이 제정되어, 1989년에 상품화된 콤포넌트 디지털 HD VTR이다. 스튜디오 제작과 중계차 등에서 이용되고 있었지만, 고유 명칭이 없이 1인치 HD VTR이라 일반 명칭으로 불리고 있다.

1인치 타입 C 아날로그 VTR을 베이스로 개발되었으며, 테이프 주행과 각종 기구는 이를 답습하고 있다. 드럼 회전수는 2배인 7200rpm, 테이프 주행속도는 805.2mm/s로 스피드가 빨라졌으며, 고밀도 기록을 가능하게 하였다. 샘플링 주파수는 Y=74.25MHz, PB·PR=37.125 MHz, 양자화 수는 8bit, 프레임 내 유효 라인수 1035. 에러 정정방법은 리드 솔로몬 방식을 채택하고 있다. 영상신호만이 헤리컬 트랙상에 기록되며, 오디오 신호를 비롯해 컨트롤 신호, 타임코드, 아날로그 큐 음성은 고정헤드에 의해 장방향의 트랙에 기록된다.

4개 1조의 회전헤드 2조의 2회전분으로 1필드 520라인의 신호를 기록한다. 따라서 1필드는 16개의 트랙으로 분할되며, 각 트랙상에서는 640개로 분할되어 기록된다.

음성은 샘플링 주파수 48kHz, 양자화는 16·20bit가 기록이 가능하다. 채널수는 디지털이 8ch, 아날로그가 1ch로 되어 있다. 디지털 음성은 각 채널별로 DASH(Digital Audio Stationary Head)에 준한 포맷으로 기록된다. 1샘플 16bit의 DASH에 대해, 20bit를 기록하므로 서브 블록에 하위 4bit를 한꺼번에 기록하고 있다.

• DVCAM VTR

DVCAM은 방송용·업무용 및 일반용의 폭넓은 범위에서 호환이 가능한 포맷을 컨셉으로 상품화가 진행된 테이프 폭 6.35mm의 콤포넌트 디지털 VTR이다.

DVCAM은 일반용 디지털 VTR의 DV 포맷과 동시에 개발이 진행되었기 때문에 일반용 DV와의 호환성이 뛰어나며, 어느 기종도 일반용 DV 테이프의 사용이 가능하게 되었다. 트랙피치를 10㎛에서 15㎛로 넓혀 머신을 확보하여 신뢰성을 향상하고 있다. 영상은 샘플링 주파수 13.5MHz, 8bit 양자화, 4 : 1 : 1의 디지털 콤포넌트 신호를 DCT 베이스로 약 1/5로 압축하여 약 25Mbps의 데이터량으로 하고 있다. 음성기록은 48kHz, 16bit, 2ch, 또는 32kHz, 12bit, 4ch이 기록 가능하다.

1프레임당의 기록 트랙수는 10트랙으로, 각 트랙상에는 ITI(Insert and Track Information) 섹터, 오디오 섹터, 비디오 섹터, 서브코드 섹터가 배치되어 있다. ITI 섹터는 트랙 내의 섹터배치를 나타내는 정보, 트랙피치 정보 등이 기록되어 있다. 재기록하는 경우를 제외하고, 덮어쓰기를 하지 않고 인서트 기록을 할 때는, 이미 기록되어 있는 ITI 섹터를 기준으로 하기 때문에 트랙 밀림이 발생하지 않는다.

서브코드 섹터에는 타임코드의 정보와 테이프 처음부터의 위치정보를 나타내는 전체 트랙넘버가 기록되어 있다. 사용 테이프는 진공증착형(眞空蒸着型) 메탈 테이프를 사용하며, 스탠다드 카세트로 184분, 미니 카세트로 40분을 기록할 수 있다.

DVCAM은 SDTI를 이용하여 압축데이터인 채로 4배속의 데이터 전송이 가능하며, 이 경우는 화질이 떨어지지 않고 복사할 수 있다. 또한 IEEE 1394(iLINK)를 이용한 데이터 전송도 가능하다.

• DVCPRO HD VTR

DVCPRO HD는 6.35mm의 테이프에 의한 DVCPRO를 HD 영상에 대응시킨 콤포넌트 디지털 HD VTR이다. HD 취재와 방송제작에 있어서도, 소형경량을 살린 기동력, SD 기재에 가까운 코스트의 실현을 목적으로 개발되었으며, DTV와 디지털 HD 방송에 대한 대응과 함께 SDTV를 포함한 모든 TV 방식에 전개 가능한 방식이다.

DVCPRO HD는 테이프 속도를 DVCPRO의 4배인 135.28mm/s로 설정하고, 비디오 신호율을 100Mbps로 하고 있다. 드럼 회전수는 촬영시의 정숙성을 고려하여 DVCPRO와 동일한 9000rpm으로 하고 있다. 테이프 포맷은 DVCPRO와 거의 동등한 트랙패턴이 채택되고 있다.

샘플링 주파수는 Y=74.25MHz, PB · PR=37.125MHz이며, 양자화 비트수는 8bit. 수평해상도를 1920에서 1280으로 변환한 후에, DVCPRO에서 사용되고 있는 DV 압축을 베이스로 한 압축을 하여, 압축율은 약 1/6.7로 하며, 영상의 데이터율은 100Mbps이다. 음성은 16bit, 48kHz의 디지털 오디오 입출력을 8ch 구비하고 있다.

DVCPRO HD는 최대 46분의 수록이 가능하며, 124분의 장시간 기록에 대응한 DVCPRO HD EX도 상품화되어 있다. 옵션 보드로 SDTI 입출력에 대응하여, 압축 데이터인 채로 전송할 수 있다. 또한 옵션인 HD-SD 컨버터로 480i · 480p · 720p로의 다운 컨버트 출력, DVCPRO와 DVCAM으로의 업 컨버트 출력도 가능해졌다.

• HDV VTR

HDV는 종래의 DV 시스템을 베이스로 하여, DV 데이터에 MPEG-2로 압축된 HD 신호를 기록, 재생하는 콤포넌트 디지털 HDVTR이다. 저렴하게 보급하고 있는 일반용 DV 시스템을 베이스로 하고 있지만, 압축방식에는 고압축인 MPEG-2를 채택하고 있다. DV 규격의 테이프를 그대로 사용할 수 있는 등, 원래 아마추어 대상의 상품이지만 HD 규격이라는 것과 영상의 품질도 좋다는 점에서, 가격면과 기동성 등을 생각하면, 간단한 취재 등 프로용의 현장에서도 충분히 사용이 가능하다.

영상 데이터율은 1080i에서 약 25Mbps, 720p에서 약 19Mpbs이다. 음성신호는 48kHz 샘플링으로 양자화 비트수는 16bit, MPEG-1 Audio Layer II로 압축하며, 데이터율은 384Kbps로 트랙수는 2ch이다. 최대 기록시간은 1080i에서는 63분, 720p에서는 LP 모드로 94분이다.

인터페이스로는 IEEE 1394의 입출력에 대응하여 전용 편집 시스템을 이용하면, 프레임 단위로의 편집이 가능하다. 또한 기록재생은 DVCAM과 DV 포맷에도 대응하고, 종래의 DVCAM에서의 운용이 가능한 기종도 있다.

논리니어 기록 시스템

영상제작의 편집작업에서는 디스크 미디어에 의한 논리니어 시스템으로 이행했지만, 수록에 있어서는 안정성과 용량면에서 유리한 테이프 미디어가 여전히 기록매체로써 사용되고 있다. 그러나 최근 디스크 미디어의 대용량화와 신뢰성의 향상 등에 의해, 카메라 부분에서 하드디스크와 DVD 등의 디스크 시스템을 탑재하여, 촬영시점부터 디스크 미디어를 사용하는 논리니어 타입의 기록 시스템이 등장하고 있다.

이에 따라 촬영에서 편집까지의 모든 제작과정을 디스크 미디어로 행할 수 있게 되어 작업속도를 높일 수 있다. 더욱이 디스크 시스템보다도 접속속도가 뛰어난 반도체 미디어를 기록매체로 사용하는 시스템도 등장하고 있다.

이러한 시스템에서 특징적인 것은, 기록한 미디어를 직접 논리니어 편집시스템과 프리뷰기에서 사용할 수 있고 디스크 미디어를 복수의 단말기에서 공유할 수 있다는 것이다. 즉, 촬영한 영상을 디지털화하지 않고 편집작업에 들어갈 수 있다.

종래의 테이프 베이스 VTR과 달리 기록매체에 범용성이 있기 때문에 동일한 시리즈의 시스템이라면, 영상 포맷별로 미디어를 나눌 필요없이 다른 포맷을 1개의 미디어 내에 혼재하게 할 수 있다. 반대로 말하면 외견상으로는 내용물의 포맷을 확인할 수 없기 때문에 주의가 필요하다. 이러한 시스템의 등장에 의해 드디어 영상제작은 테이프가 필요없는 시대로 향하고 있다.

■ 디스크시스템

• Editcam

Editcam은 1994년에 상품화된 하드디스크를 기록매체로 한 콤포넌트 디지털 카메라이다. 그 후 1999년에는 소형화를 이룬 제2세대 기기가, 2004년에는 다양한 기능을 추가하여 화질을 향상시킨 제3세대 기기가 등장하여 현행 세대에 이르고 있다. 또한 2005년에는 HD에 대응한 Editcam HD가 등장하고 있다.

제3세대 기기인 Editcam 3는 ITU-R601의 4 : 2 : 2 신호에 대해, JPEG를 베이스로 한 데이터량 50Mbps의 JFIF(JPEG File Interchange Format), 및 DV25(25Mbps의 DV압축)을 채택, 압축률은 1/3, 1/10, 1/20에서 선택 가능하다. 옵션으로 DV50(50Mbps의 DV압축), MPEG50(MPEG IMX) 방식에도 대응한다.

촬영시의 영상 샘플은 13.5MHz, 양자화 비트수는 12bit, 음성은 4ch로 샘플링은 44.1kHz, 48kHz. 기록 미디어인 하드디스크 드라이브는 'FieldPak2'라 불리며, 용량은 최대 120GB로 50Mbps라면 6시간의 기록이 가능, 25Mbps에서는 그 배의 시간을 기록할 수 있다. 플래쉬 메모리를 사용한 타입은 최대 32GB이다. 출력은 SDI로 옵션으로 IEEE 1394에도 대응하며, 후자의 경우는 기록부의 포맷 설정에 관계없이 DV형식으로 출력된다.

하드디스크 미디어를 살린 레트로루프 기능은 5초에서 8분의 설정으로 항상 버퍼로 계속해서 기록하기 위해, 녹화버튼을 누르기 전의 영상까지 되돌려 기록 보존할 수 있다.

Editcam HD는 HD TV에 대응한 시스템으로 아비드사의 압축방식인 DNxHD에 의해, 비압축인 HD 소재를 220Mbps(10bit 양자화로 1/6압축, 8bit로 1/4) 혹은 145Mbps(8bit로 1/7)의 어느 것으로 압축한다. 포맷은 1080/60i, 50i, 24p, 720/60p, 50p로 국내에서 대응하고 있다. 그밖의 기능은 Editcam 3과 마찬가지로 Field 2도 같은 것을 사용할 수 있다. 출력은 HD-SDI에 대응한다. 또한 프리뷰용에 데이터량이 작은 프록시 비디오를 동시에 기록, 인터넷 등의 용량이 작은 회

선으로도 기록영상의 개요를 송신할 수 있다.

• XDCAM

XDCAM은 2003년에 상품화된 콤포넌트 디지털 시스템으로, 기록매체로써 대용량의 광 디스크 시스템인 Blu-ray를 채택하고 있다. MPEG IMX와 DVDCAM의 양 모드가 있으며, 영상포맷은 각각의 방식에 준한다. 영상 샘플은 13.5MHz이며, 양자화는 촬영시 12bit이다. 음성은 캠코더로 4ch, 16bit, 48kHz, MPEG IMX 모드일 때는 24bit, 48kHz도 가능하다.

디스크 용량은 약 23GB로 기록시간은 MPEG IMX의 30, 40, 50Mbps 압축시에 각각 약 68분, 약 55분, 약 45분, DVCAM 기록으로는 약 85분, 데이터 전송률은 캠코더 등의 1헤드 모델에서는 72Mbps, 스튜디오 디스크 테크 등의 2헤드 모델에서는 144Mbps이다.

캠코더로 기록된 영상은 디지털화하지 않고, 편집용의 디스크 테크나 드라이브 유닛에 로드하기만 하면, 직접 MXF 파일로 사용할 수 있다.

촬영시에는 데이터양이 적은 MPEG-4를 채택한 프록시 AV 데이터도 동시에 기록하며, 이를 사용하여 간이편집과 LAN이나 인터넷을 사용한 프록시 영상을 전송할 수 있다.

입출력에는 iLINK(IEEE 1394)를 장착하여, 옵션으로 SDI 출력 및 2-3 풀 다운에 의한 24p 출력 등에도 대응하고 있다.

XDCAM HD는 XDCAM을 HD TV에 대응한 시스템이며, 2005년에 상품화되었다. 영상포맷은 HDV와 동일한 MPEG-2의 롱 GOP를 채택하고 있다. 1개의 디스크에는 4ch 오디오 기록시에 약 112분, 약 85분, 약 65분을 기록할 수 있다.

■ 반도체 메모리시스템(DVCPRO P2)

DVCPRO P2는 2004년에 상품화된 콤포넌트 디지털 시스템이며, 기록매체인 P2 카드에는 접속속도가 빠른 반도체 메모리를 사용하고 있다. SD TV만의 DVCPRO 50 P2와 HD/SD 멀티포맷의 DVCPRO HD P2가 있다.

DVCPRO 50 P2는 DVCPRO, DVCPRO 50 및 DV 각각의 포맷변환에 대응하고 있다. 음성은 전 모드가 2ch이다. DVCPRO HD P2는 HD TV에 대응한 멀티포맷 타입으로 1080/60i, 720/24p · 30p, 480/60i 등에 대응하여 각각의 포맷으로 변환할 수 있다. 음성은 4ch이다.

P2 카드는 플래시 메모리의 일종인 SD 카드 4장을 패키지화한 바, 컴퓨터의 PC카드 규격 Type II에 준거한 구성으로 되어 있으며, PC카드 슬롯이 있는 컴퓨터이면 장착할 수 있다. 최대 전송속도는 640Mbps이며, 1장의 카드용량은 최소 2GB, 최대 32GB까지 예정되고 있지만, 더욱 대용량화가 예상된다.

기록시간은 8GB의 카드로 DVCPRO 50의 영상을 16분 기록이 가능하지만, 카메라에는 5장의 P2 카드를 장착할 수 있다. 그리고 2대의 DC전원 유닛이기 때문에 장시간 연속 수록이 가능하다. 출력은 USB 2.0이나 IEEE 1394를 갖추고 있는 기종도 있다.

MPEG-4에 의한 프록시 데이터를 동시에 기록하고, 간이뷰, 간이편집 등도 가능하다. 또한 프리 REC 기능에서는 스탠바이 상태로 항상 영상을 기록하고 있으며, 녹화 시작에서 최대 15초까지 뒤로 되돌려 기록 보존할 수 있다.

DVD(Digital Versatile Disc)

■ DVD의 개요

DVD는 종래의 CD 미디어와 동일한 사이즈이면서, 기록용량은 수배~수십 배라는 고밀도 기록을 할 수 있는 디스크 시스템이다. 이에 따라 CD로는 할 수 없었던 영화 등의 콘텐츠를 1장의 디스크에 수록하는 것이 가능해졌다. DVD는 영화나 음악, 게임 기타의 콘텐츠를 수록할 수 있는 패키지뿐만 아니라, 그 대용량을 살려 비디오 기기와 컴퓨터간에 자료를 주고 받을 때의 저장 미디어로도 활용되고 있다.

한편 DVD는 등장할 때부터 규격이 난립하였으며, 그 후 1995년에는 DVD-Book이라는 형태로 일단 통일 규격이 제창되었지만, 다시 새로운 규격이 등장하여 그 규격간의 호환성도 복잡하게 되어 있다. 또한 더욱더 대용량을 목표로 개발이 이루어진 차세대 DVD도 결국 규격의 통일을 결정짓지 못했다. 이러한 규격간의 호환성에는 주의할 필요가 있다.

■ DVD와 컴퓨터의 용량오차

디지털 기록 미디어에 있어서 가장 중요한 요소는 그 용량이지만, DVD와 컴퓨터에서는 용량의 계산방식이 다르므로 주의할 필요가 있다.

K(킬로), M(메가), G(기가) 등의 단위는 컴퓨터에서는 2의 10승인 1024배마다 반복되지만, DVD의 경우는 보통의 10진법대로 1000배로 반복된다.

예를 들어 용량 4.7GB인 DVD의 경우, 그 용량은 4.7×1000×1000×1000=4,700,000,000B(바이트)이다. 하지만 이를 컴퓨터식으로 환산하면, 4,700,000,000÷1024÷1024÷1024=약 4.377GB가 된다. 즉, 양자의 용량에는 GB(기가바이트) 클래스에서는 약 7%, TB(테라바이트) 클래스에서는 약 10%의 오차가 발생하므로 주의가 필요하다.

■ DVD의 하드웨어 규격

• DVD-ROM

DVD 규격 가운데 가장 호환성이 있는 재생전용 규격이다. 사이즈는 12cm와 8cm, 기록층은 1층과 2층이 있다. 데이터 용량은 일반적인 12cm 1층에 4.7GB, 12cm 2층에는 8.54GB, 데이터율은 11.08Mbps, DVD-Video나 DVD-Audio 규격에 규정된 비디오와 오디오를 기록할 수 있다. 대용량이며 컴퓨터 드라이브로써 가장 널리 채택되고 있는 것도 있으며, 범용적인 규격이다.

• DVD-RAM

상변화막(相變化膜)을 사용한 재기록형의 DVD 규격이다. MO 디스크와 같이 다이렉트 오버라이트가 가능하다. 사이즈는 12cm로 데이터 용량은 편면으로 4.7GB, 양면으로 9.4GB이다. 데이터율은 11.08Mbps. 리얼타임으로의 비디오 기록도 가능하며, 기타 범용적으로 DVD 베이스의 기록미디어로 사용할 수 있다.

DVD-RAM은 어디까지나 컴퓨터의 기록미디어로써의 용도를 중심으로 설계되어 있기 때문에, 데이터 기록의 물리구조에 DVD-ROM과의 호환성이 없다. 따라서 일부 DVD-ROM 플레이어로는 DVD-RAM을 재생할 수 없다. 단, DVD-RAM 드라이브로 DVD-ROM을 읽는 것은 가능하다.

• DVD-R, DVD+R

추가기록이 가능한 1회만의 기록용 DVD 규격이다. 기록막에는 유기색소층을 사용하고 있다. 사이즈는 12cm로 데이터 용량은 1층 4.7GB, 2층의 DL타입 8.54GB이다. 원래 DVD 포럼이라는 업계조직이 DVD-R을 만들었지만, 후에 DVD 얼라이언스라는 조직이 DVD+R 규격을 상품화하였다.

그러나 기록 드라이브는 +R-R 각각의 전용 드라이브, 양자에 대응한 멀티 드라이브 등이 있으며, 전용 드라이브의 경우 기록시에 호환성이 없다. 양자 모두 DVD-ROM과의 호환성을 최대한으로 살리도록 설계되어 있으며, 데이터 기록 후의 물리구조가 DVD-ROM과 마찬가지이다. 기록 후는 모든 DVD-ROM 드라이브로 재생이 가능하며, DVD-Video 규격으로 비디오나 오디오의 콘텐츠를 기록하면, DVD-Video 전용 플레이어로의 재생도 가능하다. 일반용 카메라 레코더 대상으로 8cm 사이즈의 미디어도 있으며, 1층 1.4GB, 2층 2.6GB의 용량이 있다.

• DVD-RW, DVD+RW

재기록형의 DVD 규격이다. 기록층에는 상변화막(相變化膜)을 사용하고 있다. 사이즈는 12cm로 용량은 1층 4.7GB, 2층 8.54GB이다. 데이터 기록의 구조가 순차적이기 때문에 재기록시에도 DVD-RAM과 같이 랜덤으로 할 수 없으며, 일단 모든 데이터를 초기화할 필요가 있다.

DVD-ROM과의 호환성을 고려하고 있기 때문이다. 기록 후는 DVD-ROM 드라이브로의 재생이 가능하다. 단, 반사율이 편면 2층의 DVD-ROM 2층째와 동일하기 때문에, DVD-ROM 드라이브로의 재생시에는 설정의 변경 등이 필요한 경우가 있다. 또한 비디오 녹화시에 'Video Recording Format'을 사용하여 기록한 경우, 현재 대부분의 DVD-Video 전용 플레이어에서는 재생을 보증하고 있지 않다.

이러한 단점을 보완하기 위해 DVD+RW 규격이 등장했다. DVD+RW는 DVD-Video 플레이어로의 재생이 가능해졌다. RW 규격의 경우도 R 규격과 마찬가지로 DVD-RW가 DVD 포럼, DVD+RW가 DVD 얼라이언스에 의한 것이다. 일반용 카메라 레코더 대상으로 8cm 사이즈의 미디어도 있으며, 1층 1.4GB, 2층 2.6GB의 용량이 있다.

■ DVD의 소프트웨어 규격

• DVD-Video

비디오 콘텐츠를 재생하는 용도만으로 한정된 DVD 규격이다. 영화 등의 패키지 제품으로 보급되어 있다. 용량 등의 물리구조는 DVD-ROM과 동일하며, 기록하는 데이터 형식으로 규정을 하고 있는 포맷이다.

데이터 구조는 비디오가 1스트림으로 MPEG-1 및 MPEG-2이며, 비트율은 최대 9.8Mbps, 오디오는 8스트림으로, 리니어 PCM, 돌비 디지털, MPEG-Audio에 대응하고 있으며, 5.1ch 서라운드가 가능하다. 또한 부영상(멀티자막 포함)에서는 32스트림을 확보하고 있다. 이 최대 표시영역은 720×478로 최대 색상수는 16색이다. 정지화면에 관한 스트림 규정은 없다.

• DVD-Audio

오디오 콘텐츠를 재생하는 용도만으로 한정된 DVD 규격이다. DVD-Video 규격과 마찬가지로 DVD-ROM과 동일한 물리구조로, 데이터 형식으로 오디오용 규정을 하고 있는 규격이다. 오디오 스트림은 1스트림, 비트율은 최대 9.6Mbps, 채널수는 최대 6ch이지만, 용도에 따라 샘플링 주파수와 양자화 비트수, 채널수를 선택할 수 있기 때문에, 양질과 최대 기록 시간수는 각각의 조합에 따라 크게 다르다.

최고 음질로는 양자화 24bit의 129kHz 샘플링을 2ch, 혹은 양자화 24bit의 96kHz 샘플링을 6ch 등 조합이 가능하며, 모두 CD 이상의 수록시간을 가진다. 종래의 오디오 CD와 달리 MPEG 방식의 간단한 영상을 담을 수 있다.

■ 차세대 DVD의 규격

• BD(Blu-ray 블루 레이 디스크)

BD란 CD와 동일한 사이즈인 12cm의 광 디스크에 종래 DVD의 약

6배 용량을 기록할 수 있는 광 디스크 규격을 말한다. 이제까지 CD와 DVD에서 신호의 읽기 쓰기에서 사용되고 있던 적색 레이저에 대해, 파장이 짧은(405nm : 나노미터) 청자색의 레이저를 사용함으로써, 트랙피치 폭과 최단 피치 길이를 짧게 하여 고밀도의 기록을 실현하고 있다.

읽기 전용의 BD-ROM과 기록 가능한 BD-R/BD-RE가 있다. 기록용량은 편면 1층이 최대 17GB, 영상기록 방식으로는 MPEG-2, MPEG-4 AVC(H.264), Windows Media를 베이스로 한 VC-1 등, 음성기록 방식은 24bit, 96kHz로 돌비 디지털 등이 채택되고 있다.

BD의 데이터 전송률은 약 36Mbps이며, 방송용 HD TV가 최대 24Mbps이므로, HD TV 영상의 기록에도 적합하고 편면으로 약 2시간을 기록할 수 있다. 단, 현행의 DVD와의 호환성은 없다. 복사에 관해서는 'free'(자유), 'once'(1회만), 'never'(금지) 등의 복사방지 데이터와 저작권 보호용 데이터도 들어가 있다.

• HD DVD

HD DVD는 CD와 동일 사이즈인 12cm의 광 디스크에 종래 DVD의 약 3배 용량을 기록할 수 있는 DVD 규격을 말한다. BD와 마찬가지로 청자색 레이저를 사용하여 고밀도 기록을 실현하고, 또한 종래의 DVD와 호환성을 가지고 있다.

재생전용의 'HD DVD-ROM'과 기록 1회만의 'HD DVD-R', 재기록 가능한 'HD DVD-RW'가 있으며, 기록용량은 HD DVD-ROM이 편면 1층 15GB, 편면 2층 30GB, HD DVD-R은 편면 1층 15GB, HD DVD-RW는 편면 1층 20GB, 편면 2층 40GB 이상으로 되어 있다(양면으로는 각각 2배). 데이터 전송률은 BD와 마찬가지인 약 36Mbps. 영상포맷은 MPEG-4 AVC(H.264), Windows Media를 베이스로 한 VC-1 및 MPEG-2를 채택하고 있다.

음성기록

음성을 기록하는 최초의 방법은 음의 진동을 기계적 진동으로 바꾸어 레코드 원판에 직접 기록하는 기계녹음 방식이었다. 그 후 음의 진동을 전기신호로 변환하는 전기녹음 방식이 개발되어, 현재 녹음방식의 기초가 되었다.

기록매체도 플라스틱 원반에 기록하는 방식에서 다양한 변천을 거쳐 자기테이프에 의한 기록방식으로 이행하고, 일본에서는 1950년에 현재 소니의 전신인 도쿄통신공업이 최초로 자기테이프 레코더를 상품화하였다.

이에 따라 음성을 편집하는 작업이 가능해지고, 이 테이프 베이스의 기록방식은 영상용의 기록에도 응용되게 되었다. 1980년대에는 디지털 방식이 채택되고, 기록미디어도 하드디스크나 반도체 메모리를 사용한 논리니어로 이행해 오고 있으며, 영상에 앞서 음성기록의 주류가 되어 왔다.

■ 멀티트랙 레코더(MTR)

멀티트랙 레코더(MTR)란 하나의 미디어(테이프, 디스크, 반도체 메모리 등)에 복수의 트랙을 기록하는 레코더를 말한다. 트랙별로 녹음 재생이 가능하여, 다양성이 풍부한 편집과 음향효과를 각각 펼칠 수 있게 되었으며, 음성표현의 폭이 크게 넓어져 왔다.

테이프 베이스의 레코더는 자기헤드로 녹음하는 것으로, 테이프의 폭과 헤드의 크기와의 관계로 트랙 수에 제한이 있었다. 한편 디스크나 반도체 등을 사용한 컴퓨터 베이스의 MTR은 종래 테이프 베이스의 MTR에 비해, 물리적인 제한이 적어 수 배의 트랙을 기록할 수 있게 되었다.

• 아날로그 MTR

테이프 베이스의 오디오 레코더는 오픈 릴 방식인데, 오랫동안 사용되어 왔다. 1인치 폭과 2인치 폭의 테이프에 16 또는 24트랙의 음성을 기록할 수 있으며, 최대 2인치 폭으로 32트랙을 기록할 수 있는 것도 있었다. 1/4인치 폭은 6mm 테이프 레코더라 불리며, 스테레오 녹음의 주류를 이루고 있었다. 1980년대에는 믹서 내장형의 올인원 카세트 타입의 MTR과, 1/4인치 폭 8트랙, 1/2인치 폭 16트랙의 MTR이 등장했다.

• 6mm 테이프 레코더

장시간의 사용에도 동작이 안정되어 있는 6mm 테이프 레코더는, 가장 광범위하게 사용된 테이프 베이스의 레코더이다. 영상과 동시수록하는 것을 고려하여, 음성 이외에 동기신호도 기록하는 타입도 있다.

촬영에서 동시녹음을 할 때, 카메라와 동일한 파일럿 신호를 기록하며, 재생시에 AC와 VTR 등의 기준 동기신호에 동기시켜 사용한다. 이 경우에는 수록시와 재생시에 동일한 동기방법을 사용하는 것이 중요하다. 또한 타임코드를 입력하여 동일한 기능을 실현하는 타입도 있다.

① 파일럿 신호의 기본 주파수와 종류

AC 50/60Hz…나그라 모노럴(네오 파일럿 방식)

XTAL 50/60Hz…나그라 스테레오(FM 방식)

VD 59.94Hz…DENON 스테레오(600Hz 방식)

② SMPTE 타임코드의 기본 주파수…59.94Hz

• 디지털 MTR

1980년대가 되어 음성기록의 분야에 디지털 기술이 도입되어, 디지털 방식의 MTR이 사용되게 되었다. 1/4인치와 1/2인치 테이프, 1인치 테이프를 사용한 오픈릴식 고정헤드 디지털 레코더가 만들어졌다. 이들 디지털 MTR은 테이프 폭, 트랙수, 테이프 스피드, 샘플링 주파수 등의 사양에 따라 다음 2가지의 포맷 그룹으로 나누어진다.

① DASH(Digital Audio Stationary Head) 포맷
스튜더, 소니, 티악, 마츠시타전기

② PD(Pro Digital) 포맷
아카이전기, AEG, 오타리, 미츠비시전기

DASH 방식과 PD 방식에서는 테이프의 호환성은 없지만 동일한 샘플링 주파수로의 기기접속은 가능하다.

• DAT(Digital Audio Tape recorder)

고정헤드 오픈릴식의 레코더에 대해, 1980년대에는 회전헤드를 사용한 헤리컬 스캔 방식에 의한 카세트 타입의 레코더가 등장했다. 1985년에 DAT 간담회가 고정헤드를 사용한 것을 S-DAT, 회전식 헤드를 사용한 것을 R-DAT로 규격화했다.

1987년에 VTR의 실적에 따라 헤드의 안정성이 있는 R-DAT가 상품화되어, R-DAT를 일반적으로 DAT라 부르게 되었다.

DAT는 3.81mm 폭의 테이프에 PCM 신호를 기록하는 것으로, 샘플링 주파수는 32kHz, 44.1kHz, 48kHz 96kHz, 양자화 비트수는 24bit로, 타임코드 기록에 대응하고 있는 기종도 있다. DAT를 복수대 동기시킴으로써 디지털 MTR을 구성할 수 있다.

• DTRS(Digital Tape Recording System)

회전헤드를 사용한 레코더로, 1990년대에는 당시의 일반용 아날로그 VTR용 테이프인 Hi-8을 이용한 DA-88이 등장했다. DTRS는 샘플링 주파수 44.1kHz, 48kHz, 양자화 비트수 16bit 또는 24bit의 디지털 음성신호를 8트랙 기록할 수 있으며, 16대까지를 동기시켜 최대 128트랙의 MTR을 구성할 수 있다.

• DAW(Digital Audio Workstation)

MO 디스크나 미니 디스크를 사용한 MTR과, 컴퓨터를 베이스로 하드 디스크 등을 기록미디어로 사용한 MTR이 DAW로써 등장했다. 특히 컴퓨터를 베이스로 한 시스템은 멀티트랙뿐만 아니라, 믹싱 기능 등을 충실화해 MA시스템에 새로운 흐름을 가져왔다.

DAW에서는 트랙수를 테이프 베이스의 MTR과 같이 물리적으로 제한되지 않아, CPU나 전용 프로세스의 처리능력, 기록미디어의 접속 속도 등에 의해 임의로 늘릴 수 있으며, 통상 24트랙 정도로 운용되는 것이 보통이 되고 있다. 또한 각각의 트랙에 대해 독립한 편집기능 등도 갖추고 있어 MA시스템의 주류가 되고 있다.

소재의 교환

DVD나 인터넷 등의 콘텐츠를 만들 때, 종래와 같이 SMPTE 등에서 표준화된 규격 이외의 로컬 포맷의 비디오 파일이나 오디오 파일을 교환하는 경우가 증가하고 있다. 이것들은 원래 컴퓨터에서 화상이나 음성을 다루기 위한 것으로, 각각 각종 메이커가 독자적으로 개발하여, 표준화 기관의 인증을 얻지 않은 채 사실상의 표준화 규격이 되어버린 것도 많다. 파일포맷에는 다양한 것들이 있으므로, 상황에 맞추어 포맷을 구분하여 사용하고, 저작권 등에 주의할 필요가 있다.

아래에 빈번하게 사용되고 있는 정지화상, 동화상, 음성의 대표적인 파일포맷의 개요를 적어둔다.

■ 정지화상 파일

• 비압축 포맷

풀컬러 비압축의 화상 포맷으로, 정지화상을 교환하는 데에는 가장 범용성이 있지만, 파일 사이즈가 큰 것이 많다.

① TIFF(Tag Image File Format)

Aldus사(현 Adobe사)와 Microsoft사가 규정한 포맷. 대부분 컴퓨터의 플랫폼, 어프리케이션에서 사용할 수 있기 때문에 범용성이 뛰어난 한편 사이즈가 크다. 확장자는 tiff, 또는 tif.

② TARGA

Truevision사가 규정한 포맷으로 범용성이 뛰어나다. 확장자는 targa, 또는 tga.

③ PICT

Macintosh가 표준으로 서포트하고 있는 화상 포맷. 확장자는 pict, 또는 pct.

④ BMP

Windows가 표준으로 서포트하고 있는 화상 포맷. 확장자는 bmp.

⑤ SGI(IRIS RGB)

실리콘 그래픽 시스템용의 OS인 IRIX가 표준으로 서포트하고 있는 화상 포맷. 확장자는 rgb, 또는 sgi.

⑥ PHOTOSHOP

Adobe사의 화상편집 어플리케이션 Photoshop용의 화상 포맷. 플렛폼에 의지하지 않지만 버전에 따라 형식이 다르므로 주의가 필요하다. 확장자는 psd.

• 압축포맷

파일 사이즈는 작지만, 풀컬러가 아니게 되거나, 원래로 되돌릴 수 없는 압축을 사용하는 것도 있다. 소재를 너무 가공하지 않은 경우에는 효과적이다.

① JPEG(Joint Photoshop Experts Group)

원래로 되돌릴 수 없는 압축의 화상 포맷. 모든 플랫폼에서 사용 가능. 확장자는 jpg.

② GIF(Graphics Interchange Format)

256색을 임의로 선택할 수 있는 화상 포맷. 도형과 일러스트 등의 화상에 알맞지만, 화상 포맷에 저작권이 포함되어 있으므로, 상업 목적의 콘텐츠에 사용할 때는 저작료를 지불하지 않으면 안 된다. 확장자는 gif.

• 기타 파일포맷

① PDF(Portable Document Format)

Adobe사가 책정한 전자 도큐멘트용의 파일포맷. 텍스트, 도형, 화상과 그 레이아웃 데이터를 기술한 전체의 데이터량을 압축한 것으로, 다른 OS간에도 레이아웃을 지닌 채 교환할 수 있다. 확장자는 pdf.

② RAW

디지털 카메라 등으로 촬영했을 때, 촬영소자에서 보내진 신호를 단순하게 기록만 한 데이터. 화상처리 전의 데이터이므로 이 데이터만으로는 아무런 표시도 되지 않으며, RAW 데이터 처리 소프트 등으로 임의의 화상 포맷으로 변환한다. 확장자는 orf, crw, nef, raf 등.

③ EPS(Encapsulated PostScript)

PostScript 형식으로 기술한 화상 데이터. 벡터 데이터와 비트 맵 데이터를 조합한 화상을 보존할 수 있다. 확장자는 eps.

■ 동영상 파일

멀티미디어 콘텐츠에 사용되고 있는 동영상 파일은 원래 비디오 신호였던 것을 파일의 사이즈를 작게 하기 위해 압축변환한 것이다. 동일한 파일 형식이라도 스트리밍용 형식과 파일용 형식이 있으므로 주의할 필요가 있다. 또한 채택하고 있는 압축코딩이 다르면 호환성이 없는 경우가 있으므로, 되도록 범용성이 높은 포맷과 코덱(Codec;부호기)으로 교환하는 것이 바람직하다.

① AVI(Audio-Video Interface)

Windows 플랫폼 표준의 동영상·음성 파일포맷. 단, QuickTime 등 다른 포맷으로 재생이 가능한 것도 있다. 확장자는 avi.

② QuickTime

Macintosh 표준의 동영상·음성 파일포맷. Windows의 미디어 플레이어로도 재생이 가능. MPEG와의 호환성도 있다. 확장자는 mov, qt.

③ RealMedia

RealNetwork사가 인터넷용으로 개발한 동영상 포맷. 압축률은 높지만 RealPlayer로만 재생할 수 있으므로 그다지 범용성은 없다. 확장자는 ra.

④ Flash

Macromedia사(현 Adobe사)의 오서링 툴 Director로 작성한 동영상 포맷. 확장자는 swf와 flv.

■ 음성 파일

음성 파일에는 PCM 부호화된 음성포맷을 비압축 또는 저압축으로 한 고음질의 포맷과 고압축을 하여 파일 사이즈를 작게 한 것이 있다.

① ATRAC(Adaptive Transform Acoustic Coding)

미니 디스크와 인터넷의 음악배포용으로 개발되어, 극장용 사운드 시스템 SDDS 등에도 채택되고 있다. ATRAC2, ATRAC3, ATRAC3 plus 및 각 메이커가 개발한 ATRAC계 포맷이 있으며, 이들 간에는 원칙적으로 호환성이 없으므로 주의가 필요하다. 확장자는 at3, omg, oma 등.

② BWF(Broadcast Wave Format)

EBU에 의해 규격화된 WAV의 확장 포맷. 제작자 등의 메타 데이터를 부가, 기록할 수 있다. 일본 포스트프로덕션협회에서는 BWF의 일본 사양으로 BWF-J를 책정하여 이를 사용할 것을 권장하고 있다. 여기에는 방송상 필요한 최대 9개의 파일을 첨부할 수 있다. 확장자는 wav.

③ WAV(WAVE)

Windows 플랫폼에서 사용되는 표준의 음성 포맷. 비압축이기 때문에 고음질이지만, 그만큼 파일 사이즈는 크다. 확장자는 wav.

④ AU

UNIX 플랫폼에서 사용되는 표준의 음성 포맷. 약간의 압축을 하고 있다. Windows와 Macintosh에서도 재생이 가능. 확장자는 au.

⑤ AIFF(Audio Interchange File Format)

Macintosh 표준의 음성 포맷. WAV와 마찬가지로 비압축으로 고음질이지만, 그만큼 파일 사이즈는 크다. 확장자는 aiff 또는 aif.

⑥ MP-3(MPEG-1 Audio Layer III)

MPEG-1의 음성데이터 압축규격. 주파수대를 Cut하고 MPEG-1 방식으로 압축하며, 파일 사이즈는 비압축의 1/10 정도. 재생은 플랫폼에 의존하지 않는다. 확장자는 mp3.

⑦ WMA(Windows Media Audio)

Microsoft사의 Windows Media용 오디오 파일의 압축포맷. 네트워크에도 파일형식에도 대응하며, 압축률은 약 1/20. 저작권 보호기능이 도입되어 있다. 확장자는 wma.

⑧ OGGVorbis

특허의 제한을 받지 않는 무료 압축포맷. 부호명은 Vorbis. MP-3와 동등한 압축률과 음질이지만 저작료가 발생하지 않기 때문에, 인터넷에서의 무료배포 등으로 사용되는 경우가 많다. 확장자는 ogg.

⑨ RealAudio

RealNetworks사가 개발한 포맷으로 동사의 RealPlayer에서만 재생이 가능하다. 네트워크 형식, 파일 형식에도 대응하며, 전송속도가 32kbps이하에서도 음질이 떨어지지 않도록 독자적인 압축기술을 사용하고 있다. 또한 RealPlayer에 의해 MP-3오디오를 재생할 수 있다. 확장자는 rm, ram 등.

⑩ TwinVQ

WAV 데이터를 1/18 이하까지 압축한 포맷으로, 최고 1/96까지 압축률을 조절할 수 있다. 확장자는 vqf.

■ 파일의 변환

비디오(오디오) 신호소재와 컴퓨터의 화상(음성)소재를 교환할 때, 기본적으로는 범용성이 높은 파일포맷의 소재로, 비압축 또는 원래대로 되돌릴 수 있는 압축을 한 것을 사용해야 한다. 그러나 원래 압축한 소재밖에 갖추고 있지 않은 경우, 변환을 거듭하면 소재의 질이 떨어진다.

예를 들어 제작측에서 사용하는 포맷이 이미 정해져 있는 경우에는, 포맷을 범용성이 있는 포맷으로 변환하여 소재의 품질을 떨어뜨리기보다는 받는 측의 포맷으로 직접 변환하는 것이 품질을 떨어뜨리지 않는다. 또한 포맷에 따라서는 상대측의 포맷으로 변환할 수 없는 것이 있거나, 저작권보호가 되어 있는 경우가 있으므로 주의가 필요하다.

02 영상소재의 특징

작품제작에 있어서 소재가 되는 것은 비디오 소재 이외에도 필름이나 CG 등이 있다. 포스트프로덕션의 기술자로서 이들에 관한 기본적인 지식을 익히는 것은 작품 전체의 흐름을 파악하기 위해서 중요한 것이다. 앞으로 점점 다양화한다고 생각되는 제작형태에 유연하게 대응할 수 있을 것이 기대된다.

개론

영상의 품질을 좌우하는 커다란 요소는 해상도이다. 그러나 같은 정도의 해상도라도 비디오, 필름, CG에서는 각각 영상의 분위기가 다르다. 이것은 각각의 소재가 가지고 있는 질감에 차이가 있기 때문이다. 이를 결정하는 요소로는 콘트라스트, 디테일, 그라데이션 등이 있다. 영상소재 각각의 특성을 살려 선택하는 것이 중요하다.

■ 해상도

방송용 TV영상에서는 해상도를 화면의 높이에 포함된 흑백 줄무늬의 수(흑 1선 · 백 1선)로 나타내는 경우가 있다. 이것이 TV선이라는 단위이다. 수직해상도는 화면의 종방향에 들어가는 흑백 줄무늬의 선수를 말하며, 수평해상도란 종방향과 동일한 간격의 줄무늬가 횡방향으로 몇 선이 들어가는지를 나타내는 숫자이다. 예를 들어 수평해상도 700TV선은 수평방향의 선수가 아니라, 화면 종방향에 700TV선이 들어간 줄무늬와 동일한 간격의 줄무늬가 횡방향으로 나열되어 있을 때 수평해상도 700TV선이라 한다.

해상도와 주파수의 관계에서, NTSC의 대역은 4.2MHz이므로 수평 유효기간중에는, 52.7μsec×4.2MHz≒221사이클이 된다. 따라서 변화하는 흑 1선 백 1선으로 세면 배의 442선이 된다. 수평방향에 있는 줄무늬가 442선이므로 화면의 종방향에는 442×3/4만큼 있게 된다. 4.2MHz에서는 수평해상도 332선이 되며, 1MHz당 약 80선이 된다. 1MHz≒80 TV선은 주파수에서 TV선수를 구하거나, 반대로 구하는 경우, 환산의 기준이 되는 수치이므로 기억해두면 편리하다. 또한 수직해상도는 525선의 주행선 가운데 유효 주행선인 480선을 넘는 주행 등에 의한 손실의 계수 0.7을 제외한 약 336선이 된다.

CCD 촬영소자의 해상도 특성은 대부분 총화소수로 결정된다. 수평해상도는 수평화소수에서 NTSC의 종횡비인 3/4을 뺀 것으로, 수평화소수는 총화소수를 주행선의 수로 나눈 값이 된다. 즉, 수평화소수 768(총화소수 40만)의 소자는 576 TV선의 수평한계해상도가 된다. 3판식 CCD에서는 휘도신호에 있어서의 해상도를 올리기 위해 Gch의 소자에 대해 Rch 및 Bch의 CCD를 1/2 화소씩 수평방향으로 위치를 변경하는 공간화소 위치변경법을 사용한다.

필름의 해상도는 필름의 사이즈와 감도 등에 의해 바뀐다. 일반적으로는 35mm 필름으로 촬영한 영상을 초 24프레임의 비디오 영상으로 환산하면, 대략 4000×2000의 약 800만 화소에 상당한다고 한다.

640×480의 SD TV 영상의 약 25배, 1920×1080의 HD TV 영상의 약 4배의 해상도를 가지고 있다. 또한 CG 영상은 원래 컴퓨터상에서 생

성한 오브젝트를 신호화하는 것이기 때문에 해상도에 제한은 없다. 단, 해상도를 높게 설정하면 할수록 렌더링에 걸리는 시간을 필요로 하기 때문에, 필요에 알맞는 해상도로 사전에 설정하는 것이 중요하다.

종래 CM 등의 고품위 제작이 요구되는 것은, 촬영을 35mm 필름 카메라로 하고, 포스트프로덕션에서 네가티브 필름에서 비디오로 변환하여, 비디오 편집에 의해 완성하는 것이 일반적이었다. 최근에는 비디오 카메라의 화질과 해상도가 향상되었기 때문에, VTR로의 수록도 증가하고 있다.

■ 가색혼합과 감색혼합

필름과 비디오의 화질을 결정하는 요인의 커다란 차이는 비디오가 가색혼합인 것에 대해, 필름은 감색혼합이라는 것이다.

가색법과 감색법에서는 밝기와 색의 농도에 대해 상반된 성격을 갖는다. 일반적으로 가색법에서는 밝고 진한 색은 표현하기 쉽지만, 어둡고 진한 색은 표현하기 어렵다. 한편 감색법은 어둡고 진한 색은 표현하기 쉽지만, 밝고 진한 색은 표현하기 어렵다. TV용 영사기에 있어서 포지티브 필름을 사용하면 쌍방의 결점이 상승되어, 밝고 진한 색도 어둡고 진한 색도 모두 표현하기 어려운 결과가 된다. 그러나 네가티브 필름을 사용하면, TV용 영사기에서 직접 반전하여 비디오로 변환하면 비디오의 재현영역에 가까운 특성이 된다.

■ 감마

감마(Gamma γ)란 영상의 색조 그라데이션 표현의 특성을 나타내는 지수를 말하며, 원래는 필름화상에 있어서의 빛 노출량에 대한 표현력(농도)의 관계를 나타내는 것이다.

양자의 값을 대수 그래프로 나타냈을 때, 그 곡선을 대표하는 직선과 횡축이 만드는 각도의 정접(tan θ)을 감마(γ)라 부른다. 감마치가 크면 콘트라스트가 높아 딱딱한 느낌의 영상이 되며, 작으면 콘트라스트가 낮아 부드러운 느낌의 영상이 된다.

감마치는 영상매체와 처리계의 숫자를 합친 값이 1.0일 때, 원래의 색조가 재현된다. 컬러TV에서는 종합 감마특성을 1로 하고 있다. 이것은 컬러의 입사광량과 컬러 CRT의 출력 특성이 비례하여 자연스러운 느낌으로 재현시키기 때문이다. 컬러 CRT의 감마 특성을 일정하게 하면, 카메라측의 감마 특성 곡선을 변화시킴으로써 종합 감마치를 조정할 수 있다. 컬러 CRT의 감마는 2.2이므로, 종합 감마 특성을 $\gamma=1$로 하기 위해 비디오 카메라에서는 $\gamma=0.45$가 된다.

■ F치

F치란 렌즈의 밝기를 나타내는 것으로, 수치가 작을수록 밝다고 할 수 있다. F치(F)는 촛점거리 f, 유효구경 D와의 사이에 다음 식의 관계에 있다.

$$F=f/D$$

단, 동일한 F치라고 해서 동일한 밝기라고는 한정할 수 없다. 예를 들어 줌렌즈에서는 렌즈의 사용갯수가 많아져, 전체의 투과율이 저하된다. 그래서 렌즈의 밝기를 비교하고 싶을 때는, T넘버를 이용하게 된다. 이 T넘버와 F치의 관계는 다음의 식으로 표현한다.

$$T=(\text{F치}/\sqrt{\text{투과율}})\times10$$

고배율의 줌렌즈를 개방하여 사용했을 때, 1번 광각렌즈로 밝게 촬영되었던 피사체가 1번 망원렌즈로 하면 갑자기 어두워진다. 이것은 'F드롭' 등으로 표현된다. 카탈로그 데이터에서 F1.4~F3.0으로 표시되어 있는 경우는, 1번 광각렌즈의 개방으로는 F1.4이지만, 1번 망원렌즈에서는 F3.0으로 저하한다는 의미이다. 단, F드롭의 데이터를 표시하고 있지 않은 경우가 있으므로 주의가 필요하다. 또한 통상 촬상관이나 CCD의 광전면 주변부에서는 빛의 양이 저하한다. 줌렌즈 개방시 1번 망원렌즈로 했을 때나 익스텐더를 넣어 렌즈의 배율 등을 높였을 경우에, 영상에 포물선 명암이 발생한다. 그래서 카메라측에서 익스텐더를 넣은 정보로 명암 보정회로에서 그 렌즈에 맞는 보정을 하고 있다.

각종 이미지 사이즈에 있어서의 표준 줌 사이즈

광전면의 크기	초점거리(mm)	F치
1 1/4인치	21~210	2.0
1인치	16~160	1.6
2/3인치	10~100	1.1
1/2인치	8~79	0.8

※ 주 1 : 촛점거리는 10배의 줌렌즈로 한다.

※ 주 2 : F치는 이론치이며, 2/3인치, 1/2인치에 대해서는 실제치로 F1.4~F1.6으로 되어 있다.

여기에서 F치와 광전면 크기의 관계에 대해 설명하면, 표와 같이 각각의 표준렌즈 개방의 F치도 광전면 크기가 작을수록 밝은 F치로 되어 있다. 광전면이 2/3인치 · 1/2인치와 같이 작아지면 광전면을 주행하는 면적이 작아지며, 동일한 F치의 렌즈를 사용했을 때 광전면 크기가 작은 경우는 감도가 떨어진다.

표준렌즈는 동일한 각도에서 동일한 감도가 되는 것이 조건이기 때문에, 광전면 크기가 작아지면 이에 비례하여 F치를 작게 할 필요가 있다.

■ 감도·S/N비

감도는 표준감도와 최저 피사체 조도의 두 가지로 표시된다. 광전면 2/3인치 비디오 카메라의 경우, 표준감도는 3000°K 색온도의 조명으로 2000룩스의 상태로 그레이 스케일 차트의 백피크를 100IRE로 좁혀 세트했을 때 f=8이 된다. 또한 최저 피사체 조도는 카메라의 전기적인 이용을 최대로 줄여 개방상태에서 무엇인가 비치고 있는지 판단할 수 있는 필요최저의 피사체 조도를 나타낸다.

통상 6배 증감(+18dB)이며 F1.4 밝기의 렌즈로 약 15룩스 정도이다. 감도는 S/N비와 상반되는 관계에 있다. S/N비의 데이터는 통상 엔코더 출력에서 4.2MHz의 로우패스 필터를 통하게 하여, 카메라의 감마보정·디테일보정·구경보정 등을 OFF로 하고, S/N 측정기 등으로 측정한다.

비디오 카메라 촬영

■ 스튜디오 카메라와 핸디 카메라

일반적으로 비디오 카메라는 스튜디오와 중계차 등에서 사용하는 스튜디오 카메라(라이브 카메라라고도 한다)와 로케이션 등에서 사용하는 핸디 카메라로 구분된다. 스튜디오 카메라, 핸디 카메라 모두 CCD 카메라가 주류이며, 이미지 사이즈는 2/3인치와 1/2인치가 있다. 촬상관 카메라는 초고감도 촬영용 등의 일부 용도에서만 사용되고 있다. 그 이미지 사이즈는 운용 코스트면과 스튜디오 사용인지 중계차 사용인지에 따라서도 선택이 나누어진다.

비디오 카메라의 이미지 사이즈가 다르면, 렌즈의 촛점거리나 좁히는 가격이 달라진다. 이미지 사이즈의 변화에 따라 촛점거리와 화면의 관계를 표에 나타내고 있다.

광전면의 대각선을 a로 하고, 그곳에서 멀리 있는 피사체에 포커스가 맞고 있으면, 렌즈의 광전면까지의 거리는 그때의 렌즈 촛점거리 f와 동일하게 된다. 이때의 각도를 '화상각'이라 한다. 또한 그림에서 광전면에 핀트가 맞는 조건은, 광전면의 대각선이 작은 것일수록 촛점거리가 짧아진다는 것을 알 수 있다. 또한 F치도 광전면 크기의 차이에 따라 변화하므로 주의가 필요하다.

각종 이미지 사이즈의 비교

촬상관의 구경	사이즈별	광전면 크기	폭(H)	높이(V)	대각선(a)
TV 카메라	1 1/4인치	17.1	12.8	21.4	
	1인치	12.8	9.6	16.0	
	2/3인치	8.8	6.6	11.0	
	1/2인치	6.4	4.8	8.0	
필름 카메라	35mm 씨네	22.05	16.03	27.26	
	16mm 씨네	10.3	7.5	12.7	
	8mm 타입 S	5.7	4.1	7.0	
	35mm 스틸	36.0	24.0	43.3	

■ 비디오 카메라의 다양한 촬영방법

• 1카메라 1VTR 시스템

1대의 카메라에 대해 1대의 VTR로 촬영하는 방식. ENG 촬영의 경우, 대부분 이 시스템이며 카메라 VTR 일체형의 시스템이 사용된다. 드라마의 로케이션 부분이나 CM · VP 등의 EFP에서는 카메라와 VTR이 분리된 것을 사용하는 경우도 있으며, 카메라에 CCU(Camera Control Units) 등을 접속하여 카메라 헤드의 전원공급이나 화질관리를 행한다.

또한 콘서트 수록이나 장시간의 이벤트 등에 있어서, 테이프 교환이나 배터리 교환을 위해 VTR을 정지할 수 없는 경우와, 수록기회가 1회밖에 없어 테이프 트러블이나 VTR 트러블의 백업으로써 VTR을 2대 사용하는 경우도 있다.

• 멀티 카메라 1VTR 시스템(스위칭 수록)

스튜디오 수록이나 이벤트·콘서트 등의 수록에 사용되는 방법으로, 복수의 카메라를 케이블로 스위처에 접속하고, 스위칭하면서 1대의 VTR에 수록해간다. 수록시에 소재가 일원화되어 있기 때문에, 타임코드 관리 등이 용이하다. 옥외에서 사용할 때는 현장에 중계차 등의 스위칭 시스템을 준비하지 않으면 안 된다.

• 멀티 카메라 멀티 VTR 시스템

스위칭 수록과 같이 케이블로 연결되어 있지 않기 때문에 기동성이 좋아짐과 함께, 현장에 가지고 가는 기자재가 소규모이다. 또한 각 카메라간의 커뮤니케이션의 수단으로써, 와이어레스 인터캄을 사용하면 카메라맨과 디렉터와의 연락회선을 확보할 수 있다. 포스트프로덕션에 있어서 스위칭 시스템보다 섬세한 편집을 할 수 있지만, 예비편집을 충분히 해둘 필요가 있다. 수록시에 각 VTR간의 타임코드 관리를 확실하게 해두지 않으면 편집단계에서 생각지 않은 시간의 낭비를 가져온다.

• 스위칭과 멀티 VTR의 병용 시스템

스위칭하여 하나로 된 영상을 수록하는 VTR 외에 각 카메라에 1대씩 접속한 VTR로 수록한다. 이 방법은 미스 스위칭을 한 경우 등에 수정할 수 있으며, 스위칭에서는 불가능한 세밀한 편집이 포스트프로덕션 단계에서 가능해진다. 음악의 수록 등에서는 자주 사용되는 시스템이다.

■ 24p 카메라에 의한 촬영

DTV방송의 포맷의 하나로 24p 방식이 채택됨으로써, 24p에 대응한 카메라가 등장하였다. 이른바 24p 카메라는 필름과 마찬가지로 초당 24프레임으로 촬영하는 카메라이며, 종래 필름을 사용하고 있던 제작현장에서 필름 카메라를 대신하여 사용할 수 있다.

예를 들어, CM 제작에 있어서는 상품을 고화질로 촬영하는 것을 염두에 두고, 필름 카메라를 사용하는 경우가 많다. 필름 카메라로 촬영한 영상을 TV영상화하고, 디지털화하여 다양한 디지털 효과와 CG를 추가하여 완성한다. 이때 필름 카메라 대신에 고화질인 HD의 24p 카메라로 촬영해두면, 촬영시점에서 영상이 디지털화되기 때문에, 필름에서 디지털 영상으로의 포맷변환이 필요없다.

또한 이 CM 영상을 영화관에서 상영할 가능성이 있는 경우에는, 완성품까지 24p의 상태로 남겨두고, 최종단계에서 TV용, 혹은 영화관용으로 포맷변환을 하면 된다. 그리고 최근에 등장한 디지털 씨네마는 필름을 사용하지 않고 디지털 데이터로 상영하는 방식으로, 이 경우 24p 카메라로 촬영하여 제작해두면, 디지털 영상을 필름으로 변환할 필요가 없다.

이렇게 24p 카메라는 필름 카메라와 같은 역할을 하면서 그 조작성은 종래의 비디오 카메라와 동일하며, 싱글소스·멀티유스를 고려할 경우 코스트 효율도 좋고 유용하다.

■ 촬영시의 타임코드에 관한 주의점

복수 대의 VTR에서 동일 내용의 소재를 수록하는 경우, 각 VTR의 타임코드는 공통되지 않으면 안 된다. 외부의 타임코드 발생기로 슬레이브락(Slave Lock)하기 위해서는 접속된 VTR의 POWER를 ON으로 하여, 내장의 타임코드 발생기를 접속된 타임코드에 의해 잠기게 한다. 발생기를 일단 잠근 후는 타임코드 신호의 접속을 끊어 POWER를

OFF로 해도, 타임코드 발생기는 잠긴 상태를 유지한다. 또한 영상신호의 접속을 끊어도 조금씩(약 ±3프레임/시) 움직인다. 그리고 배터리 교환시 등 배터리를 빼도 일정시간은 백업된다. VTR은 E・E모드 또는 REC모드로 했을 때, 기준의 타임코드로 잠근다. 또한 타임코드를 받는 측의 VTR은 반드시 FREE-RUN의 상태로 해둔다.

비디오 카메라의 조정

비디오 카메라의 조정은 일반적으로 프리프로덕션의 VE(Video Engineer)가 주로 하는 업무이지만, 포스트프로덕션도 간단한 촬영 스튜디오와 촬영 기재를 보유하고 있는 경우가 있다. 이 경우에 포스트프로덕션의 기술자가 일상의 기본조정을 하게 된다. 비디오 카메라는 자동화가 진행되어 버튼 하나로 여러 대의 카메라가 단시간에 조정이 완료된다. 하지만 카메라 조정의 기본적인 내용을 알고 있지 않으면, 전자동으로 조정한 결과가 양호한 상태인지 판단할 수 없게 된다.

조정하기 위해 준비하지 않으면 안 되는 측정기기로써 다음과 같은 것이 있다.

① 컬러 마스터 모니터(14~20인치 정도) 및 흑백 픽처 모니터(9~12인치)
② 파형 모니터
③ 벡터 스코프
④ 그레이 스케일 차트(반사형)
⑤ 서큘러존 플레이트
⑥ 미인 슬라이드 패턴

카메라의 조정순서는 다음과 같다.

① POWER ON

② 컬러바 신호의 확인

③ 블랙 밸런스

④ 화이트 밸런스

⑤ 감마 밸런스

⑥ 플레어 밸런스

⑦ 니(KNEE ; 굴절) 슬로프(Slope ; 경사) · 화이트 클립

⑧ 디테일

⑨ 종합 화질평가

■ **블랙 밸런스 조정**

최근의 비디오 카메라에는 오토 블랙 밸런스의 조정기능이 장착되어 있기 때문에, 블랙 세트 · 블랙 밸런스 · 마스터 페데스틀(pedestal;TV, 비디오를 올려놓는 것으로, 전후 · 좌우 · 상하로 움직이는 기구)의 세트를 몇 초 사이에 완료할 수 있다. ENG 등 파형 모니터 등의 측정기가 없는 경우에도 개인차가 없으며, 더욱이 단기간에 블랙을 조정할 수 있다(상당히 편리한 기능이지만, 일상적으로 파형 모니터가 정상적으로 작동하고 있는지를 확인한다).

매뉴얼을 조정할 경우는 파형 모니터를 준비하고 먼저 블랙 세트를 확인한다. 렌즈 덮개를 한 상태에서 0dB와 +18dB의 토탈 비율을 변화시켜 R · G · B 각 출력의 블랙 레벨이 변동하지 않는 포인트에서 블랙 세트 VR로 조정한다. 촬상관식 카메라로 촬상관의 페이스 플레이트면에 조사하는 바이어스 라이트 램프가 꺼져버린 경우 등은 잔상이 남는 동시에, 블랙 세트가 극단적으로 어긋나므로 주의가 필요하다.

다음으로 Gch의 블랙 레벨을 마스터 페데스틀에서 5 IRE로 세트하고, 이와 동일하게 Rch와 Bch을 조정한다. 이때 엔코더 출력으로 파형 모니터의 비율을 올려 영상시간의 서브 케리어 성분이 최소가 되는 곳에 세트한다.

■ 화이트 밸런스

비디오 카메라는 전기적으로 RGB의 게인(Gain) 컨트롤을 함으로써, 어떠한 색조도의 조건하에서도 컬러 밸런스를 이룰 수 있지만, 옥내에서 옥외로 이동한 경우 등, 색조도의 변화가 큰 경우는 색조도 변환파일로 컬러 밸런스 조정을 하고, 또한 전기적 화이트 밸런스를 조정하는 것이 일반적이다.

화이트 밸런스는 통상 그레이 스케일을 이용하여 조정하지만, ENG 등의 경우는 그레이 스케일 대신에 백지를 이용하는 경우도 있다. 그러나 백지라고 해도 질에 따라 푸른 빛이 있는 흰색이나 누런 빛이 있는 흰색 등 다양하기 때문에, 항상 정해진 종이를 준비하는 것이 좋다. 직사 광선 아래에서 조정한 화이트 밸런스인 채로 그늘에서 피사체를 찍으면, 실제보다 파랗게 되지만, 찍고 싶은 피사체의 앵글을 고려하여, 직사광이나 그늘 어디에서 화이트 밸런스를 조정하면 좋은지 선택한다.

또한 저녁 풍경의 화이트 밸런스는 화면 전체가 붉은 빛을 띤 이미지이지만, 저녁에 화이트 밸런스를 조정하면 붉은 빛을 띤 화면이 되지 않는다. 그늘에서 화이트 밸런스를 조정하거나, 컬러의 필터를 3200°K로 하여 화이트 밸런스를 조정하거나, 필터를 5600°K로 하여 저녁 풍경의 느낌을 낸다. 그리고 새벽의 이미지를 내기 위해서는 그 반대로 하여 푸른 빛을 띤 새벽 이미지로 한다.

■ 감마 밸런스

카메라의 감마 설정은 일반적으로 0.45용의 반사형 그레이 스케일 차트를 사용하여 그레이 스케일의 클로스 포인트가 파형 모니터상에서 57.5 IRE 정도가 되도록 Gch을 설정하고, Rch과 Bch을 동일하게 세트하여 감마 밸런스를 조정한다.

이것은 특수한 사용방법이지만, 드라마 등에서는 다양한 스케줄로 낮에 밤의 장면을 촬영하는 경우가 가끔 있다. 이러한 때에는 토탈 감마의 보정을 0.45에서 0.7 정도까지 변경함으로써 어느 정도 이미지에 가까워질 수 있다.

■ 플레어(flare ; 번쩍임) 밸런스

플레어는 빛의 반사 등에 의해 퍼진 빛이 원래 빛이 없는 부분에 들어가 카메라의 블랙 레벨이 상승하는 현상으로, 렌즈 촬상관 또는 CCD 등에서 발생한다. 실제로 촬상관계에서는 Rch의 플레어 양이 문제가 된다.

플레어 밸런스의 조정은 그레이 스케일을 촬영하여, 렌즈를 개폐하면서 그레이 스케일 최하단의 블랙 레벨, 또는 중앙의 100% 화이트 양 사이드의 블랙 레벨을 파형 모니터상에서 살펴보고, 블랙 레벨의 변화가 없는 곳에서 플레어 보정을 조정한다. 프럼비콘을 사용한 카메라에서는 Bch의 플레어 보정을 최저로 하여 Rch과 Gch을 세트한다. 표준적으로 그레이 스케일 최하단의 블랙 및 중앙의 블랙 레벨은, 13~15 IRE가 되는 것이 일반적이다.

■ 니(KNEE ; 굴절) 포인트·니 슬로프(slope ; 경사)·화이트 클립

비디오 카메라로 촬영하는 실제의 피사체 휘도는 계절·시각·날씨·옥내·야외·지역 등에 따라 크게 다르다. 최대 휘도로는 한 여름 맑은 날씨의 해안 등은 수만 룩스에 달한다. 최대 콘트라스트 비도 흐린 날에

는 수 10대 1이라도 맑은 날에는 수 100대 1로 큰 폭으로 변화한다. 촬상관 방식의 비디오 카메라에서는 고휘도의 피사체를 촬영했을 때 빔 부족이 발생하지 않도록 어느 입사광량 이상에 대해 자동적으로 최적한 빔량을 제어하고, 광전 변화시의 다이나믹 레인지를 8배 이상 확보하는 오토 컨트롤이 작동한다.

그러나 비디오 시스템에 있어서는 어떠한 장면도 전부 100 IRE~110 IRE 범위의 압축치로 변환 압축되어 버린다. 인간의 눈은 시야의 평균적 휘도에 순응하여 1000 : 1의 강한 빛을 판단할 수 있다. 하지만, 브라운관에서는 30 : 1~50 : 1의 콘트라스트밖에 표현할 수 없고, 110 IRE 이상의 신호레벨에서는 전송계의 다이나믹 레인지를 확보할 수 없기 때문에, 오디오에서 말하는 리미터 컴프레서(Limiter Compressor)에 해당하는 니(Knee) 회로나 화이트 클립 회로를 카메라에 장착하여 콘트라스트 레인지를 확보하고 있다. 니 회로는 니 포인트와 니 슬로프로 구분된다.

하늘과 창을 배경으로 한 인물 등 하이 콘트라스트의 피사체를 촬영한 경우, 인물에 촛점을 맞추면 뒤의 하늘과 배경의 디테일이 나오지 않게 된다. 그래서 오토 니 또는 DCC(Dynamic Contrast Control)라 부르는 화이트 압축회로로 약 600%의 콘트라스트를 확보하고 있다. 이 오토 니는 니 슬로프가 고정이 아니며, 자동적으로 니 슬로프를 변화시키는 기능이 있다.

■ 디테일 조정

디테일이란 윤곽보완을 말하며, 이미지 보강·윤곽선 등 메이커에 따라 부르는 이름이 다르지만, 그 목적, 내용은 동일하다. 프럼비콘·사티콘·CCD 등의 촬영소자는 첨예도에 걸기 때문에, 영상신호에서 수평방향·수직방향에 각각의 윤곽신호를 부가하여 해상도를 강조한다. 이 신호를 엣지신호라 부른다. 이 엣지신호를 너무 살리면 눈에 띠는 느낌이 들어 S/N으로도 좋지 않다. 특히 피부의 질감이 좋게 나오도록 조정한다.

■ 종합 화질평가

차트에 의한 체크가 아니라, 일반 피사체를 촬영한 것 가운데 이상한 부분 등을 발견하여 조정 또는 적절한 조치를 취하는 것이 중요하다.

필름 기록영상의 특징

현재 사용되고 있는 컬러 네가티브 필름은, 종류도 많고 발광지수도 50에서 500까지 목적에 따라 자유롭게 선택할 수 있게 되었지만, 기본적으로는 화상의 색조가 거의 비슷하며, 피사체 휘도를 광범위하게 기록할 수 있는 기능을 가지고 있다.

영화필름과 같은 사진감의 재료는 종축에 농도(빛 투과율 역수의 대수)를, 횡축에 발광량(밝기×시간)의 대수를 놓는 것이 정해져 있다. 즉, 양 대수 스케일로 나타내게 된다.

이것으로 보면 1대 1000에 달하는 피사체 휘도를 기록할 수 있다는 것을 알 수 있다. 물론 이 광범위한 휘도 대역을 재생할 수 있는 디스플레이는 존재하지 않지만, 프린트 필름으로는 250대 1, 네가티브 필름으로는 160대 1 정도의 범위를 자유롭게 이용할 수 있다.

텔레씨네(TV용 영상신호)에서 사용되는 필름의 종류

필름을 크게 나누면 촬영에 사용하여 원판이 되는 네가티브 필름과, 영사에 사용되는 포지티브(프린트) 필름이 있는데, 텔레씨네에 사용되는 필름의 종류는 다양화되고 있다.

■ 네가티브 필름

● 오리지널 네가티브

- 촬영 후 현상한 롤로, 가장 깨끗한 상태를 유지하고 있다.
- 촬영시에 판명된 NG를 뺀 롤
- 러시 프린트를 하여, 이를 바탕으로 거의 완전하게 편집한 롤

이상과 같은 상태 및 그 중간적인 형태가 있다.

● 듀프(dupe ; 복제필름) 네가티브

복제 네가티브의 총칭이며, 오리지널 보존을 위해 복제하여 사용되는 경우와, 특수효과 작업을 위해 사용되는 경우가 있다. 오리지널 네가티브보다 인터미디에이트(Intermediate ; 매개물, 중간물) 필름으로 복제한 것이 인터미디에이트 포지티브(마스터 포지티브)이며, 이를 다시 인터미

디에이트 필름으로 복제한 것이 인터미디에이트 네가티브이다. 네가티브와 포지티브의 차이는 있지만 화상의 감마는 모두 오리지널 네가티브와 동일하다.

■ 포지티브 필름

• 러시 포지티브

촬영 상황과 네가티브 자체의 상태를 알기 위해, 네가티브 현상 후 곧바로 복제된 포지티브 필름을 말한다. 표준으로 복제된 것과 각 컷별로 색채와 밝기를 보정하여 복제된 것(보정 러시)이 있다.

• 프린트

편집된 원판에서 각 컷별로 보정을 첨가하고, 동시에 사운드 트랙도 삽입하여 완성한 영사용 포지티브 필름을 말한다. 상영용 프린트 외에 텔레씨네 전용의 프린트를 사용하는 경우가 있다. 콘트라스트가 통상의 포지티브 필름보다 낮은 것을 사용하는 경우도 있다.

텔레씨네 장치의 종류와 특징

텔레씨네란 필름 소재를 방송용의 비디오 테이프로 변환하는 작업을 말한다.

필름이 1초 24컷인데 비해, 현행 TV방송에서는 1초 30프레임으로 컷 수가 다르다. 통상의 텔레시네는 이 관계를 만족시키기 위해, 2필드에 1컷 3필드에 1컷의 순차로 배열하는 2-3 풀다운이라 불리는 방식이 기본이 되어 있다. 매초 30컷으로 촬영된 필름에 대응하여 동등 간격으로 배열하는 기능을 갖춘 것도 있다.

텔레씨네 장치에는 촬상관 또는 CCD 촬상판에 간헐구동(영사기 입구에서 필름을 1컷씩 배열하는 방식)의 영사기를 조합한 것과, 연속으로 필름을 보내는 플라잉 스포트 방식 그리고 라인센서 방식이 있으며, 각각 뛰어난 특징을 가지고 있다.

또한 지상 디지털 방송의 영향도 있어, 텔레씨네 장치도 다양한 포맷에 대응할 필요가 생기고, 다양한 방식의 출력이 가능해졌다.

24컷으로 텔레씨네를 하여 HD 포맷이나 멀티유스(DVD, 디지털 시네마, 지상 디지털)용으로 출력하는 방법도 나타나고 있다.

A의 컷을 3필드에 기록하여 1컷을 보내고, B의 컷을 2필드에 기록하여 1컷을 보내고 C의 컷을 3필드에 기록한다. 이렇게 필름의 각 컷을 2필드 3필드 번갈아 기록함으로써 24컷의 필름을 30프레임의 비디오 신호로 바꾸는 방법을 2-3 풀다운법이라 부른다.

■ 텔레씨네 장치의 종류

• 플라잉 스포트 방식 텔레씨네 장치

필름을 연속 주행시키는 방식의 대표적인 것으로, 광원(光源)에 상당하는 부분이 CRT의 스캐너로 되어 있다. 비틀림이나 잔상이 없는 변환을 할 수 있다. 또한 CRT의 편향범위를 변경함으로써 화질을 떨어뜨리지 않고 확대·축소·수정 등을 자유롭게 할 수 있는 기능을 가지고 있다. 1초 24컷의 필름영상은 디지털 처리되어 영상 메모리로 저장된 후, 비디오 신호가 된다. Cintel사의 C-Reality가 이 방식이다.

• 라인센서 방식 텔레씨네 장치

3개의 CCD 라인센서와 할로겐 램프의 광원을 가지고 있는 텔레씨네로 횡방향은 CCD 자체의 기능으로 주사되고, 종방향은 필름의 연속주행에 의해 주사된다. 신호는 디지털화되어 화상 메모리에 저장되어 비디오 신호로 된다. Thomson Grass Valley사의 Spirit Data Cine가 이 방식이다.

• 촬상관 방식 텔레씨네 장치

3개의 비디콘(vidicon)관 또는 사티콘(saticon)관을 사용한 카메라와 간헐구동의 영사기를 조합한 촬상관 방식이 주류였다. 또한 촬상관을 CCD로 교체한 방식도 있다.

■ 텔레씨네 작업에 있어서의 제문제

• 텔레씨네 작업에 있어서의 시간문제

NTSC 방식에서는 필름영상을 비디오 신호로 변환할 때, 24컷을 30프레임에 딱 맞도록 2-3 풀다운 처리한다. 그러나 실제로 텔레씨네에 공급되는 VD(수직 동기신호)는 59.94Hz이므로, 이에 대응하여 조정되는 영사기는 1초에 23.976컷의 필름을 보내지 않게 되며, 프로그램은 전체 길이의 1000분의 1에 해당하는 시간만큼 길어진다. 방송작품 등 수초의 오차도 허락되지 않는 경우는, 사전에 필름상의 시간을 그만큼 짧게 만들어둘 필요가 있다.

• 화상・음 싱크로나이즈 문제

텔레씨네 작업에 있어서 때때로 음질상의 관계로 필름의 사운드 트랙의 음을 사용하지 않고, 별도의 자기테이프의 음(음원판 씨네 테이프)을 재생하여 사용하는 경우가 있다. 이때에 문제가 되는 것은 화상과 음의 싱크로나이즈(동기) 관계이다. 본래 화상과 음은 동일한 동기신호를 사용하여 동시에 재생과 수록을 할 수 있지만, 몇 가지의 사정으로 인해 별도로 처리하는 경우도 자주 발생한다.

예를 들면, 먼저 필름 영상을 텔레씨네에 의해 비디오 영상으로 변환하고 그 비디오 영상에 맞추어 음을 넣을 때와, 기기의 관계로 텔레씨네와 연동하는 매체에 음을 복제하고, 화상과 음을 맞추는 경우 등이 있다.

이러한 원인으로써는 전술한 텔레씨네에 있어서의 시간의 연장, 또는 방송용 작품의 실시간을 산출하는 필름편집과 텔레씨네 작업방법, 그리고 음성의 동기신호의 종류가 많아 잘못 선택하는데 있다. 특히 문제가 되는 것은 해외(특히 NTSC권외)에서 보내오는 경우이다. 이미 비디오화된 영상과 음성 테이프(ME 씨네 테이프 등)의 싱크로나이즈 작업에서 비디오 동기신호와 필름의 영사 스피드의 차이 등으로 동기 엇갈림을 일으키기 쉽다(PAL권 등의 50Hz 동기의 경우, 초 25컷으로 텔레씨네 작업을 하기 때문이다).

기본적으로는 상기와 같은 일에 주의하여, 필름에서 비디오로 변환되는 과정(동기변환)과 동일하게 음의 동기변환을 행하는 것이다. 이렇게 동기신호의 변환에 대응하는 기능을 가지고 있는 6mm 테이프 레코더와 씨네 테이프의 구동에 CF(Constant Frequency)전원을 사용하여 직접 동기변환을 했지만, 최근에는 DTRS가 사용된 타임코드 동기가 주류가 되었기 때문에 비교적 용이하게 작업을 할 수 있게 되었다.

■ 필름 녹화

1956년에 암팩스(Ampex)사가 VTR을 발표하여 실용화되기 이전의 TV방송 초기는 텔레씨네에 의한 필름영상의 방송 이외는 전부 생방송으로, 재방송이나 프로그램 보존 등을 위한 비디오 영상의 유일한 기록매체는 필름에 의한 녹화였다.

원래 구성이 복잡한 비디오 영상을 필름으로 기록하는 것은, 역변환인 텔레씨네의 경우보다도 기술적으로 곤란한 부분이 많으며, 당시의 한정된 주변기술로는 결과적으로 영상의 품질로써는 불만족스러운 것이었다.

한편 VTR의 기술은 급격하게 진보발전하여, 이제 필름녹화 등은 무용지물이라고 생각하는 시기도 있었지만, HD TV방식의 개발에 호응하여 발표된 필름 녹화기는 디지털 기술·레이저 기술 등을 교묘하게 도입하여, 종래의 인식을 불식시키는 고품질의 영화 화상을 출현시켰다. 이에 따라 비디오와 필름은 상호 결여된 점을 보완하여 보다 고차원의 정보 미디어로 발전시켜가는 조건을 갖추었다.

- 키네레코 Kinescope Recorder(리얼타임)

① CRT 방식

CRT(브라운관)의 영상을 촬영하는 방식으로 재촬상 방식이라고도 한다. 브라운관을 촬영하기 위해 일어나는 모든 현상 즉 동기·컷수 변환·필름 속도 등 문제의 대부분을 카메라측에서 기계적으로 처리할 필요가 있으며, 예를 들어 필름을 1컷 늦추는 속도는 1밀리초가 이상적인데, 16mm 필름의 경우는 실현할 수 있어도 35mm 필름에서는 불가능하다는 한계가 있었다.

② 레이저 방식

비디오 신호에 의해 변조된 RGB 3색의 레이저 광선이, 고속회전하는 다촬상기에 의해 횡방향으로 주사되어 컬러 필름을 노광하는 직접 기록방식이다. 이 방식은 리얼타임 처리이기 때문에 작업능률이 좋고, 고해상도의 필름을 사용할 수 있어 고품질 화상을 만들 수 있다.

- 필름레코더(비 리얼타임)

① CRT 방식

CRT의 영상을 촬영하는 재촬상 방식의 하나로, RGB 3개의 CRT 상을 촬영하여 합성한다. 디지털 프레임 스토어의 이용으로, 컷수 변환·늦추는 시간문제가 신호측에서 처리되게 되어, 비로소 35mm 필름의 사용이 가능해졌다.

② 레이저 방식

전자선(일렉트론 빔)을 사용한 직접 기록방식이다. 저속도 재생 VTR과 대용량 디지털 프레임 메모리에 의해, RGB 3색의 프레임으로 분해된 비디오 신호로 변조된 전자 빔은, 전기자기의 편향을 받아 진공 안에 놓인 흑백 필름의 유제면을 주사하여 RGB 3컷분의 노광을 순차로 행한다. 현상된 필름은 옵티컬 프린트에 걸려지고, RGB 각 프레임의 영상에 대응하는 필터를 사용하여 컬러 필름상에서 3중 인화하여 필름을 완성시킨다.

전자 빔을 충분히 가늘게 모을 것, 복잡한 광학부품을 사용하지 않을 것 등으로 고품질의 화상을 얻을 수 있다.

영화필름의 성질과 취급

■ 먼지와 흠집

영화필름은 베이스(투명지지체)와 이멀션(emulsion ; 광감유제 - 젤라틴층)으로 이루어져 있다. 화면도 흠집이 나기 쉽고 먼지가 붙기 쉽다. 특히 젤라틴층은 이물질을 점착시키는 성질이 있으며, 클리닝이 쉽지 않다. 따라서 우선 쓰레기·먼지가 절대로 붙지 않도록 취급하지 않으면 안 된다. 그대로 방치하거나 가령 리더의 끝이라도 바닥에 닿는 것은 엄금이다.

또한 필름은 그 자체의 마찰만으로 흠집이 생겨 이물질이 붙게 된다. 감기가 허술한 필름의 한 끝을 잡아당겨 단단히 감기 위해서는 각오가 필요하다. 아무래도 필요할 때는 되도록 천천히 잡아당기도록 한다.

같은 이유로 필름을 되감는 작업은 필름에 흠집을 내고 더럽히는 원인이지만, 되감지 않을 수 없기 때문에, 천천히 필름이 릴과 플랜지에 강하게 닿지 않도록, 그리고 다 감은 후에 단단히 감겨져 있도록, 필름의 가장자리에 손가락으로 브레이크를 걸면서 깨끗하게 감기도록 신경을 쓰지 않으면 안 된다. 가능하면 자동 되돌리기를 사용하는 편이 좋다.

■ 클리닝

더러워진 필름은 간단한 클리닝으로는 깨끗해지지 않는다. 가장 효과적인 것은 유기용제에 의한 클리닝과 수중에서 솔질을 하는 수세기에 의한 세정을 병용하는 것이다.

■ 스프라이스(splice ; 이음새)

프린트 필름에는 다양한 사정으로 이음새가 들어가 있는 경우가 있다. 정확한 이음새로 되어 있으면 영사나 텔레씨네 작업상에 거의 문제를 일으키지 않지만, 부정확한 잘못된 이음새는 화상의 떨림과 화상의 튐, 절단사고 등 중대한 문제를 일으킬 우려가 있기 때문에, 작업전에 충분한 검사를 하고, 경우에 따라서는 다시 잇는 등의 보수를 해둘 필요가 있다.

정확한 좋은 이음새란 잘 조정된 시멘트 스프라이서를 이용하여 접합부분을 깍아 두께를 줄이고, 전후의 퍼포레이션(perforation ; 필름구멍)의 연속성을 정확하게 유지할 수 있는 위치에서 접합하는 것을 말한다.

더빙용 러시 프린트의 편집 등에 사용되는 테이프 스프라이서는 영상으로써 중요한 부분의 이음새에는 사용해서는 안 된다. 이는 화면에 테이프의 이음새 얼룩 등의 지저분함이 보이고, 전후의 위치관계도 부정확하여 필름 구멍의 형상을 바꾸어버리기 때문에 화상 떨림이 일어날 가능성이 크다.

작업 전의 검사에서는 이 외에 끊어짐, 찢어짐, 필름 구멍의 손상 등에 주의하고, 되도록 보수를 해둠과 동시에 발주사에 보고를 위한 기록을 만들어둘 필요가 있다.

■ 디지털 클리닝(리스토어)

필름을 디지털 스캔하여 데이터화하고, 필름상에 있던 긁힘 등의 흠집을 워크스테이션상에서 복구하는 방법이다. 편집 후에 생긴 흠집과 시간의 흐름에 따라 열악화된 필름 등, 종래에는 손댈 수 없었던 손상을 복구할 수 있다.

디지털 색보정(DI ; Digital Intermediate)

최근에는 CG와 합성 등의 디지털 효과가 보다 빈번히 사용함에 따라 필름을 오리지널 네가티브의 시점에서 전부 디지털 스캔을 거치고, 이를 중간물로 마스터링 공정을 활용하는 디지털 색보정(DI)이 주류가 되어가고 있다. 이때 필름의 키코드를 읽고 디지털 데이터를 기록하며, 합성·편집과 컬러그레이딩 작업을 해간다. 이러한 디지털 색보정 과정을 통해 디지털 효과는 물론, 작품 전체의 색조와 질감 등도 자유자재로 만들어 낼 수 있다.

한편 극장용 필름 영상을 디지털로 변환하여 그래픽 워크스테이션에 기록하고, 디지털 화상처리를 하여 다시 필름에 기록해가는 방법으로 영화용 소재에도 CG가 다양화되고 있다. 필름은 비디오에 비해 해상도가 높으므로, 대용량의 프레임 메모리, 고속 인터페이스 등으로 고해상도를 유지한 채 읽어내고 화상처리를 한다.

ITU-R601 영상의 16배 이상의 해상도를 가지고 있는 시스템 등이 등장하고 있다. 화상처리의 조작 자체는 비디오용 디지털 시스템과 거의 동일하다.

일반적으로 극장용 상영영화는 촬영한 네거필름을 현상한 뒤, 후반제작과정에서 편집과 믹싱을 거쳐 필름배급프린트로 완성되어 상영된다. 극장상영용 필름영화를 디지털영화관에서 DLP상영을 위해서는 DI라는 마스터링공정을 필요로 한다. DI대상 영화는 1차편집이 끝난 네거필름을 필름스캐너로 스캐닝하여 디지털마스터데이터로 변환한다.

일반 장편영화 한 편(전체 분량 약 7TB)의 스캐닝과정(1Frame 3-16초, 2k 초당 17MB는 1주일 정도 소요된다.

스캐닝을 통해 만들어진 이미지데이터는 컴퓨터상에서 화면명암과 톤, 색감 조절하는 1차 DI가 끝난 디지털 이미지데이터를 다시 부분적으로 조명과 컬러를 조절하는 Color Collection, Dust Busting, Optical, Visual Effect, Composite, Edit 등 모든 공정들을 일원화하여 2차(2′nd Color Correction) DI를 거친다. 이것은 색보정의 개념을 넘어서 전반적인 Contrast의 조절, 색감의 향상을 가능케 하는 Color Grading 등 제2의 창조과정으로 볼 수 있다. 이후 화면의 입자와 질감을 조절하는 복원(Digital Restoration)과정을 거쳐 디지털소스마스터(DSM)파일로 완성된다. 이러한 디지털을 매개로 한 후반작업 전체의 디지털 색보정 공정을 'DI(Digital Intermediate)'라 한다.

이렇게 완성된 디지털소스마스터는 모든 서버대상 콘텐츠 재생(DVD용, HDTV 방영용, D-시네마용)을 위한 디지털 배급 암호화과정인 KDM(Key Delivery Massage)키라는 재생용인증키(배급사)가 설정되어 디지털 극장 상영용 파일로 제작된 최종 디지털시네마 배급마스터(DCDM)로 배급되어 DLP상영시스템을 통해 상영되는 것이다. 참고로 DI는 최근 감독과 제작자에게는 영상관련 작업 중 가장 중요한 과정이 되어서 영상 포스트 프로덕션 중 가장 긴 시간과 자금을 투자하고 있는 디지털 마스터링 공정이다.

CG영상

컴퓨터에 의해 디지털 비디오 신호를 생성 또는 처리하는 컴퓨터 그래픽은 1980년대 초기부터 등장했지만, 당초는 2차원의 CG(2D CG)가 많았고, 입체적인 오브직을 만들어내는 3차원 CG(3D CG)는 그 표현력과 렌더링에 걸리는 시간 등의 문제에서 실용적이지 못했다.

그러나 점차 컴퓨터의 처리능력이 올라가고, CG의 표현력은 실사의 영상에 필적하게 되어 왔다. 처리시간과 비용면에서도 현실에 맞게 되고, 현재는 방송과 극장영화에 있어서 CG에 의한 화상처리는 빼어놓을 수 없는 것이 되었다.

CG는 크게 나누어 실사의 영상을 컴퓨터로 화상처리를 하는 디지털 화상처리와, 컴퓨터로 영상 전부를 만드는 풀 CG가 있다.

■ 디지털 화상처리

디지털 화상처리란 이미 있는 실사영상 등의 영상을 디지털화하여, 합성, 특수효과, 페인트 등 다양한 이미지 처리를 하는 것이다.

2D CG의 기술을 사용한 페인트 시스템에 의한 리터치 처리는 영상 한 장 한 장마다 처리를 추가해가는 것으로, 화면 내에 비춘 불필요한 영상을 지우거나, 이동하거나 할 수 있다. 필름에서는 종래 광학상의 처리를 하고 있던 합성처리도, 키 신호 등을 사용하여 화상의 일부를 지우고, 이에 별도의 영상을 합성하는 것이 컴퓨터상에서 가능하게 되었다.

■ 풀 CG

실사의 영상소재를 일체 사용하지 않고 컴퓨터의 연산만으로 영상을 만드는 방법이며, 3D CG의 기법이 사용된다. 표현하고 싶은 물체(오브직)의 형상을 만들어내는 모델링, 이를 가상적인 카메라로 촬영한 경우의 광원・음영・질감 등을 시뮬레이션하는 렌더링, 그리고 오브직을 움직이거나 카메라를 이동시키거나 하는 애니메이션이라는 단계적인 공정을 따라 영상을 만든다.

종래 CG영상에서 어려웠던 머리카락, 피부의 질감, 옷 등의 표현력도 개량되어, 자연스럽고 실사에 가까운 영상표현이 가능해졌다. 또한 CG

에서는 해상도에 제한이 없기 때문에 고해상도가 필요한 극장용 영화로도, 방송용 비디오 영상으로도 임기응변의 출력이 가능하다.

03 영상편집 기술

편집모드

영상의 편집은 지금까지 서술해온 프로세스의 집대성이며, 이 단계에서 영상제작의 완성이 이루어진다. 편집작업은 사전에 작품의 흐름을 개략적으로 만들어 놓는 예비편집과, 최종적인 제작을 하는 본편집의 공정이 있다. 예비편집의 단계부터 컴퓨터의 워크스테이션을 거치면서 분명하게 척도를 정해두는 것을 '온라인 편집'이라 하며, 이때의 편집 데이터에 근거하여 여러 대의 VTR을 통해 복제를 반복하면서 진행하는 본편집을 '오프라인 편집'이라 한다.

당초의 편집작업은 VTR을 베이스로 한 시스템(리니어 편집)에서 했지만, 컴퓨터를 이용한 디스크 베이스의 시스템(논리니어 편집)이 등장하면서, 작업은 효율화되어 영상의 표현력도 향상하고, 에디터의 일은 보다 독창적인 것이 되고 있다.

이러한 상황 속에서 에디터에 따라 작품의 완성이 달라진다고 해도 과언이 아니다. 작업에 들어가기 전 연출자와의 진지한 상의는 물론, 여기서 요구되는 것을 어떠한 형태로 해나갈 것인가를 생각하지 않으면 안 된다. 이를 위해서도 다양한 시스템의 기능과 특성 등을 충분히 파악해 둘 필요가 있다.

VTR을 베이스로 편집을 하는 경우에는 '어셈블(assemble)'과 '인서트'의 2가지 편집모드가 있다. 또한 논리니어 시스템으로 편집한 경우에도 최종적으로 VTR로 출력할 때 어느 쪽의 모드를 선택하게 된다. 미사용 테이프에는 사전에 얼마간의 영상신호(블랙버스트 신호 등)를 수동으로 녹화해두어야 한다. 이렇게 단순한 녹화모드를 '크래시 레코드'라 부르며, '어셈블'과 '인서트'로 구별된다.

■ 어셈블 모드

어셈블 모드는 작품의 처음부터 순차편집을 진행해가는 방법으로, 비디오, 오디오, 컨트롤 트랙 등 모든 신호를 기록하는 모드이다. 미사용 테이프에 어셈블 모드로 편집을 하는 경우는 그 테이프 처음에 적어도 편집 프리롤에 필요한 초수의 영상신호를 크래시 레코드 모드로 수록하고, 그 신호에 이어 편집을 개시한다.

어셈블 모드 편집에서는 수록 테이프 및 소재 테이프 각각의 편집점만을 정하여 편집을 실행한다. 즉, 컨트롤 트랙 신호가 끊어지지 않도록 편집하기 위해 기록 종료위치는 필요한 컷보다 길게 기록하고, 다음에 기록하는 컷에서 불필요한 부분을 지워가며 편집을 진행한다. 또한 편집이 끝나는 부분에 별도의 화상을 삽입할 때에 어셈블 모드를 사용하면 EDIT IN POINT는 깨끗하게 연결되지만, EDIT OUT POINT에서는 컨트롤 트랙 신호가 끊어져버려, 여기부터 다음의 편집은 전부 다시하게 된다.

■ 인서트 모드

인서트 모드는 사전에 영상신호(블랙버스트 등)가 수록되어 있는 테이프에 비디오만(video only), 오디오만, 오디오/비디오(AV) 등 필요한 부분만을 다시 수록함으로써 새로운 신호를 넣어가는 모드이다. 인서트 모드의 경우는 EDIT OUT POINT의 비디오 트랙 간격의 연속성을 유지하기 위해 컨트롤 트랙 신호의 재수록은 하지 않는다. 즉, 인서트 모드 편집을 행하는 것은 어셈블 모드, 또는 크래시 레코드 모드 등에 의해 사전에 컨트롤 트랙 신호가 기록되어 있는 부분에 한정된다. 인서트 모드 편집에서는 인서트하는 신호를 선택하여 수록 테이프 및 소재 테이프 각각의 EDIT IN POINT · EDIT OUT POINT를 정해 편집을 실행한다.

오프라인 편집

편집에 사용하는 수록 소재는 방대한 양이 있으며, 그 중에서 필요한 장소를 단시간에 찾는 것은 쉬운 일이 아니다. VTR 베이스의 편집에서는 그러한 소재를 복수 대의 VTR을 사용하여 테이프의 복제를 반복하면서 완성에 가까이 간다.

한편 1990년대에 디스크 베이스의 매체로 작업하는 논리니어 편집이 등장했다. 이 시스템에 의해 작업이 효율화되어, 단순히 컷편집에 의해 영상소재를 연결할 뿐만 아니라, 다양한 DVE 처리 등을 첨가해 본 편을 이미지할 수 있는 영상을 만들 수 있게 되었다.

■ 리니어(linear ; 직선적인, 선형의) 편집시스템에 의한 온라인 편집

VTR 베이스의 리니어 편집작업은 소재인 VTR에서 필요한 컷을 재생하여 별도의 테이프에 복제해가는 작업이다. 일반적인 온라인을 위한 리니어 편집 시스템은, 재생용 VTR 1대와 수록용 VTR 1대에 편집 컨트롤러와 모니터 TV로 구성되어 있다. 이 시스템에서는 컷편집밖에 할 수 없기 때문에, 대체적인 예비편집으로 이용되는 경우가 많다.

■ 논리니어 편집 시스템에 의한 온라인 편집

컴퓨터와 워크스테이션의 처리능력이 향상됨으로써, 논리니어 편집 시스템에 의한 온라인 편집이 널리 보급되어 있다. 소재의 영상을 하드

디스크 등에 복제할 때는, 낮은 비트율로 압축하고 있다. 이에 따라 처리 속도를 올림과 동시에 디스크 용량을 절약할 수 있다. 논리니어 시스템에 의한 온라인 편집은 작업시간을 단축할 뿐만 아니라, 온라인 편집에 가까운 독창적인 편집작업에도 도움이 되고 있다.

• 시스템의 개요

컴퓨터를 베이스로 하드디스크와 광 디스크 등의 디스크 매체를 사용한 편집시스템을 논리니어 편집 시스템이라 한다. 범용의 컴퓨터에 논리니어 편집용 소프트웨어만을 인스톨한 것부터, 그래픽 보드 등 전용 하드웨어를 단 것까지, 그 기능과 조작성, 가격 등도 다양하며, 이용형태에 맞추어 선택할 필요가 있다.

• 편집작업

작업은 먼저 오리지널 테이프의 영상을 압축하여 작업용 디스크에 복제한다. 디스크 시스템에 수록이 된 경우에는, 전용 미디어 드라이브에 소재를 세트하면 편집이 가능하다. 또한 최근에는 수록시에 온라인용의 영상과 동시에, 메타 데이터의 하나로 낮은 비트율의 영상(proxy)을 만드는 시스템도 있다. 화상 데이터 압축은 압축률이 클수록 기록시간은 길어지는 반면 화질은 나빠진다. 시스템에 따라 디스크의 용량이 다르므로, 어느 만큼의 시간을 기록할 수 있는지를 사전에 파악하여 적절한 압축률을 설정하는 것이 중요하다.

일단 영상을 디스크에 담으면 편집작업은 VTR 베이스의 작업보다도 효율적으로 작업할 수 있다. 컷편집에 의해 대체적으로 소재를 연결해가면서 길이 조정 등을 해간다. 시스템에 따라서는 와이프(wipe)나 디졸브(dissolve) 및 간단한 DVE를 하는 것도 가능하지만, 렌더링에 시간이 걸리는 경우도 있으므로 주의가 필요하다.

오프라인 시스템은 개개의 사용이 기본이 되어 있지만, 대형 비디오 서버에 온라인·오프라인용의 논리니어 편집시스템을 접속하여 소재의 영상을 공유하고, 그 중의 1단말로써 사용하는 시스템도 있다.

■ 타임코드 관리

오프라인으로 편집한 결과물은 편집 데이터로써 온라인 편집에 들어가는데, 그 연계를 가능하게 하고 있는 것이 타임코드이다. 타임코드의 관리를 게을리하면, 오프라인 편집에서 온라인 편집으로 순조롭게 이어질 수 없다.

● EDL(Edit Decision List)

편집작업이 끝나면 이제까지 행해왔던 편집 데이터가 남는데, 이것을 EDL이라 한다. EDL은 각 컷마다 소재의 릴네임 편집점(EDIT IN POINT·EDIT OUT POINT)·편집모드(AV : 오디오비디오, V-ONLY : 비디오만, A-ONLY 등)·트랜지션 모드(컷, DISSOLVE, WIPE, KEY) 및 트랜지션 타임·GPI의 출력타임 등, 편집에 필요한 많은 데이터를 남길 수 있다.

오프라인 편집의 EDL은 플로피 디스크, 광 디스크나 네트워크 회선을 통해 온라인 편집 시스템에 옮길 수 있다. 이때에는 EDL의 포맷을 온라인 편집에서 사용되는 시스템에 맞추어 놓지 않으면 안 된다. 온라인 편집이 논리니어 시스템에서 행해지는 경우에는, CMX-3600 포맷으로 주고받는 것이 일반적이다.

최근에는 EDL보다 더욱 많은 데이터가 들어간 AAF(Advanced Authoring Format)를 사용하는 경우도 늘고 있다. 또한 데이터의 읽기 에러 등에 의한 트러블을 피하기 위해, 하드디스크에 복제(EDL을 인쇄한 것)를 해두는 것이 바람직하다.

• 워크 테이프

오프라인 편집시에만 사용하는 비디오 테이프를 워크 테이프라 부른다. 워크 테이프에는 본편집에 사용하는 소재 테이프와 동일한 영상・음성・타임코드가 기록되어 있다. HD 수록된 작품의 오프라인 편집을, SD 시스템에서 행하는 경우 등에 사용된다. 소재와 워크 테이프를 작성할 때에는 타임코드에 주의하지 않으면 안 된다. 소재와 워크 테이프의 타임코드가 일치하지 않으면, 오프라인 편집시의 EDL을 온라인 편집시에 반영할 수 없게 된다.

타임코드를 편집할 수 없는 오프라인 시스템을 사용하는 경우에는, 화면상에 어드레스를 삽입(superimpose)한 워크 테이프를 작성할 필요가 있다. 슈퍼임포즈하는 기능은 VTR에 내장되어 있는 것을 사용하는 경우와 외부의 타임코드용 캐릭터 제너레이터를 사용하는 경우가 있다. 편집 종료 후에 화면상에서 타임코드를 지우지 않으면 안 된다. 컷이 바뀔 때마다 그 컷의 최초 프레임과 최후 프레임을 눈으로 읽어, 에디트 시트에 EDIT IN POINT・EDIT OUT POINT를 손으로 적는다. 이 작업은 상당한 노력을 요하기 때문에, 최근에는 오프라인 작업을 타임코드 편집으로 하는 것이 일반화되어 있다.

• 소재의 띄우기

일반용의 VTR 포맷 등으로 소재가 들어온 경우에는, 온라인 편집에서 사용하는 VTR의 포맷으로 변환할 필요가 있다. 일반용 VTR에는 직접 온라인 편집 시스템에서 취급할 수 없거나, 타임코드의 관리를 할 수 없는 등의 이유 때문이다.

최근 일반용 HDV나 mini DV로 촬영한 소재를 사용하는 경우가 증가하고 있지만, 이들 포맷은 촬영시에 기록된 타임코드가 전부 0H(어드레스의 시간단위가 0)로 시작하기 때문에, 오프라인의 EDL을 온라인으로 가져왔을 때에 트러블의 원인이 된다. 오프라인 편집 전에 소재를 띄우고, 띄운 테이프나 워크 테이프로 온라인 편집을 함으로써, 타임코드의 관리를 포스트 프로덕션 측에서 행할 수 있다.

온라인 편집

온라인 편집은 영상의 최종적인 완성의 공정이다. 오프라인 편집의 데이터를 바탕으로 온라인용의 소재를 연결해, 크로마키 등에 의한 화면합성·DVE나 CG에 의한 특수효과·문자의 합성(슈퍼임포즈 넣기) 등을 함으로써 보다 퀄리티가 높은 작품을 완성시킨다. 온라인 편집도 리니어 편집 시스템에서 하는 경우와 논리니어 편집 시스템에서 하는 경우의 2가지로 나눌 수 있다.

■ 리니어 편집 시스템

리니어 편집 시스템은 편집기·비디오 스위처·DVE·음성탁상·캐릭터 제너레이터·여러 대의 VTR 등으로 구성되어 있다.

● 편집기의 기능

현재 사용되고 있는 편집기의 대부분은, 수록측 VTR과 재생측 VTR을 동시에 가동시킬 수 있는 리모트 컨트롤 타입의 편집장치이다.

편집기의 컨트롤 판넬은 다음의 4부분으로 구성되어 있다.

① VTR 조작부

PLAY·FF·REW·STOP·테이프 포지션 표시

② 수록모드 선택부

어셈블·인서트·컷·디졸브·와이프

③ 편집포인트 지정부

마크 IN/OUT·세트 IN/OUT·트림 IN/OUT·텐 키·편집데

이터 표시

④ 편집 커맨드부

프리뷰 · 리뷰 · EDIT · 올스톱

기본적인 작동으로 EDIT IN POINT(편집 개시점)와 수록모드를 지정하고, 프리뷰 또는 EDIT를 실행한다. 이 조작으로 수록기와 재생기가 지정 포인트를 향해 동시에 진행한다. 이를 싱크로나이즈라 한다. EDIT IN POINT에서는 수록기의 게이트 타이밍을 제어하고, 원하는 재생영상과 음성을 기록할 수 있다.

인서트 편집이라면 EDIT OUT POINT(편집 종료점)도 동일하게 제어된다. VTR을 제어하는 방법으로는 CTL 펄스나 타임코드가 사용된다. 온라인 편집기의 대부분이 타임코드를 사용하고 있으며, ±0프레임 정밀도의 편집이 강하다. 편집 종료 후의 EDL은 후일 수정 등이 생겼을 때 필요하게 되므로, 남겨둘 필요가 있다. 또한 후술하는 스위처와 DVE의 설정도 동시에 남겨두는 것이 좋다.

● 비디오 스위처

스위처란 복수의 영상입력을 바꾸거나 합성하는 장치이다. 편집실에 있는 모든 기기의 영상신호는 이 스위처를 경유하여 출력되며, 이른바 영상시스템의 심장이라고도 할 수 있는 것이다. 비디오 스위처의 일반적인 기능으로는 영상을 순식간에 바꾸는 컷과 2개 이상의 화면을 합성하는 디졸브 · 와이프 · 키어(Keyer) 등이 있다.

기본적으로는 A-B 2열의 초기입력과 기타의 키입력에 대해 페이더(MIX 앰프[amplifier]) 하나라는 구성이다. 이를 1ME(Mix & Effect)나 1MK(Mix & Key)라 부른다. 이 수가 증가함에 따라 2ME · 3ME라 부르며, 동시에 합성할 수 있는 수도 증가해간다.

영상신호는 최대한으로 ME를 사용한 경우로 ME1⇒ME2⇒ME3라는 순번으로 흐르며, ME의 번호가 클수록 우선순위가 높아진다. 대형 스위처의 대부분은 재등록 기능을 가지고 있으며, ME마다의 우선순위를 변경할 수 있게 되어 있다. 아날로그 스위처에서는 전부가 이 ME방식이었지만, 스위처의 디지털화에 따라 레이어(층)방식을 도입한 기종도 볼 수 있다.

여기에서 ME방식과 레이어방식의 차이에 대해 간단히 설명한다. ME방식은 합성하는 복수의 화면을 ME별로 우선순위가 낮은 것에서 높은 것으로 순차 겹쳐가는 것이다. 작업공정은 상당히 알기 쉽지만, 우선순위를 변경하는 경우는 어느 시점까지 되돌아가 다시 할 필요가 있어 쉽지 않다. 합성에서 소재 B와 소재 C의 순번을 바꾸려면, ME1과 ME2의 효과(이펙트)를 각각 다시 하지 않으면 안 되게 된다.

이에 대해 레이어 방식은 애니메이션의 셀화(celluloid 그림)를 겹쳐가는 것과 마찬가지로 보수의 화면을 한번에 합성하기 때문에 우선순위의 변경이 쉽다. 각 레이어는 비디오(필)와 키(마스크)신호가 1조로 되어 있다. 한 번에 8개 이상의 레이어를 조작할 수 있는 제품도 있으며, 복잡한 다중합성을 한 번에 처리할 수 있다.

최근 디지털 비디오 스위처의 대부분은 레이어방식이 아니라 ME방식으로 설계되어 있다. ME방식이면서도 재등록을 쉽게 할 수 있도록 연구하고 있다.

• 특수효과 장치

리니어 편집 시스템은 VTR과 스위처에 추가해, 영상에 다양한 효과를 주거나 문자를 삽입하기 위해 다양한 장치가 조합되어 구성된다.

① DVE(Digital Vidio Effect)

본래 DVE라는 용어는 메이커의 제품명이었지만, 현재는 일반화되어 비디오용 특수효과장치의 총칭으로 사용하게 되었다. 각사 각종의 제품들이 있지만, FS(프레임 싱크로나이저)용으로 개발된 디지털 메모리의 기술을 기본으로, 비디오 신호에 다양한 특수효과를 준다는 점에 있어서는 동일하다. 주로 화상을 이동시키거나 축소·확대하는 경우에 사용한다.

② 디지털 스토리지(storage ; 기억장치)

디스크 레코더나 반도체 메모리 등을 사용하여 영상을 디지털 기록한 것으로, VTR에 비해 가변속 재생, 랜덤 액서스 능력이 있다. 다중 합성시스템 등과 함께 사용되는 것도 있으며, VTR의 보완적인 역할을 하는 장치이다. 처음에는 수 초밖에 기억할 수 없었던 디지털 기억장치였지만, 대용량화의 진척으로 장시간의 기록이 가능해졌다. 또한 MPEG 등의 압축포맷을 채택한 기종이나 멀티채널의 제품이 등장하고 용도도 확대되고 있다. 디지털 기억장치가 더욱 대용량화되어 비디오 서버가 탄생하고, 편집·합성기능을 충실화함으로써 논리니어 편집 시스템으로 발전해왔다.

③ 정지화상 파일

일종의 디지털 기억장치이지만, 리얼타임의 액서스는 할 수 없다. 페인트 시스템으로 묘사한 것이나 동화상 중에 1프레임을 선택해, 영상파일링하는 것이다. 파일장치 전용으로 개발된 기종도 있으며, 시판의 컴퓨터와 하드디스크에 소프트웨어를 인스톨된 기종도 있다. 또한 컴포넌트 디지털(4 : 2 : 2 또는 4 : 4 : 4)로 설계된 고품질인 것과, 시퀀셜(sequential ; 연속해서 일어나는) 프로그램에 의해 순서에 관계없이 읽어낼 수 있는 기종도 있다.

④ 텔롭 파일

텔롭(telop ; television opaque projector, TV용 자막송출장치) 전용의 정지화면 파일장치이다. 가사 삽입(superimpose)이나 번역 삽입 등, 연속해서 대량의 텔롭을 삽입하는 경우에 사용한다.

사전에 텔롭을 하드디스크나 플로피디스크에 저장해두고, 컴퓨터를 이용하여 타임코드에 근거한 타이밍으로 자동송출을 할 수 있다. 이에 의해 삽입작업을 효율적으로 진행할 수 있다.

⑤ 캐릭터 제너레이터

전자텔롭 등으로도 불린다. 일본에서는 사진에 의한 텔롭 컷을 사용하는 것이 일반적으로, 처음에는 좀처럼 보급되지 않았지만, 기능의 향상 등으로 도입이 진행되었다.

문자의 입력은 그 자리에서 키보드로 입력하거나, 사전에 텍스트로 만들어둔 문자를 읽어내는 것도 가능하다. 비디오 출력 외에 키 출력도 할 수 있게 되어 있는데, 비디오 스위처의 외부 키에 입력하여 화상과 합성할 수 있다. 이에 의해 문자의 색상을 캐릭터 제너레이터로 행할 수도, 스위처측에서 행할 수도 있게 되어 있다. 기종에 따라서는 캐릭터 제너레이터 자체에서 화상과 합성할 수 있다.

문자에 첨가할 수 있는 장식은 풍부하며, 스위처의 키어(keyer)에서는 할 수 없는 효과를 얻을 수 있다. 또한 문자뿐만 아니라 도형이나 그래픽을 표현할 수 있는 것과, DVE과 같이 문자별로 움직임을 줄 수 있는 것도 있다.

■ 논리니어 편집 시스템

논리니어 편집 시스템이 등장한 것은 온라인용의 툴 혹은 CM 등의 짧은 작품의 디지털 화상처리 시스템용이었지만, 컴퓨터의 처리능력의 향상 등에 의해 긴 작품의 온라인 편집에도 대응하게 되었다. 현재는 온라인용 툴로서의 인지도도 높아지고, 포스트프로덕션 시스템의 주류가 되어 있다.

온라인용의 논리니어 시스템은 기본적으로 온라인용과 동일한 원리이지만, 고비트율의 영상이나 고품질의 특수효과기능 등을 고속으로 처리할 수 있으며, 기록매체는 대용량화가 필요하게 된다.

• 논리니어 편집시스템의 타입

논리니어 편집시스템은 크게 나누어 범용의 컴퓨터를 플랫폼으로 한 것과, 메이커가 개발한 전용 하드웨어를 플랫폼으로 한 것의 2가지가 있다. 전자는 대체로 저가격이고 시스템 구축도 유연성이 있으며, 기존의 편집기기를 살릴 수 있다.

반면 컴퓨터 본체가 본래 화상처리 전용으로 만들어진 것은 아니므로, 경우에 따라서는 튠업(tune-up ; 사전조정)하지 않으면 안 되는 것도 있다. 후자는 컴퓨터의 시스템 설계시점 화상처리를 의식해서 만들어진 것이므로, 처리속도, 화질, 조작성 등의 면이 뛰어나다. 반대로 시스템 구축시의 자유도가 낮고, 기존의 기기를 살릴 수 없는 경우가 있다. 현재는 범용의 컴퓨터에 전용 하드웨어(비디오 보드 등)를 설치한 것이 주류로 되어 있다.

조작은 주로 마우스 · 키보드, 펜 · 태블릿, 죠그셔틀(Jog/Shuttle) 등이 달린 전용 컨트롤러로 행한다. 각각 옵션으로 선택할 수도 있지만, 메이커에 따라서는 선택할 수 없는 것도 있다.

• 논리니어 편집시스템의 작업과정

작업과정으로는 먼저 필요한 소재를 VTR에서 시스템의 매체(통상은 하드디스크)에 복제한다. 이때 오프라인의 EDL이 있으면, 이에 맞추어 자동적으로 소재의 복제가 행해진다. 이를 '배치 디지타이즈'(Batch Digitize ; 디지털화)라 한다.

자동적으로 각 컷의 처음과 끝에 Head&Tail을 달 수 있기 때문에, 복제가 종료된 후의 미묘한 수정도 용이하다. 배치 디지타이즈가 종료된 시점에서 오프라인과 동일한 컷·디졸브 등의 기본편집은 종료된다. 이후는 합성 컷을 처리하거나 컬러 선택과 문자 삽입을 추가하여 완성시켜 나간다.

매뉴얼에서 소재를 가져온 경우에는 먼저 가져온 영상을 편집하는 순서대로 배열하는 것부터 시작할 필요가 있다. 합성 컷 등은 작업단계에서 여러 개로 나누어 작업 이력을 기록해두면 편리하다. 이것은 트러블이 있을 때 복구가 빠른 점과, 작업의 정정이 있는 경우에, 제일 처음부터 다시 한다는 불편을 방지하기 위해서이다.

영상의 편집이 끝난 후, 시스템에 따라서는 간단한 오디오 편집기능을 구비하고 있는 것도 있으므로, 어느 정도의 음성처리를 하여 MA작업을 순조롭게 할 수 있도록 배려할 필요도 있다. 작품이 완성되면 납품용의 매체에 복제한다.

논리니어 시스템에 있어서 디스크 매체는 어디까지나 작업용이므로, 하나의 작업이 끝나면 소재는 디스크에서 삭제하거나 보존용 매체에 저장한다. 모든 작업공정과 합성 데이터를 모아 보존용 매체에 저장하는 것을 아카이브(archive)라 부른다. 아카이브에는 재작업을 생각해 사용한 시스템과 그 버전을 기입해둘 필요가 있다.

• 논리니어 편집 시스템의 기능

논리니어 편집 시스템의 큰 장점의 하나는 시행착오에 대한 편집을 유연하게 대응할 수 있는 점이다. 또 하나는 리니어 편집 시스템에서는 할 수 없었던 다양한 효과를 가능하게 한다는 점이다.

특히 고품질 시스템이라 불리는 상위 기종에서는 페인트 기능을 비롯해 수많은 기능이 담겨 있다. 예를 들면, 여러 겹으로도 합성을 하면서 편집을 할 수 있거나, 특수효과도 리니어 시스템의 DVE에는 없는 기능을 구비하고 있다.

장점으로는 촬영시의 흔들림을 보정하는 스터비라이즈(stabilize ; 안정시키다) 기능이 있다. 이것은 화면상의 물체를 선택하여, 이 물체가 이동하는 포인트를 프레임별로 구분하여, 이것이 화면 내의 일정한 위치에 고정하도록 하는 기능이다.

예를 들면, 달리고 있는 자동차를 촬영한 영상의 경우, 촬영시의 작은 흔들림을 보정하여 매끄럽게 달리는 자동차의 영상으로 만들 수 있다. 이 기능을 응용하여 지정한 물체에 별도의 물체가 붙어있듯이 보이는 트랙킹 기능도 있다. 이러한 기능은 기종에 따라 다양한 것이 있으며, 동일한 기능이라도 기종에 따라 미묘하게 다른 경우가 있으므로 이를 잘 파악해 두는 것이 중요하다. 또한 많은 기능은 1프레임별로 렌더링이라 불리는 연산시간을 필요로 하기 때문에, 리얼타임으로는 처리할 수 없는 것이 있으므로 주의가 필요하다.

• 논리니어 편집 시스템의 금후

논리니어 시스템 자체는 개체 사용에서 네트워크를 사용한 종합적인 시스템으로 진화하고 있다. 대용량의 비디오 서버에 복수의 편집 시스템을 접속하여, 소재를 공유하면서 작업을 하는 시스템이다.

이러한 시스템에서는 서버 내에 담겨 있는 모든 소재를 신속하고 유연하게 사용할 수 있다. 오프라인 편집에서 온라인 편집에 이음새 없는 데이터를 건네는 것과, 하나의 작품을 병행하여 작업하는 것이 가능해져, 편집과 합성이라는 형태로 작업을 분담하여 진행해가는 것도 생각할 수 있다. 더욱이 MA용 시스템과의 사이에서도 데이터에 의한 주고 받기가 가능해지고 있다.

■ 영상의 다양한 특수효과·합성

온라인 편집에서는 영상에 다양한 특수효과나 합성을 첨가하여 작품을 완성해간다. 이러한 대표적인 것을 살펴본다.

• 디졸브(dissolve)

제1의 화면에서 제2의 화면으로 서서히 변하는 효과를 말하며, 오버랩(OL)이라고도 불리고 있다.

① 페이드인 페이드아웃

페이드인이란 화면 혹은 문자 등이 서서히 나타나는 상태를 말하며, 반대로 서서히 사라지는 상태를 페이드아웃이라 한다. 페이드인은 어두운 또는 배경 컬러에서 영상으로의 디졸브라 생각할 수 있다.

② MIX

디졸브의 도중에는 두 개의 화상이 겹쳐 보인다. 이 상태를 MIX나 더블 익스포저(exposure ; 노출)라 부른다. 두 개의 영상레벨의 합은 100% 이내이다. 이에 대해 100%와 100%의 합성이 있다. 이를 ADD-MIX(Additive Mix)라 하며, 합성치가 200%가 되지만 실제의 스위처 출력레벨은 프로세스 앰프에 의해 규정레벨로 맞추어져 출력된다.

또한 그밖에도 NAM(Non Additive Mix)이라 불리는 것이 있는데, 이것은 명칭에서 나타나듯이 가산을 동반하지 않는 MIX라는 것으로 두 개의 영상에 대해 밝기가 높은 쪽이 우선되며, 레벨 차에도 의하지만 겹친 부분은 섞이지 않고 밝은 부분만 출력된다. 검은 배경의 화면합성에 효과적이다.

• 와이프(wipe)

자동차의 와이퍼와 같이 화면을 밀어내는 효과를 말하며, 제1의 화면에서 제2의 화면으로 영상을 잘라내듯이 바뀌어간다. 초기에는 상하좌우에서의 프레임 인프레임 아웃이라는 간단한 것이었지만, 현재는 다양한 패턴을 선택할 수 있게 되었다.

예를 들면, 전환 시에 테두리에 효과를 주는 보더(border) 와이프, 전환 시에 색이 흐려지는 소프트 와이프, 와이프의 종횡비를 가변시키는 어스펙트 레이쇼(aspect ratio), 파형에 변조를 주어 와이프를 진동시키는 모쥴레이션, 패턴을 임의의 위치로 이동시키는 포지션 등이 있으며, 이들을 조합함으로써 보다 많은 효과를 만들어낼 수 있다.

• 키어(keyer)

화면합성을 하는 경우에는, 어느 부분에 무엇을 넣을지를 결정하지 않으면 안 된다. 어느 부분인지를 결정하는 것이 키 신호이며, 이에 의해 임의의 위치에서 합성할 수가 있다. 이것을 비디오에서는 키잉이라 부르며, 이러한 기능을 키어라 부른다.

포스트프로덕션에서 사용되는 비디오 스위처는 통상 각 ME에 1~4개의 키어를 구비하고 있다. 또한 최종출력에서 키잉하는 키어를 다운 스트림 키어(DSK)라 부르고 있다.

키 신호를 사용하여 합성하는 방법은 루미넌스 합성과 크로마키 합성의 두 가지로 나눌 수 있다. 어느 경우에도 뒤 화면(백그라운드 소스)에 대해 키 소재가 있으며, 그 키로 지정된 부분에 앞 화면(포그라운드 소스)이 합성된다. 키어로 만들어진 키 신호는 통상 흑백이며, 흰 부분에 화상이 들어간다. 또한 리버스 키라 하여 흑백을 반전시켜 집어넣는 효과도 있다.

키 합성에서는 키 소재에서 키 신호를 만들기 위한 CLIP레벨을 조정할 수 있게 되어 있다. 이것은 키 소재의 어느 레벨까지를 키 신호로 사용할 것인지 결정하는 것이다. 통상의 키 합성에서는 CLIP에서 설정된 레벨을 경계로 윤곽은 강하게 합성된다. 이에 대해 키 소재의 레벨대로 부드러운 키 신호를 만들어 합성하는 경우가 있다. 이를 리니어 키라 부른다. 불·빛·연기 등과 흐려지는 것을 합성할 때에, 리니어 키를 사용하면 리얼한 합성이 된다.

① 루미넌스(luminance ; 휘도) 키 합성

영상신호의 루미넌스 레벨을 이용하여 합성하는 방법을 '루미넌스 키'라 부르고 있다. 이 경우는 밝기 차에서 흑백의 키 신호가 만들어진다. 루미넌스 키에는 크게 나누어 셀프 키와 익스터널 키(EXT 키 : 외부 키)가 있다. 셀프 키로는 합성하려고 하는 앞 화면에서 키 신호를 만들어 합성을 한다. 이에 대해 합성하려고 하는 앞 화면과는 별도의 영상을 키 소재로 사용하는 합성을 익스터널 키라 부른다. 가장 자주 익스터널 키가 사용되는 것은 DVE나 캐릭터 제너레이터 출력을 스위처로 뒤화면과 합성하는 경우이다.

복잡한 형태로 화면합성을 하는 경우에는, 마스크 합성이라는 방법이 있다. 이것은 앞에서 서술한 익스터널 키와 수법적으로는 완전히 동일한 것이지만, 키 소재로서 합성하고 싶은 형태의 마스크를 준비할 필요가 있다. CG나 애니메이션 등을 합성할 때는 이 방법으로 하는 경우가 많다. 용도에 따라 마스크 합성, 키 합성이라 부르고 있다.

또한 키어에는 마스크 기능이 구비되어 있다. 이것은 키 신호가 필요없는 부분을 와이프 파형 등을 사용하여 지워버리는 가비즈 마스크 기능을 말한다. 마스크 합성과는 의미가 다르므로 주의가 필요하다.

② 크로마키 합성

영상신호의 크로마키 성분을 이용하여 화면 합성을 하는 방법을 '크로마키'라 부른다. 이 경우는 지정한 색과의 색상차에서 흑백의 키 신호가 만들어진다. 영상신호의 차이에 의해 라인 크로마키(콤포지트 신호)와 RGB 크로마키(콤포넌트 신호)가 있다.

또한 키 신호의 파형 차이에 따라 하드 크로마키와 소프트 크로마키가 있다. 하드 크로마키는 윤곽이 샤프하게 떨어지지만 다소 반짝반짝한다. 이에 대해 소프트 크로마키는 이 결점을 개량한 것으로 보다 사실적으로 합성할 수 있게 되었다. 현재는 콤포넌트의 소프트 크로마키가 주류이다.

통상 인물 등의 합성을 하는 경우에는 청색 배경을 사용한다. 청색 바탕 앞에 피사체를 두고 촬영하고 나서, 이 청색 부분에 뒤 화면이 합성된다. 배경에 청색을 사용하는 것은, 청색이 피부색의 보색 관계에 대한 합성시에 영향을 잘 받지 않기 때문이다. 그러나 피사체의 색에 따라서는 이에 사용되고 있지 않은 색을 선택할 필요가 있다. 이론적으로는 어느 색이라도 관계없지만, RGB의 3원색 중에서 선택하는 것이 좋다. 예를 들면, 피사체에 청색이 있으면 배경을 녹색으로 하여 촬영한다.

이 크로마키 합성의 정밀도를 높인 제품으로 얼티매트(ULTIMATT)와 프라이매트(PRIMATTE)와 같은 시스템이 있다. 이러한 시스템은 상당히 퀄리티가 높은 크로마키 합성이 가능하다. 예를 들면, 담배연기, 유리 너머의 화면, 머리카락 등 섬세한 합성을 가능하게 한다. 이들 합성은 촬영시에 하는 것이 좋지만, 디지털 콤포넌트 VTR의 등장에 의해 후처리로 합성하는 것이 일반적이 되고 있다.

③ 슈퍼임포즈(superimpose)

화면에 문자를 합성하는 것을 슈퍼임포즈라 한다. 앞에서 서술한 키 신호가 필요하다. 지금까지는 텔롭카드라 불리는 검은 종이에 흰 문자로 쓰여져 있는 것을 사용하고 있었다. 최근에는 캐릭터 제너레이터의 보급에 따라, 텔롭카드를 사용하는 경우가 적어지고 있다.

키어에서는 문자 자체에 착색할 수 있는 것은 물론, 주위에 색을 넣는 엣지 슈퍼임포즈, 임의의 방향에만 색을 넣는 저스트 슈퍼임포즈, 테두리만 하는 아웃라인 등이 있다. 이들을 소프트 엣지로 하는 것도 가능하다.

또한 문자가 종 또는 횡으로 흐르게 하는 것을 롤 슈퍼임포즈라 한다. 이러한 슈퍼임포즈 처리는 스위처나 논리니어 시스템으로 할 뿐만 아니라, 외장 DSK나 캐릭터 제너레이터를 사용하는 경우도 있다.

• DVE

DVE 효과는 크게 두 가지로 나눌 수 있다. 하나는 이미지 트랜스 포메이션이라 불리는 것으로, 화상을 이동하거나 축소·확대하는 효과가 있다. 이때의 연산이 2차원 좌표에서 행해지거나, 3차원 좌표에서 행해짐으로써, 2D 또는 3D라 불리고 있다. 또한 3차원 물체로의 맵핑기능을 가지고 있는 것도 있다. 또 하나의 효과는 비디오 모디피케이션이라 불리는 것으로, 포스터리제이션·모자이크·디포커스 등 영상 그 자체에 변화를 주는 기능이다. 물론 이 두 가지의 효과는 조합해서 사용할 수 있다.

디지털 스위처에는 DVE 기능을 내장한 기종도 있다. 본래는 라이브 용도의 스위처로 개발된 기능이지만, 포스트 프로덕션에서도 사용하게 되었다. 와이프 감각으로 DVE 효과를 사용할 수 있도록 고안되어 있기 때문에, DVE 와이퍼라 부르고 있다. 이 모드로 들어가면 스위처의 초기 베이스가 그대로 DVE 입력 베이스가 되기 때문에, 프리 세트된 이펙트의 패턴을 선택하는 것만으로 효과를 얻을 수 있다.

최근에는 DVE의 효과가 특별한 것이 아니게 되었기 때문에, 단순한 와이프와 같이 사용되고 있다. 논리니어 편집 시스템 중에는 와이프도 DVE 와이프도 동일한 메뉴에서 선택할 수 있게 되어 있으며, 동일 효과로 취급하고 있는 기종도 있다.

• 플러그 인

논리니어 편집 시스템의 대부분은 플러그 인에 의해 새로운 기능을 추가할 수 있게 되었다. 필요에 따라 서버에 플러그 인을 인스톨하면, 표준에서는 구비되어 있지 않은 효과 등이 추가된다.

포맷 컨버트

작업환경의 비디오 포맷에 맞추기 위해서, 다른 포맷으로 가지고 온 영상을 변환하는 작업을 '포맷 컨버트'라 한다. 실제로 변환을 하는 기기가 포맷 컨버터이고, 변환 목적에 맞추어 다양한 포맷 컨버터가 있다.

예를 들면, 아날로그 신호와 디지털 신호를 변환하기 위해서 A/D · D/A 컨버터가 필요하다. 디지털 VTR의 대부분은 A/D · D/A 컨버터를 내장하고 있기 때문에, 평상시에는 의식하지 않고 사용하고 있다. 그러나 모든 작업에 대응한 컨버터를 VTR이 내장하고 있는 것은 아니다. 이러한 경우에는 외장 개체기기(스탠더드 어론)를 사용하게 된다. 외부의 컨버터는 변환 전의 소재를 재생하는 VTR과 변환 후에 수록하는 VTR 사이에 접속하여 사용한다.

■ 레이트 컨버터

콤포넌트 디지털 신호와 콤포지트 디지털 신호를 변환하는 것이다. 주로 샘플링 주파수의 차이를 변환하기 위해 필요하기 때문에, '레이트 컨버터'라 부르고 있다. 콤포넌트 신호로 변환하는 기기를 디지털 엔코더, 콤포넌트 신호로 변환하는 기능을 '디지털 디코더'라 부르는 경우도 있다.

■ 스탠더드 컨버터

NTSC, PAL, SECAM과 같은 TV 표준방식을 변환하기 위한 컨버터이다. 주사선의 수와 프레임률을 변환한다. 주로 유럽에서 가지고 오는 콤포넌트 소재의 경우, PAL권역에서도 SECAM권역에서도 동일한 PAL 사양의 VTR이 사용되고 있다. 이것은 콤포지트 신호로 하는 단계에서 PAL도 SECAM도 부호화할 수 있기 때문이다.

■ 다운 컨버터

HD 신호를 SD 신호로 변환하는 것을 다운 컨버트라고 한다. 종횡비를 16 : 9에서 4 : 3으로 변환하기 위해 다음 3가지의 모드가 있다. 모드의 호칭은 메이커나 기종에 따라 다르다.

• 레터박스

16 : 9 화면의 좌우부분이 4 : 3 화면의 좌우에 일치시키는 변환이다. 화면의 상하로 늘려서 하지 않기 때문에 상하부분은 검게 나타난다. 주로 HD로 제작된 작품이나 영화를 다운 컨버트하는 경우에 사용된다. 컨버터에 따라서는 상하의 불필요한 부분을 컷할 수 있는 것도 있다.

• 사이드컷(클롭)

16 : 9 화면의 상하부분이 4 : 3 화면의 상하에 일치시키는 변환이다. 화면의 좌우는 축소하지 않으므로, 화면에서 벗어나는 좌우의 영상은 잘려버린다. 컨버터에 따라서는 잘리는 윈도우 위치를 좌우에서 조정할 수 있다. 주로 HD 소재를 SD 소재로 사용하고 싶은 경우에 사용된다.

• 스퀴즈(아나모픽)

16 : 9 화면의 상하 · 좌우부분이 4 : 3 화면의 상하 · 좌우에 일치하도록, 좌우방향을 압축하는 변환이다. 주로 SD에서 16 : 9 소재를 표현하기 위해 사용하는 모드이다. 4 : 3의 SD 화상에서는 상하가 길어져버린다.

• 중간 사이즈(13 : 9 또는 14 : 9)

레터박스와 사이드컷의 중간 사이즈로 좌우를 조금 컷하여, 화면의 상하가 가늘고 검게 나타나는 변환이다. HD로 제작된 방송을 지상파로 TV와 라디오로 동시방송하는 경우에 아날로그파로 변환하여 사용되는 경우가 많다.

■ 업 컨버터

다운 컨버트의 반대로 SD신호를 HD신호로 변환하는 것이다. 종횡비를 4 : 3에서 16 : 9로 변환하기 위해 다음의 3가지의 모드가 있다. 모드의 호칭은 메이커나 기종에 따라 다르다.

• 사이드 판넬

4 : 3 화면의 상하부분이 16 : 9 화면의 상하에 일치시키는 변환이다. 화면의 좌우를 늘리지 않기 때문에 그 부분은 검게 나타난다. 컨버터에 따라서는 이 검은 부분에 자유롭게 색을 넣을 수 있다. 또한 좌우의 불필요한 부분을 자를 수 있는 것도 있다. 클롭(자르기) 기능은 중요하며 SD의 일반용에서는 보이지 않고, 잘라 합성한 흔들림 등을 숨기는데 유용하다. 주로 SD로 제작된 작품을 그대로 HD로 방송하는 경우 등에 사용된다.

• 상하컷(톱&보톰 클롭)

4 : 3 화면의 좌우부분이 16 : 9 화면의 좌우에 일치시키는 변환이다. 화면의 상하를 축소하지 않기 때문에, 화면에서 벗어나 상하의 영상은 잘린다. 화질적으로도 가장 불리한 변환이다. 컨버트에 따라서는 잘리는 윈도우 위치를 상하로 조정할 수 있다. 주로 SD 소재를 HD 소재로 사용하고 싶은 경우에 사용된다.

• 풀사이즈(아나모픽)

4 : 3 화면의 상하 · 좌우부분이 16 : 9 화면의 상하 · 좌우에 일치하도록, 좌우방향으로 늘린 변환이다. 사전에 좌우방향을 압축하여 수록한 SD의 16 : 9 소재를 변환하는 경우에 사용되는 모드이다. 4 : 3의 SD 화상을 업 컨버트하면 좌우가 길어져버린다.

■ 사이드 컨버터

복수로 존재하는 HD 포맷간의 컨버트를 '사이드 컨버트'라 한다. 주로 1080/60i, 1080/24p, 720/60p 사이의 변환이다. 유니버설 포맷이라 부르는 1080/24p로 제작한 경우는 어느 방식으로도 변환하기 쉽도록 고안되어 있다. 기본적으로는 텔레씨네와 동일하게 2-3풀다운을 응용하여 변환이 행해진다.

예를 들면, 1080/60i와 1080/24p로 제작한 작품을 720/60p로 변환하여 OA하는 등의 경우를 생각할 수 있다.

■ 스캔 컨버터

컴퓨터의 RGB 모니터 출력을 비디오 신호로 변환하는 것이다. 게임화면 등에도 사용되는데, 출력측의 신호에 의해 대응할 수 있는 기기를 선택할 필요가 있다.

스캔 컨버터의 반대로 비디오 신호를 컴퓨터의 RGB 모니터로 표시할 수 있도록 변환하는 것을 '스캔 업 컨버트'라 한다. 이때 인터레스 신호를 프로그래시브 신호로 변환하는 기능을 가진 것을 '라인더블러'라 한다.

■ 파일 컨버트

편집작업 중에 CG 소재를 사용하는 경우가 증가함에 따라, 컴퓨터용 화상파일을 비디오 신호로 변환하는 작업이 요구되게 되었다. 논리니어 편집 시스템의 대부분은 화상파일을 읽어들여 비디오 신호로 출력하는 것이 가능하다. 물론 그 반대도 가능하다. 디스크 레코더나 프레임 버퍼에는 이러한 파일변환 기능을 가지고 있는 기기도 있다. 파일을 주고받을 때는 사전에 대응하고 있는 파일형식에 대해 확인해 둘 필요가 있다. 주고받기에 사용하는 데이터는 되도록 비압축이나 열 수 있는 압축의 파일형식이 좋다. TIFF・TARGA・PICT・SGI(RGB) 등이 일반적이다.

파일형식에 따라서는 α채널이라 불리는 마스크 정보도 동일 데이터에 포함되어 있다. 동화상 파일의 경우는 그대로 파일을 읽는 경우와, 정지화면의 연번 파일로 변환하여 읽는 경우가 있다. 연번은 파일이름의 마지막에 연속한 번호를 부가함으로써 읽을 수 있다. 또한 Mac OS를 사용하여 파일을 작성하는 경우에는, Windows나 UNIX 등의 시스템에서 읽는 것을 고려하여, 파일이름에 확장자를 붙여두는 것이 좋다.

파일을 주고받을 때에 주의해야 하는 것은 화상 사이즈이다. SD의 콤포넌트 디지털 신호는 720×486pixel・72dpi라는 해상도를 가지고 있다. 이 사이즈대로 컴퓨터의 그래픽 소프트를 열면, 종횡비가 4 : 3으로 되어 있지 않다. 횡으로 긴 화상으로 표시되어 버린다. 이것은 디지털 비디오 신호의 각 픽셀이 정방형(스퀘어 픽셀)이 아니라 옆으로 길기 때문이다. 일반적으로는 그래픽 소프트에 의한 가공을 720×540pixel로 하고, 후에 사이즈를 변경한다. 사이즈의 변경은 그래픽 소프트 측에서 위아래를 압축하여 비디오 기기에 보내는 경우와 보낸 수에 비디오 기기측에서 압축하는 경우가 있다.

화질관리

편집작업을 진행하는 데 있어서는 항상 화질유지에 주의하지 않으면 안 된다. 아날로그 VTR에 의한 편집의 경우, 비디오 신호는 복제할 때마다 S/N비와 해상도가 떨어진다.

이러한 화질약화를 보완하기 위해서 디지털 VTR이 등장했다. 비압축의 디지털 VTR을 사용하여 편집하는 경우는, 기본적으로 화상의 약화는 없다. 그러나 MPEG, Motion-JPEG, 기타의 압축영상을 사용할 때는 주의가 필요하다. 이들 신호는 압축 데이터인 채로 단순히 복제하는 것만으로는 약화되지 않는다.

그러나 편집, 합성, 특수효과 등 영상을 가공하는 경우에는 편집시의 포맷으로 일단 기호화하여 작업하지 않으면 안 되므로, 화질약화의 가능성이 있다. VTR에 따라서는 압축 데이터인 채로 복제할 수 있는 기능을 가지고 있는 기종도 있으므로, 이 경우에는 전용단자를 활용하면 좋다.

■ 이미지 증강기

해상도를 높이기 위해 사용하는 주변기기의 하나로, 윤곽을 보정하는 기기이다. 이를 사용함으로써 보기에도 깨끗한 영상을 만들 수 있다. 구체적으로는 일반용 VTR로 수록한 테이프 등을 소재로 올리는 경우나, 필름을 바꾸는 경우, 해상도의 저하를 보정하기 위해 사용한다. 그러나 너무 많이 사용하면 윤곽이 번쩍번쩍해 보이므로 주의가 필요하다.

■ 노이즈 저감기

영상의 노이즈를 저감시키기 위해서 사용하는 기기이다. 어두운 부분이 많은 영상, 일반용 VTR을 사용한 영상, 필름의 부분 노이즈 등 S/N이 좋지 않은 영상보정에 사용된다. 노이즈 저감기의 원리상, 프레임 메모리와 필드 메모리를 사용하여, 메모리 전후의 영상신호 가산에 의해 노이즈를 저감시키기 위해 너무 강하게 하면 화면이 흐려져 버리거나, 움직임이 빠른 화면에서는 잔상으로 나타나므로 주의가 필요하다.

■ 컬러 컬렉터

영상 소재에 대해 색의 보정·조정을 행하기 위한 기기이다. 어떠한 사정에 의해 적정한 컬러 밸런스가 맞추어지지 않은 영상의 보정과, 연출의도에서 임의로 색을 바꾸고 싶을 때, 예를 들면, 컬러필터를 달고 촬영한 듯한 영상으로 하고 싶을 때 등에 사용한다.

또한 필름 소재의 텔레씨네 작업시에도 사용된다. CM이나 드라마의 편집에는 반드시라고 말해도 좋을 정도로 사용되기 때문에, 비디오 편집 작업에는 필요불가결한 기기이다. 연출의도에 맞추어 작품 전체의 색을 보정해가는 작업을 '컬러 글레이딩'이라 한다.

특정한 색만을 선택하는 기능과 타임코드에 맞추어 장면 대 장면으로 선택 데이터를 읽어내는 기능을 기지고 있는 기종도 있다.

본편집의 실제

■ 편집작업 전의 준비

편집실에는 지금까지 서술했듯이 수많은 기기가 있으며, 이들 전부가 정상적으로 작동하지 않으면 완벽한 편집실이라 할 수 없다. 실제의 편집 작업에는 다양한 준비가 필요하다.

• 각 기기의 입출력 조정

편집실에 있는 모든 기기의 입력계 및 출력계를 체크하고, 적정하지 않은 것은 사전에 조정해둔다. 기기 개체의 조정이 끝나면, 다음으로 모든 기기의 최종출력이 되는 스위처와 논리니어 시스템의 프로그램 출력 및 프로세스 앰프의 출력(오디오의 경우는 믹싱 탁상 출력)을 확인해둔다. 이러한 체크에는 기준신호인 컬러바를 사용하여 파형 모니터 및 벡터스코프로 확인한다. 오디오의 경우는 1kHz 또는 400kHz 사용하여 레벨과 위상을 확인한다.

• VTR의 체크

VTR은 테이프라는 상당히 섬세한 것을 다루는 기기이기 때문에, 평소 보수가 중요하며, 헤드 및 주행계의 클리닝은 항상 신경을 써야 한다. 어떠한 작은 먼지라도 테이프에 있어서는 큰 적이며, 이를 태만히 하면 생각지 않은 사고가 일어나기 쉽다.

다음으로 VTR에서 기본이 되는 시험 테이프를 걸어, 비디오·오디오계의 출력체크를 한다. 이때 드럼 헤드의 회전음과 주행시의 이상음 등이 없는지도 주의해둘 필요가 있다.

• 모니터 조정

편집실에는 수많은 모니터가 있으며, 용도에 맞추어 구분하여 사용되고 있다. 작업을 진행해가는 데 있어서 없어서는 안 되는 것임과 동시에, 정확한 것(기준이 되는 것)이지 않으면 안 된다. 따라서 조정하는 데 있어서 개인차를 없애기 위해 각종 조정기기가 있다. 마스터 모니터의 조정에는 화이트 밸랜서를 사용한다. 최근은 모니터 자체에 이 기능을 갖추고 있는 기종도 있다.

이상 여기에서 열거한 사항은 편집작업을 원활하게 행하기 위해서 이며, 작품의 퀼리티를 유지하는 데 있어서도 중요한 것이다. 조정항목에 따라서는 그 작업의 성질상 매일이라고는 하지 않더라도, 정기적으로 행할 필요가 있다.

■ 본편집 작업

• VTR의 조정

리니어 편집의 경우는 우선 먼저 기록용 테이프에 신호입력 작업을 할 필요가 있다. 이것은 테이프 길이 전체에, 블랙버스트 신호와 타임코드를 기록하는 작업이다. 그 후 편집과 동시입력을 선택하여 입력조정을 행하며, 컬러바·1kHz를 포맷에 맞추어 기록한다. 논리니어 편집의 경우는, 편집작업이 종료되어 마스터용 테이프로 완성작품을 출력할 때까지의 신호입력을 마쳐두면 좋다.

다음으로 소재 VTR을 재생하여 수록되어 있는 컬러바로 재생계의 조정을 한다. 음성계는 각 채널의 출력을 0VU에 맞춘다. 영상계는 비디오 레벨·크로마 레벨·셋업 레벨, 그리고 뷰를 파형 모니터 및 벡터스코프로 체크하여 기준치에 맞추어간다. VTR 개체로의 조정이 끝나면 스위처와 논리니어 시스템의 출력을 확인하고, 필요하면 H위상과 서브 캐릭터 위상을 조정한다.

● 편집시의 주의점

본편집 작업에서는 지금까지 서술해 온 다양한 기기를 사용하여 하나의 작품을 완성시켜가는 것이며, 이때부터가 이른바 독창적인 작업이 된다. 편집자는 연출의도를 이해하여, 보다 효율적인 방법으로 작업해 가는 것이 중요하다. 보조자는 작업의 흐름을 파악하여, 편집이 원활하게 진행되도록 준비를 해갈 필요가 있다. 그러나 아무리 편집이 독창적인 것이라고 하지만, 다양한 기준에 따라 작업을 하지 않으면 안 된다는 것은 말할 것도 없다. 편집시에 주의할 점으로는 다음과 같은 것이 있다.

① 세이프티 존

TV 수상기는 브라운관 형식의 차이와 전압의 변화 등에 따라, 송출한 정보를 100% 그대로 나온다고는 할 수 없다. 그래서 SMPTE의 권장기준으로 '세이프티 에리어'와 '타이틀 안전 프레임'이 설정되어 있다. '세이프티 에리어'란 100% 주사 프레임(풀프레임)의 10% 내부측에 설정된 에리어로, 통상 TV 프레임이라 부르고 있다. 일반적으로는 내용이 잘리지 않는 범위이지만 모니터에 따라 다소의 차이가 있다. 이에 대해 확실하게 어느 모니터에서도 잘림이 없는 에리어로써, 80%의 범위를 '타이틀 안전 프레임'으로 설정하고 있다.

종횡폭 비 16 : 9 화면에 있어서의 세이프티 존에 대해서는, ARIB TR-B4에 규정되어 있다. 이 표준규격에서는 4 : 3 화면은 풀프레임의 80%를 안전범위로 하고 있다.

타이틀 화면 등 절대로 잘려서는 안 되는 정보는, 모니터 상에 슈퍼임포즈한 세이프티 존 마커를 사용하여 확인한다.

② 비디오 위상(픽처 위상)

TBC에서는 시스템 H위상에 대한 영상신호의 수평방향 위치를 가변하는 비디오 위상이라는 것이 있다.

TBC는 수록 대 재생을 1대 1로 만드는 것을 목적으로 하고 있으며, 기준대로 수록된 것이라면 비디오 위상도 조정할 필요는 없지만(프리세트 상태), 반드시 기준대로의 것만이 소재로 된다고는 할 수 없다. 가령 비디오 위상의 관리를 태만히 하여 복제된 것은 도가 지나치면 원래대로 되돌릴 수 없게 되므로 항상 체크해 두어야 한다. 실제의 화면에서는 센터에 들어가 있었을 타이틀이 복제 후에는 좌 혹은 우로 밀려있는 일이 있으므로 주의가 필요하다.

③ 레벨의 감시

재생 VTR의 컬러바는 정규로 조정되어 있어야 하지만, 반드시 수록되어 있는 소재의 내용이 '기준대로'라고는 한정할 수 없다. 즉, 컬러바란 수록시의 상태를 재현시키기 위한 것으로, 컬러바를 맞추었으면 그것이 전부라고는 할 수 없다. 슈퍼임포즈 등에 착색할 때도 마찬가지로 예를 들어, 아무리 예쁜색이더라도 크로마 레벨이 너무 높으면 완전한 것이라고는 할 수 없다. 파형 모니터 · 벡터스코프 등, 수시로 감시해둘 필요가 있다.

- 수평공간의 폭이 컷별로 크게 변동하고 있지 않은가.
- 영상신호의 화이트 피크가 너무 높지 않은가.
- 크로마 양이 너무 높지 않은가.
- 블랙이 끼어들지 않았는가.

이상과 같은 것을 확인하면서, 편집작업을 진행해야 한다. 음성계도 마찬가지로 레벨감시를 할 필요가 있는 것은 말할 것도 없다.

④ 노이즈의 체크

아날로그 VTR에 있어서의 노이즈는 드롭아웃 외에도 크로마 노이즈, 오버 모쥴레이션 등 전기적인 노이즈도 있으며, 방지할 수 없는 것도 있다. 연출상 어쩔 수 없는 노이즈가 있는 컷을 사용하는 경우도 있기 때문에 무심코 납품되고 나서 문제가 되는 일이 있어서는 안 된다. 노이즈가 들어있는 영상을 사용할 때는 기록표 등을 신청해둔다.

디지털 VTR에 있어서는 다소의 테이프 드롭아웃은 보정되어 화면에 나타나지 않는다. 그러나 수록시의 상태와 호환성에 의해 디지털 노이즈라 하는 블록 노이즈가 화면상에 랜덤으로 발생하는 경우가 있으므로, 주의할 필요가 있다. 특히 편집시에 사용한 VTR과는 다른 VTR로, MA의 음성을 되돌리는 경우에 문제가 발생할 가능성이 있다.

⑤ 컬러프레임

NTSC의 휘도신호와 크로마 신호에서는 1사이클을 완결하는 필드수가 다르다. 휘도신호는 2필드에서 같은 위치가 되는 데 대해, 크로마신호는 4필드에서 같은 위치로 돌아오게 되어 있다. 크로마신호는 4필드가 1시퀀스이므로, 2필드 즉, 1프레임 후에는 SC(서브캐리어)에 대한 SYNC의 상위관계(SCH)는 180가 된다. 이때 TBC에서는 재생 VTR의 차이와 기준 사이의 위상이 0이 되는 보정을 하는데, 이 보정이 휘도신호에도 행해져 그 결과가 화상의 수평방향의 어긋남(H시프트)으로 나타난다.

통상 편집기에서는 수록 VTR을 항상 기준으로 컬러 프레임을 락시켜두기 때문에, 마스터 테이프상의 모든 편집점에서의 SC 연속성은 유지된다. 그러나 재생 VTR은 앞에서 서술한 이유로 컬러 프레임이 기준과 역으로 된 경우(수록 VTR의 EDIT IN POINT가 짝수 프레임이고, 재생 VTR의 EDIT IN POINT가 홀수일 때, 또는 그 반대일 때)에 수평방향의 어긋남이 발생한다.

앞 컷과 뒤 컷이 다른 화면이면 시각상(신호상) 전혀 문제가 없으며, 동일한 위치 동일한 사람의 편집 등의 경우는 수록 VTR과 재생 VTR의 관계를 손상시키는 일 없이 편집할 필요가 있다. 포스트 프로덕션에서의 본편집이 영상제작의 최종단계라는 것을 머리 속에 두고, 편집작업을 진행하지 않으면 안 된다.

디지털 영상처리

■ 디지털 특수효과 시스템

• 페인트시스템

각각의 영상화면에 대해 펜・태블릿 등의 입력장치를 사용하여, 화면상에 정지화면을 그려가는 시스템이다. 원래의 화상에 복잡한 특수효과를 추가하거나 표현력이 풍부한 영상으로 만들 수 있다. 간단한 합성과 편집기능을 갖추고 있는 시스템도 있다.

펜끝의 사이즈와 타입 등을 선택할 수 있으며, 인쇄분야에까지 활용할 수 있는 고해상도의 것과 약 1600만 색에 달하는 색상수의 기종도 있다. 누르기의 강약을 느껴 펜끝이 변화하는 것도 있으며, 캔버스에 묘사하는 것과 동일한 표현이 가능하다. 1장의 정지화면을 전부 묘사하는 경우도 있지만, 영상신호를 프레임 버퍼로 불러와 이에 가필하거나 수정하는 경우가 많다. 손으로 그린 느낌을 내기 위해 일부러 저해상도로 영상을 만드는 경우도 있다. 페인트시스템으로 제작한 영상으로 애니메이션을 만들 수 있다.

• 합성 시스템

연기나 머리카락과 같은 미세한 대상물이나 복수의 영상을 겹치는 복잡한 합성 컷을 위한 전용 시스템이다. 최근에는 실사와 CG영상을 조합하는 경우가 많아졌으며, 이러한 경우에는 고품질의 논리니어 편집 시스템이나 합성전용 소프트웨어가 사용되고 있다. 영화의 합성에도 사용되는 기종에서는, 후술하는 3차원 CG시스템에서 만들어진 3D 데이터를 불러와 영상소재를 그 데이터에 맵핑하는 기능을 가지게 되었다.

■ 컴퓨터 그래픽(CG)

CG시스템은 2차원(2D) CG와 3차원(3D) CG로 대별된다. 넓은 의미에서는 촬영을 하지 않고 컴퓨터의 연산에 의해 영상을 만들어가는 것은 전부 CG라고 한다. 일반적으로 CG라 말하는 경우에는 주로 3D CG를 가르킨다. 3D CG시스템은 본래 건축설계나 공업디자인 등의 분야에서 사용되고 있던 CAD를 이용한 것으로, 일절 실사를 필요로 하지 않고 입체적인 공간, 물질을 구성, 영상화할 수 있다. 2D CG는 주로 일러스트나 애니메이션의 제작에 사용되고 있다.

CG는 실사에서는 표현할 수 없는 형상·질감·색채·운동·카메라워크 등을 상당히 세밀하게 묘사할 수 있으며, 영상의 가능성을 비약적으로 향상시켰다고 여기고 있다. 그러나 복잡한 3D CG는 대량의 처리시간(연산시간)을 필요로 하며, 상당한 작업일수·비용이 든다. 따라서 그 용도는 CM 등과 같은 고품질의 영상의 합성이나 특수효과, 프로그램의 타이틀, 특별 프로그램 등에서 사용되는 경우가 많다.

CG영상 자체는 CG 프로덕션이 만드는 경우가 많지만, 최근에는 CG와 실사를 융합시킨 CGI(Computer Generating Image)가 증가하고 있으며, CG 프로덕션과의 연계와 포스트프로덕션에서의 CG 취급이 중요하다.

• 3D CG시스템

3차원의 CG는 먼저 물체와 공간의 위치와 사이즈의 수치 데이터를 컴퓨터에 입력하여, 이를 바탕으로 가공의 물체 · 공간의 형상을 연산하고 구성해간다. 이 작업을 '모델링'이라 한다. 물체의 능선을 몇 개의 선으로 묘사하는 와이어 프레임과, 물체의 표면을 다면체로 구성하는 3차원 물체데이터 등에 의해 표현하며, 세밀한 수정을 가하여 밑그림을 그려간다. 이에 의해 만들어진 물체의 형상을 매끄러운 면으로 만들어 색을 입혀간다. 물체 움직임의 데이터, 카메라와 조명 데이터를 추가하고, 마지막에 1프레임마다 렌더링이라는 계산을 하여 영상을 제작해간다.

렌더링에 시간이 걸리는 3D의 CG에서는, 개별로 사용하면 작업효율이 나빠지기 때문에, 시스템을 네트워크화하여 분업화를 행하는 곳이 많다. 이러한 네트워크의 한 단말로써 합성시스템을 접속할 수도 있다.

• 모션캡처

모션캡처란 실제의 인간이나 동물에게 센서를 달아 그 움직임을 컴퓨터로 해석하고, 화면 내에서 재현하는 방법이다. 예를 들면, 인간의 움직임을 얻는 경우, 실제 인간의 몸 이곳저곳에 센서를 달아 다양한 움직임을 하도록 하여 움직임의 데이터를 컴퓨터에 담아간다. 이렇게 하여 동물이나 물체의 다양한 움직임을 상당히 사실적으로 표현할 수 있게 되었다.

종래 CG로 제작한 캐릭터를 움직이는 경우에는 그 움직임 하나하나를 손작업으로 했기 때문에 방대한 작업량에 비해 캐릭터의 움직임이 부자연스러웠다. 그러나 모션캡처를 사용함으로써 보다 자연스러운 CG 캐릭터의 움직임이 가능하게 되었다.

또한 단순한 움직임뿐만 아니라, 배우의 동작이나 얼굴표정 등 캐릭터마다의 개성을 보다 강조할 수 있게 되었다. 이 모션캡처는 리얼타임으로 처리할 수 있는 시스템도 등장하여 합성기능의 응용과 새로운 영상표현의 가능성이 기대되고 있다.

■ 디지털 화상처리 시스템의 미래

디지털 화상처리시스템은 개별사용에서 네트워크화로 옮겨지고 있다. 이때 편집·합성·페인트·3D CG시스템을 융합한 종합적인 네트워크도 등장하고 있다.

앞으로는 비디오계인 편집시스템의 영상과 컴퓨터계인 CG시스템의 영상을 얼마나 순조롭게 주고받을 수 있을지가 중요해졌다. 동시에 음성처리시스템과의 연계도 필요하게 된다.

이렇게 네트워크를 중심으로 하여 포스트프로덕션 업무를 수행하는 구조를 확립하는 것은 작업환경과 작업효율을 높이기 위한 것이다. 이러한 작업구조를 '워크플로우'라 하며, 향후 포스트 프로덕션에서는 중요한 과정이다.

디지털 편집의 음성처리

비디오 편집의 경우 기본적으로 화상과 음성을 편집하는데, 음성에 관해서는 동시 수록된 음성만을 처리해두고, 나레이션·효과음·음악 등의 추가는 MA작업으로 하는 것이 일반적이다. 편집시의 음성처리는 최종적인 제작, MA의 작업효율을 높이기 위해서도 중요하다.

비디오 편집을 진행하는데 있어서 음성에 대해 유의해야 할 점은 다음과 같다.

① 음성의 질을 떨어뜨리지 않도록 고려한다.

② 소재에 따라서는 음성레벨이 각각 다르므로 보정한다.

③ 컷별로 큰 잡음이 바뀌는 곳과, 와이프·디졸브 등의 장면전환일 때는 별도의 채널에 전후 여유를 두고 기록해두면 MA작업상 유리하다.

④ 음악·대사·나레이션 등을 잘라 편집할 때에도 별도의 채널에 넣어두면 편집하기가 쉽다.

비디오의 특수효과는 영상표현의 수법으로 많이 사용되고 있지만, 이 특수효과기기를 통과한 영상은 음성에 대해 늦어지므로 이 시간차를 보정하기 위해 음성계에서 늦춤(딜레이)을 사용하는 경우가 있다.

편집이 완료되면 완성된 테이프에서 나레이션·효과음·음악 등 믹싱 작업용과 보존용으로 테이프 등에 복제하고, 사전에 담당자에게 건네주는 것이 좋다.

이와 같이 다양한 편집작업을 순조롭게 진행하기 위해 타임코드를 특성별로 표시하는 경우가 있는데, 그 필요가 있는지 없는지를 제작 담당자에게 확인하는 것이 좋다.

03

파이널 컷 프로

PART 3

파이널 컷 프로

파이널 컷 프로(Final Cut Pro)는 애플의 맥(mac) 기반에서 활용하는 넌리니어(non-linear) 영상편집 프로그램이다. 기타 데스크탑에서 운용되는 편집프로그램으로는 Avid, Edius, Premiere 등이 있으며, 편집툴로서의 기능은 모두 비슷하다고 볼 수 있다. 다만 파이널 컷 프로는 맥에서 운용되기에 안정성과 응용에 있어 보다 효율적이라 말할 수 있다.

앞서 말한 기타 편집 툴 등을 미리 다루어본 유저라면 FCP 또한 쉽게 익숙해질 것이다. 또한 처음 접하는 유저라 할지라도 편집 프로그램은 다른 비주얼 소프트웨어에 비해 운용이 쉽기 때문에 부담 없이 편안하게 학습에 임해줄 것을 바란다.

이 강의는 초보자를 위한 가장 기본적인 파이널 컷 프로 강의로 진행한다. 편집 시 자주 사용하지 않는 기능들은 생략하거나 간단한 설명으로 대체하며 심화적인 내용도 생략한다.

강의를 진행하는 파이널 컷 프로의 버전은 Final Cut Pro 7이며, 기초적인 내용들을 다룰 것이기에 인터페이스 상에서의 약간의 차이는 있겠지만 그 이하 또는 상위 버전에서도 학습에 문제는 없을 것이다.

01 파이널 컷 프로 인터페이스

파이널 컷 프로 실행하기

바탕화면의 하단을 보면 프로그램의 실행 아이콘들이 나열되어 있다. 그것을 독(DOCK)이라 하는데, 독에서 파이널 컷 프로 아이콘을 클릭한다.

다음은 초기화 상태의 파이널 컷 프로(이하 '파컷' 약칭)를 처음 실행할 때 나오는 메시지이다.

어떤 포맷으로 작업을 할 것인지 정해주는 옵션이다. 편집자가 편집할 영상의 포맷에 맞게 SD나 HD 옵션 중에 맞는 항목을 선택하면 된다.

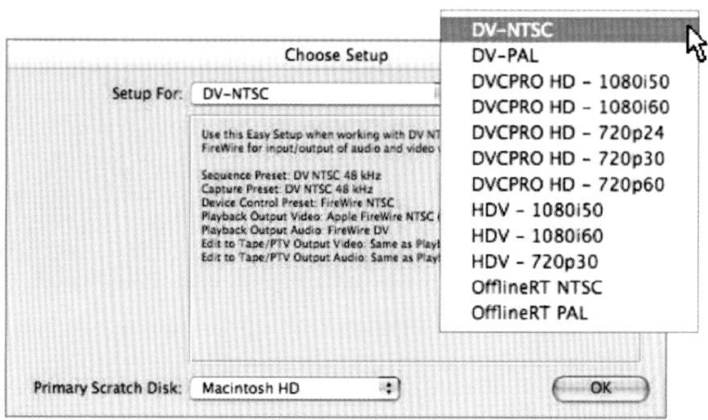

영상 캡처를 위한 데크가 연결되어 있지 않을 때 나오는 메시지이다. 데크 연결이 되어 있지 않다면 Continue를 클릭하고, 연결이 되어 있다면 연결상태를 확인 후 Check Again을 클릭한다.

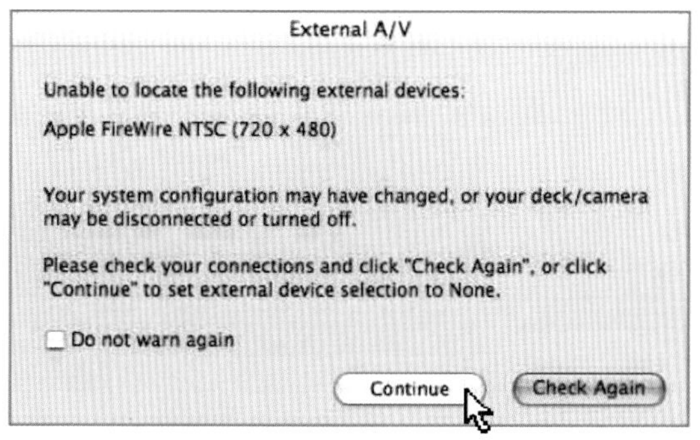

파컷이 초기화 상태가 아니거나 설정이 이미 완료된 상태라면 파컷 실행 시 위의 창들이 나오지 않고 바로 파컷이 실행이 된다.

파이널 컷 프로 화면구성

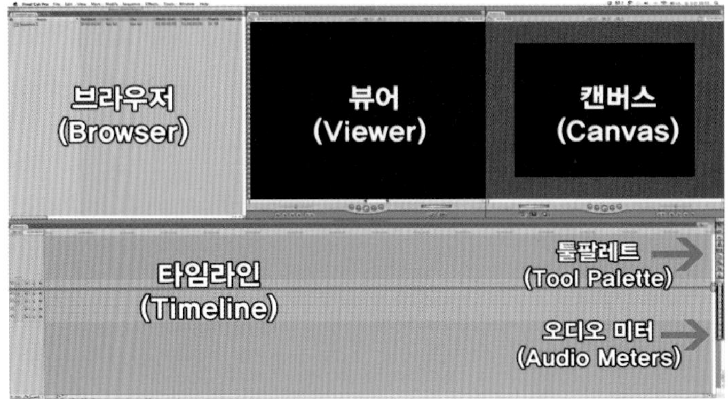

파컷의 화면구성은 위의 그림과 같이 브라우저, 뷰어, 캔버스, 타임라인, 툴팔레트, 오디오 미터의 창들로 구성된다.

파컷의 화면 구성은 편집자가 임의로 변경할 수 있다. 마우스의 드래그를 통해 각 창의 크기와 위치를 편집자의 편의에 맞게 변경할 수 있다. 또한 메뉴를 통해 화면구성을 선택할 수도 있다.

파컷의 메뉴 창은 전체 화면 상단에 위치해 있다.

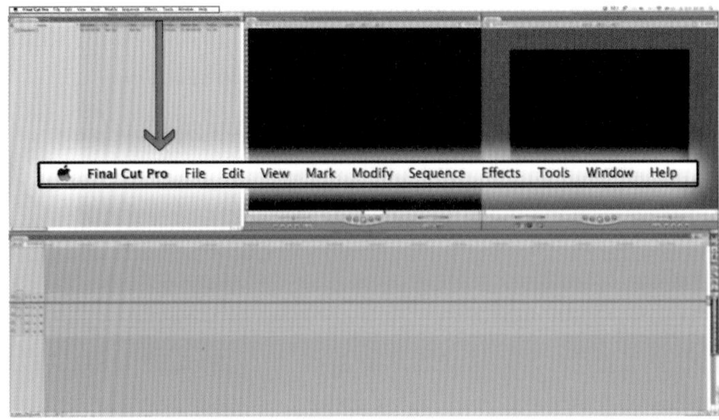

메뉴에서 Window〉Arrange로 가면 다섯 가지의 화면구성 모드를 선택할 수 있다.

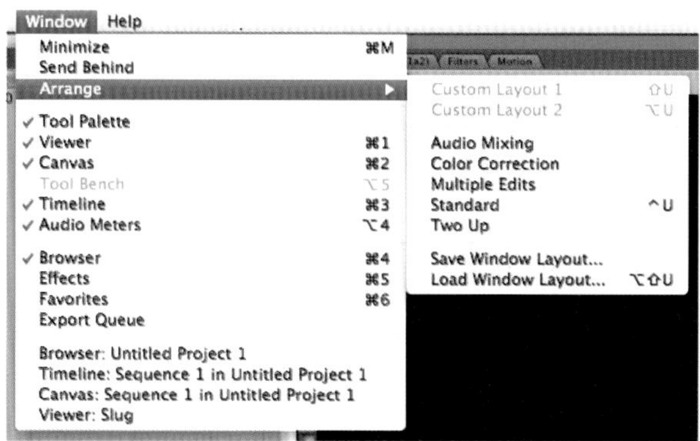

- Audio Mixing : 오디오 믹싱을 효과적으로 하기 위한 화면구성
- Color Correction : 색보정 작업을 효과적으로 하기 위한 화면구성
- Multiple Edits : 4개의 뷰어 화면으로 편집 전후의 그림을 비교하며 작업하기에 효과적인 화면구성
- Standard : 기본적인 편집 작업을 위한 화면구성
- Two Up : 뷰어와 캔버스를 크게 보면서 작업할 수 있는 화면구성

02 영상 캡처

촬영한 테이프를 디지털 편집을 하기 위해 디지털 파일로 만드는 과정을 디지타이징 또는 캡처라고 한다. 테이프로부터 캡처를 받기 위해서는 데크가 필요하며, 데크가 없을 시 촬영한 카메라를 맥과 연결해서 캡처를 받을 수도 있다. 또 요즘에는 테이프리스, 즉 파일 방식의 촬영을 많이 하기 때문에 데크를 거치지 않고 바로 임포트(불러오기)가 가능하다.

캡처 환경 설정하기

■ 스크래치 디스크(Scratch Disk)

캡처를 받기에 앞서, 캡처된 클립의 비디오와 오디오를 어느 경로에 저장할 것인지를 정해야 한다. 이것을 설정하기 위해 스크래치 디스크 설정 창을 열어야 한다.

스크래치 디스크는 시스템 세팅 창의 여러 메뉴 중에 포함되어 있다.

메뉴창 Final Cut Pro 〉 System Settings를 클릭.(단축키 〔shift〕+Q)

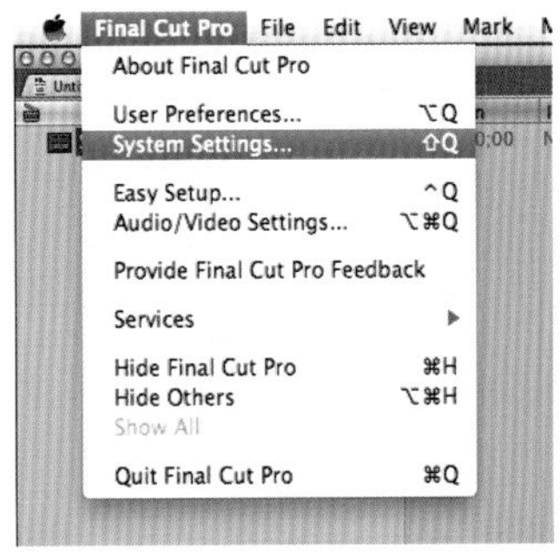

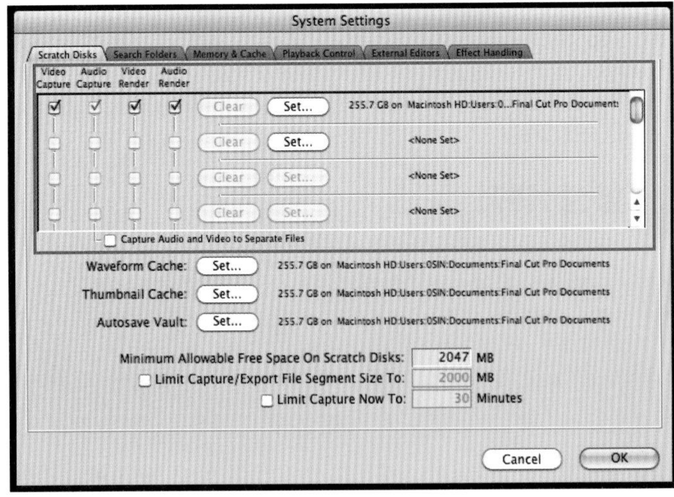

시스템 세팅 창을 열면 여러 개의 탭이 있다. 가장 왼쪽에 있는 탭이 스크래치 디스크이다. 위에 빨간 박스로 표시한 부분이 캡처 파일의 저장 경로를 정해주는 항목이다. 비디오와 오디오, 그리고 비디오 렌더, 오디오 렌더 파일 각각의 경로를 정해 줄 수 있다. 〔SET〕 버튼을 클릭하면 파인더가 나오면서 경로를 정해줄 수 있다.

기본값으로 비디오와 오디오는 묶여서 캡처가 된다. 만약 따로 분리해서 받고 싶을 때는 위의 빨간 박스 하단에 있는 〔Capture Audio and Video to Separate Files〕 항목을 체크해 주면 된다.

■ 캡처 파일의 포맷 설정

캡처 세팅이 완료되었다면 캡처받을 파일의 포맷을 설정해 주어야한다. 또한 앞으로 작업하는 영상의 포맷을 결정하는 것이기도 하다. 때문에 편집자가 진행할 작업의 포맷을 명확하게 인지하고 설정하는 것이 매우 중요하다.

메뉴 Final cut pro 〉 Easy Setup

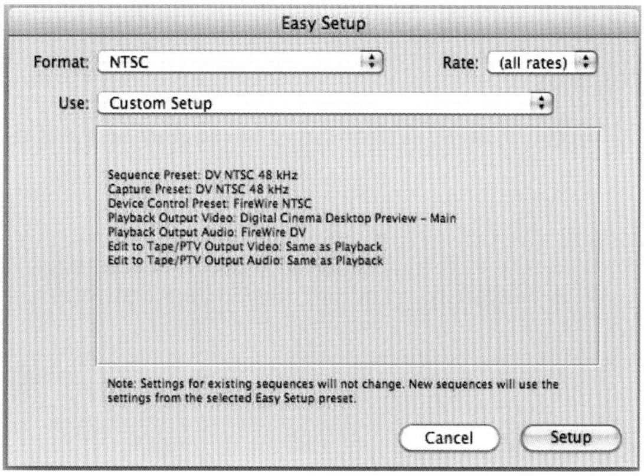

Easy Setup
Format: NTSC
Rate: (all rates)
Use: Custom Setup
Sequence Preset: DV NTSC 48 kHz
Capture Preset: DV NTSC 48 kHz
Device Control Preset: FireWire NTSC
Playback Output Video: Digital Cinema Desktop Preview – Main
Playback Output Audio: FireWire DV
Edit to Tape/PTV Output Video: Same as Playback
Edit to Tape/PTV Output Audio: Same as Playback
Note: Settings for existing sequences will not change. New sequences will use the settings from the selected Easy Setup preset.
Cancel
Setup

Easy Setup 창에서 Format 항목은 캡처파일의 포맷, 즉 HD, HDV, DV 등의 선택을 하고 Use 항목에서는 선택한 포맷의 압축코덱을 설정해 주게 된다.

하단의 박스 안의 텍스트를 통해 편집자가 설정한 내용 등을 알 수 있다.

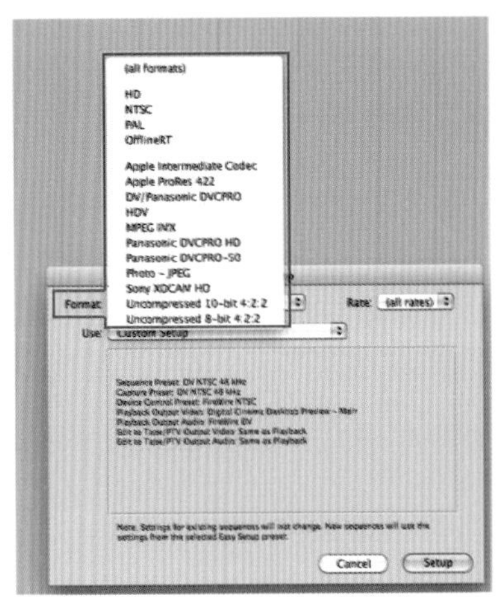

〈포맷 설정〉

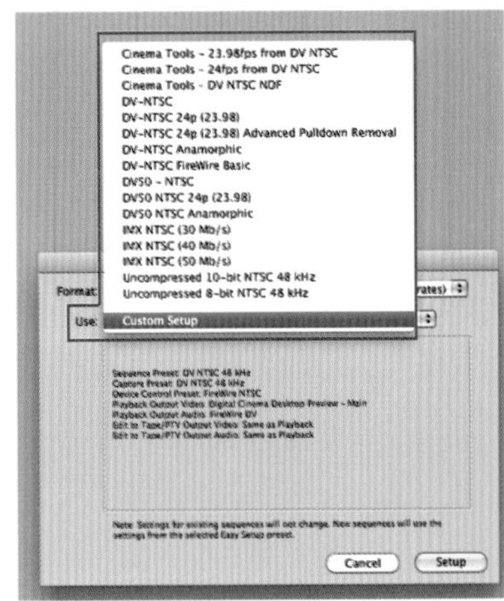

〈코덱 설정〉

■ **장치(Device) 설정**

캡처를 받기 위해 맥과 연결되는 데크나 카메라의 장치를 설정해주는 항목이다.

메뉴 Final Cut Pro 〉 Audio/Video Settings

오디오비디오 세팅 창이 뜨면 중간에 Device Control Preset 항목이 있다. 이 항목을 클릭하여 현재 자신의 맥에 연결되어 있는 장치의 종류에 맞게 설정해 준다.

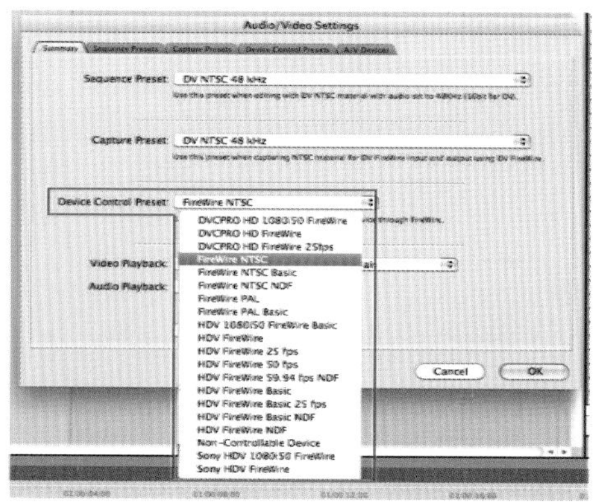

테이프 방식 캡처(Log and Capture)

영상이 테이프로 녹화 시 캡처 방법이다. 여러 가지 방법과 캡처 창 버튼의 기능들이 있으나 가장 쉽게 캡처받는 방법을 소개한다.

먼저 캡처 창을 연다.

메뉴 File 〉 Log and Capture

■ 캡처 창의 구성

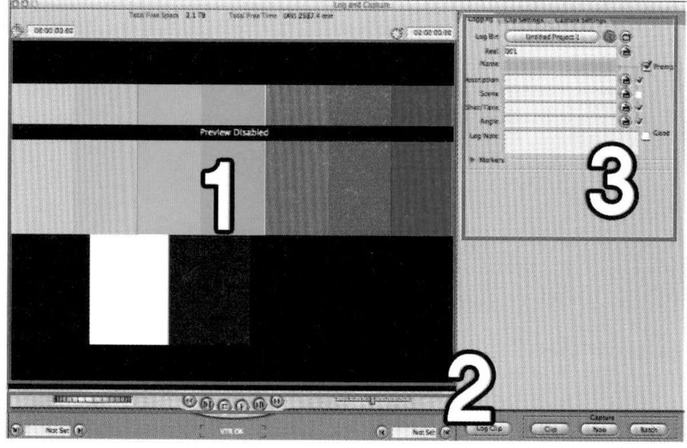

1번은 영상을 모니터할 수 있는 화면이고, 2번은 영상을 플레이, 멈춤 등의 제어를 하기 위한 버튼이다. 3번에는 캡처 세팅과 캡처 파일 정보 입력 등의 기능을 하는 3개의 탭이 있다.

■ 로깅탭(Logging)

- Log Bin : 캡처 파일이 들어갈 빈(폴더)의 경로를 정해준다.
- Reel : 테이프의 번호를 기입한다.
- Name : 캡처받는 파일의 이름을 정해준다.

그 외 나머지 하단의 항목 등은 씬번호 앵글의 각도 등 캡처 파일의 추가 내용을 메모하는 기능을 한다.

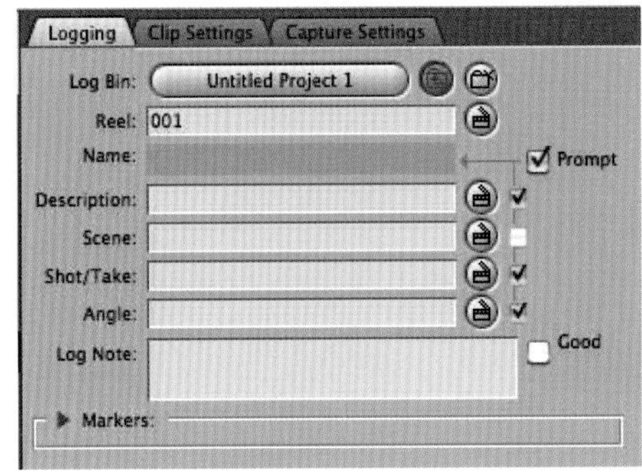

■ 클립 세팅(Clip Settings)

캡처받는 파일의 비디오와 오디오를 선택할 수 있다.

영상에서 비디오만 캡처를 받고 싶다면 비디오 항목만 체크를 하는 방식이다.

오디오의 경우 녹화된 영상의 채널수가 많다면 편집자가 임의로 채널수를 조정할 수 있는데, Audio의 Input Channels을 클릭해 원하는 채널수를 선택하면 된다.

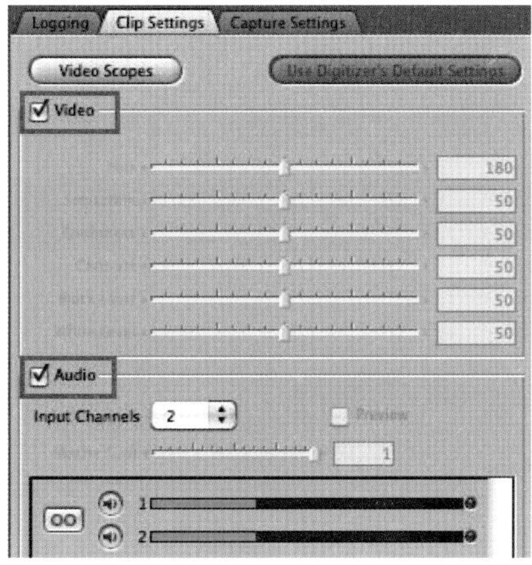

■ 캡처 세팅(Capture Settings)

앞서 설정한 장치 설정, 스크래치 디스크 설정과 동일한 기능이다.

설정 정보들을 미리 앞에서 정해줬다면 따로 변경하거나 선택할 필요는 없다.

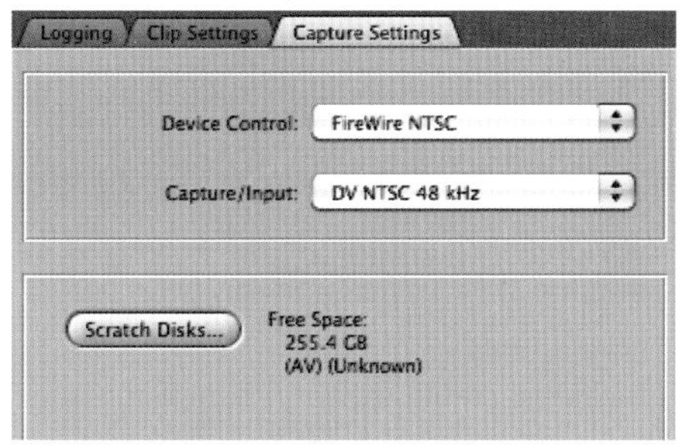

■ 캡처하기

모든 준비가 완료되었다면 캡처 창의 플레이 버튼을 클릭하거나, 데크나 카메라에서 직접 플레이 버튼을 누르고 캡처 창의 Now 버튼을 클릭하면 캡처가 시작된다.

캡처를 멈추고 싶을 때는 키보드의 Esc 키를 누르면 된다. 중간에 캡처를 취소하면 취소 전까지 받은 영상의 캡처 파일은 생성된다.

파일 방식 캡처(Log and Transfer)

파일 방식으로 촬영된 영상의 캡처 방법을 소개한다. 먼저 캡처 창을 연다.

메뉴 File 〉 Log and Transfer

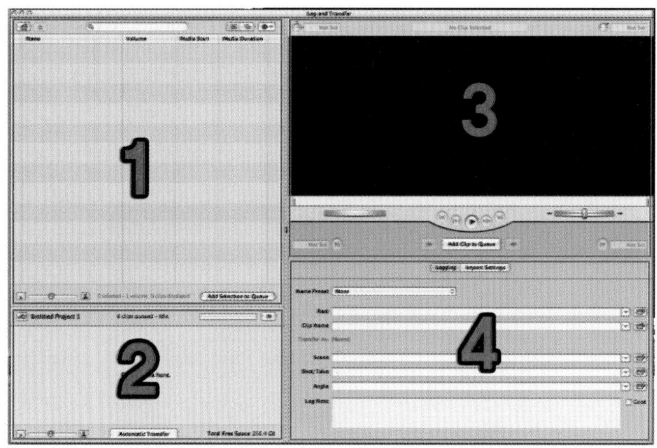

- 1번 창은 파일을 불러오고 불러온 파일들의 리스트를 보여준다.
- 2번 창은 캡처받는 파일의 진행 상태와 캡처 완료된 파일의 리스트를 보여준다.
- 3번 창은 캡처할 파일의 영상을 모니터할 수 있다.

- 4번 창은 캡처 파일의 저장 경로와 각종 정보를 메모하는 기능을 한다.

■ **캡처 파일 불러오기**

1번 창의 상단에 있는 Add Volume 버튼을 클릭한다.

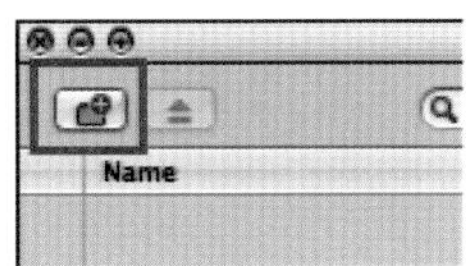

Add Volume 버튼을 클릭하면 파인더가 열린다. 파인더에서 촬영 소스의 최상위 폴더를 선택한다.

아래의 그림은 소니 EX-1 카메라로 촬영한 녹화 파일이다. 카메라의 종류에 따라서 최상위 폴더의 이름이 다르다. EX-1의 경우 최상위 폴더의 이름은 BPAV이며, 마찬가지로 다른 카메라의 녹화 파일도 각각의 최상위 폴더를 선택한다.

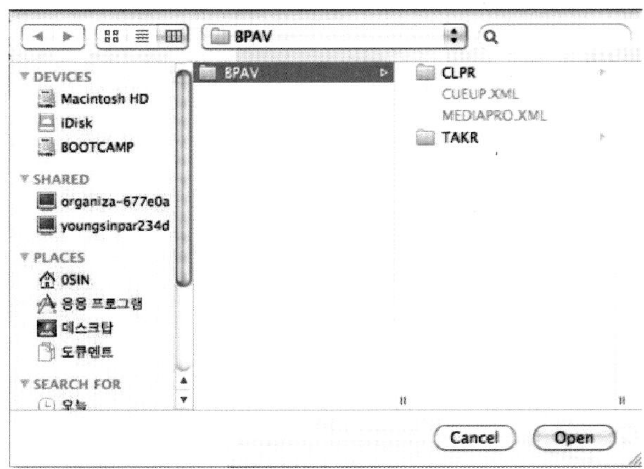

■ 캡처하기

폴더를 선택하면 위와 같이 화면이 뜬다.

1번 창에는 클립별로 녹화된 영상의 리스트가 나오고, 3번 창에는 선택한 클립의 영상을 프리뷰할 수 있다.

오른쪽 그림과 같이 캡처받기를 원하는 클립을 선택한 후, 2번 창으로 드래그하면 캡처가 진행된다.

여러 개의 클립을 캡처받으려면 키보드의 커맨드(Command) 버튼을 누른 후 다수의 클립을 클릭한 다음 드래그를 한다.

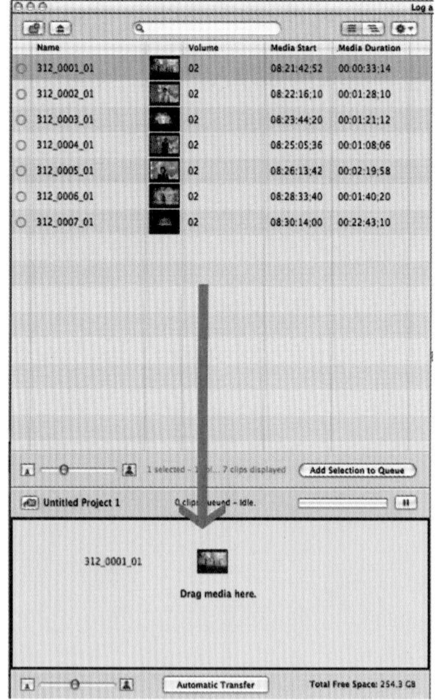

03 파이널 컷 프로 구성창

용어 설명

- 프로젝트 : 가장 큰 단위의 작업. 파컷에서 저장되는 하나의 파일이기도 하다.
- 클립 : 비디오나 오디오, 이미지 등 영상 소스들을 말한다.
- 빈 : 여러 개의 클립과 시퀀스를 분류하기 위한 폴더 개념으로 이해하면 되겠다.
- 시퀀스 : 타임라인 상에서 작업되는 하나의 단위. 프로젝트 안에는 여러 개의 시퀀스가 존재할 수 있다.

브라우저 창

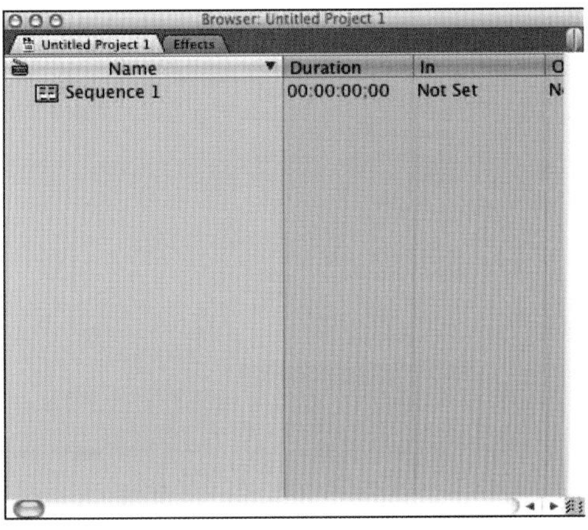

브라우저 창은 파일과 시퀀스, 빈(폴더) 등을 관리하는 프로젝트 탭과 비디오와 오디오에 효과를 주는 이펙트 탭으로 구성이 되어 있다.

두 개의 탭은 브라우저 창 상단에 있다.

■ 프로젝트 탭에 클립 가져오기

프로젝트 탭은 편집을 하기 위한 각각 영상 소스와 시퀀스, 빈 등을 관리하는 공간이다.

우선 편집을 하기 위해 영상 클립을 불러와야 하는데, 캡처를 받게 되면 자동으로 프로젝트 탭에 클립이 생성된다. 하지만 캡처 영상이 아닌 일반 영상 파일이나 이미지 파일을 가져오기 위해서는 파일 불러오기(Import)를 해야 한다.

• 메뉴를 통해 Import 하기

메뉴 File 〉 Import 〉 Files 또는 Folder

파일 또는 폴더를 클릭하게 되면 파인더 창이 나오며, 파인더에서 원하는 폴더나 파일을 클릭을 한다. 또한 다수의 파일을 불러올 때는 키보드의 〔Command〕를 누르고 여러 개를 고른 후 불러오면 된다.

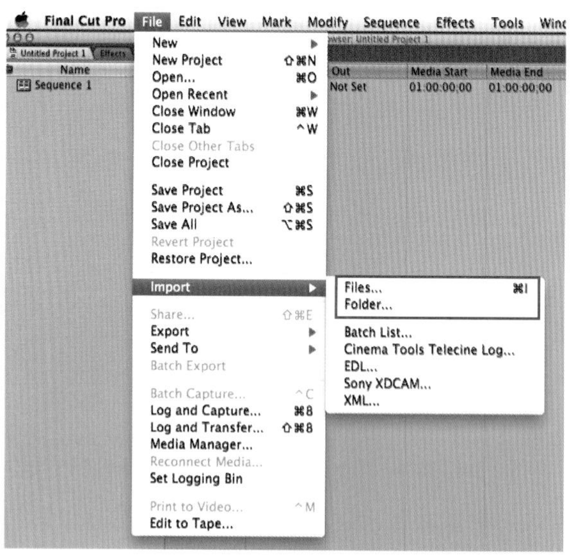

• 브라우저 창에서 Import 하기

브라우저의 프로젝트 탭 상태에서 마우스 우클릭을 하면 다음과 같이 메뉴가 나온다.

파일이나 폴더 선택 방법은 앞서 설명한 A와 동일하다.

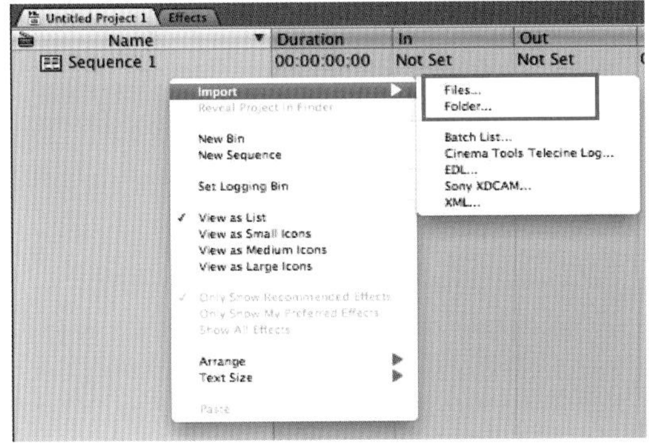

• 파인더에서 드래그하여 Import 하기

파인더에서 불러오기 원하는 파일 혹은 폴더를 선택한 후 프로젝트 탭 상태의 브라우저 창으로 드래그하면 된다.

키보드의 〔Command〕를 누르고 다수의 파일을 선택 후 임포트할 수 있다.

■ 이펙트 탭

이펙트 탭은 영상에 각종 효과(Filter)나 화면전환(Transition)을 주는 기능을 한다.

브라우저 창에서 이펙트 탭을 선택하게 되면 아래와 같은 메뉴들이 나온다.

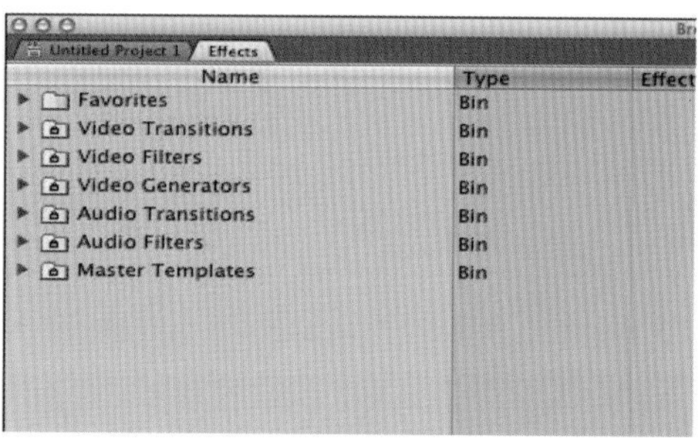

- Favorites : 자주 사용하는 이펙트를 찾기 쉽게 모아두는 곳
- Video Transitions : 비디오의 여러 가지 화면전환 효과 기능
- Video Filters : 비디오에 블러나 라이팅 등 각종 효과를 적용하는 기능
- Video Generators : 파컷에서 자체적으로 비디오 클립, 타이틀 등을 만들 수 있는 기능
- Audio Transitions : 오디오 전환 효과
- Audio Filters : 오디오 효과 적용
- Master Templates : 화면전환이나 타이틀 등을 손쉽게 만들 수 있는 프리셋 기능

뷰어 창

뷰어 창은 비디오 탭, 오디오 탭, 필터 탭, 모션 탭으로 구성되어 있다.

영상 소스 등을 불러와 프리뷰를 하거나 편집할 부분의 인/아웃 점을 설정해서 타임라인으로 가져가기, 필터의 수치 적용, 오디오 레벨 조정 등의 기능을 한다.

■ 비디오 탭

뷰어 창 상단의 첫번째 탭이다.

브라우저 창의 프로젝트 탭에 있는 클립을 더블 클릭하거나 드래그를 해서 클립의 비디오를 프리뷰할 수 있다. 또한 편집자가 원하는 부분을 In/Out 설정을 하여 타임라인 상에 올릴 수 있다.

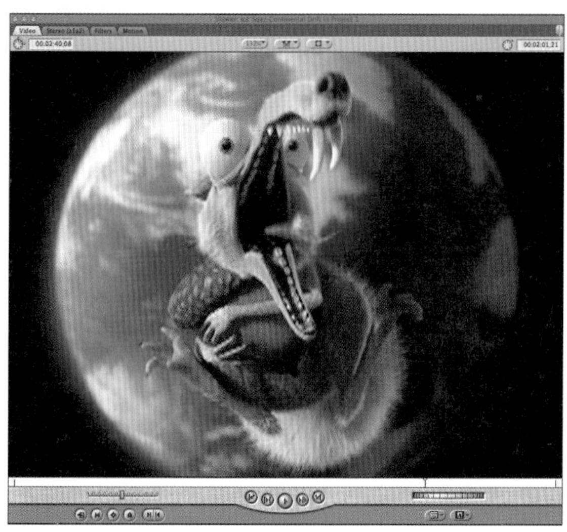

■ 오디오 탭

뷰어 창 상단의 두 번째 탭이다.

클립의 오디오를 프리뷰하는 기능을 담당한다.

오디오의 웨이브 폼을 확인할 수 있으며, 키 프레임을 적용하여 레벨 조정을 할 수 있다.

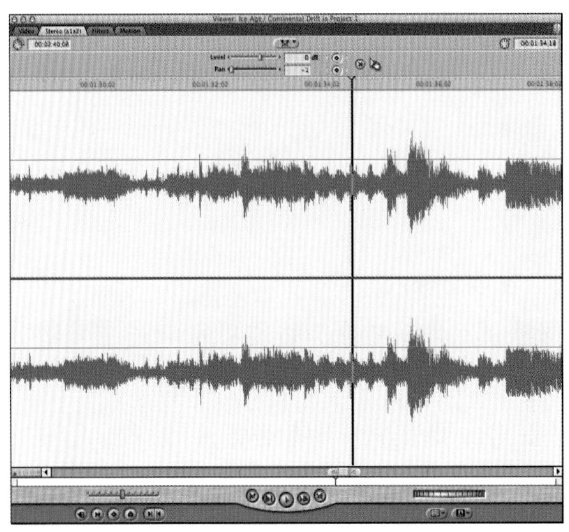

■ 필터 탭

뷰어 창 상단의 세 번째 탭이다.

이펙트 탭에서 적용한 각종 필터 등의 수치 값을 정해주고 키 프레임을 적용해서 수치 값의 변화를 줄 수 있다.

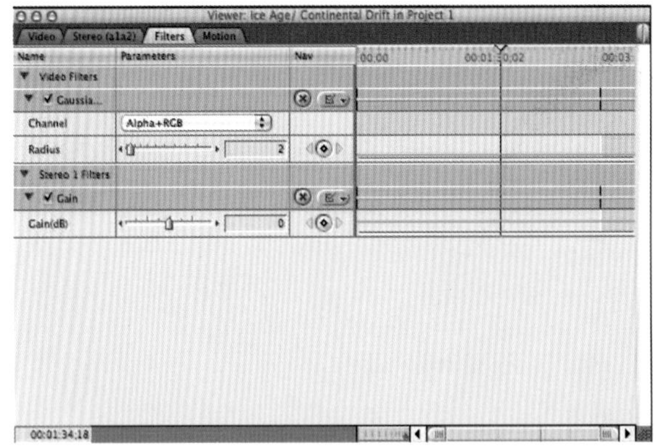

■ 모션 탭

뷰어 창 상단의 네 번째 탭이다.

클립의 크기, 위치, 자르기, 투명도, 재생 속도 등의 모션 효과를 적용할 수 있으며 각 수치에 키 프레임 작업이 가능하다.

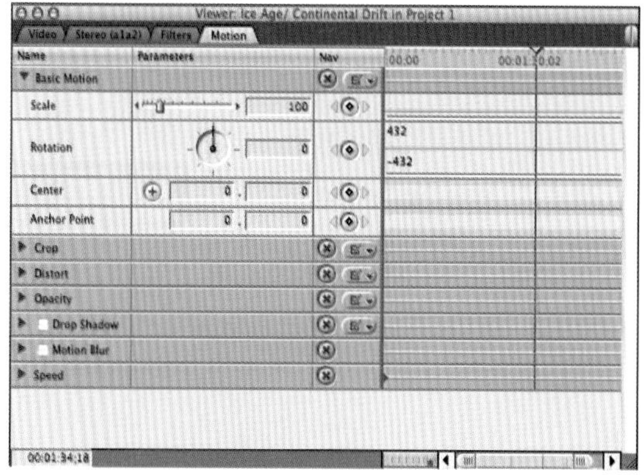

■ 뷰어 창 하단 버튼

• 재생헤드(Play Head)

재생헤드라고 하며, 현재 뷰어 창에 있는 영상의 재생 위치를 보여준다. 마우스로 클릭 후 드래그를 통해 이동할 수 있으며, 조그와 셔틀로도 이동할 수 있다.

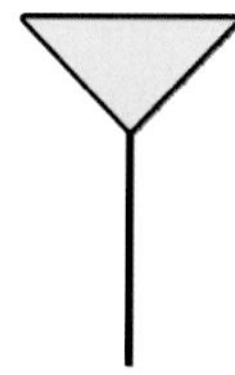

• 조그 컨트롤(Jog Control)

조그 컨트롤을 마우스로 클릭한 후 앞뒤로 드래그를 하면 재생헤드가 이동을 한다. 움직이는 정도가 적기 때문에 미세하게 위치를 이동할 때 사용한다.

• 셔틀 컨트롤(Shuttle Control)

조그와 만찬가지로 재생헤드를 이동시킨다. 가운데 버튼을 클릭 후 앞/뒤로 이동이 가능하며, 버튼이 중앙에서 멀어질수록 이동 속도가 빨라진다.

• 제어 버튼

- 버튼 1 : 이전 편집점(클립의 커팅된 부분)으로 이동한다.
- 버튼 2 : 인/아웃 구간만을 재생한다.
- 버튼 3 : 재생/멈춤
- 버튼 4 : 재생헤드가 위치한 곳에서 앞뒤로 일정부분을 재생한다.
- 버튼 5 : 다음 편집점으로 이동한다.

• 마킹 컨트롤(Marking Control)

- 버튼 1 : 매치 프레임(Match Frame)

  타임라인 상에서, 뷰어의 재생헤드가 위치한 지점과 동일하게 재생헤드를 위치시켜 준다.

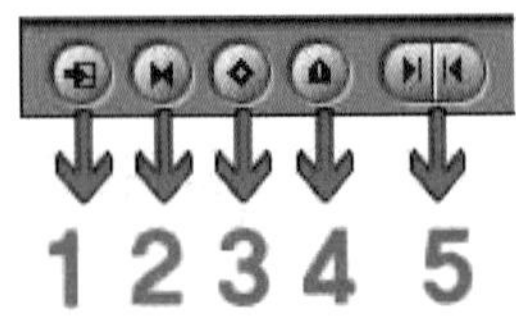

- 버튼 2 : 마크 클립(Mark Clip)

  뷰어창의 인/아웃 지점을 전체로 지정한다.
- 버튼 3 : 모션 키 프레임(Add Motion Keyframe)

  모션 탭에서 키 프레임을 생성해 준다.
- 버튼 4 : 마크 생성(Add Maker)

  뷰어 창에서 마크를 생성해 준다.
- 버튼 5 : 마크 인/아웃(Mark in/out)

  편집자가 영상에 일정 부분을 정해줄 때 인점/아웃점을 정하는데, 이때 인/아웃을 지정하는 버튼이다. 버튼의 왼쪽이 인, 오른쪽이 아웃이다.

캔버스 창

타임라인 상에 편집된 결과물을 보여주는 창이다.

하단의 버튼들은 뷰어 창과 동일하며, 상단의 TC 입력 창과 팝업 메뉴에 대해 설명하겠다.

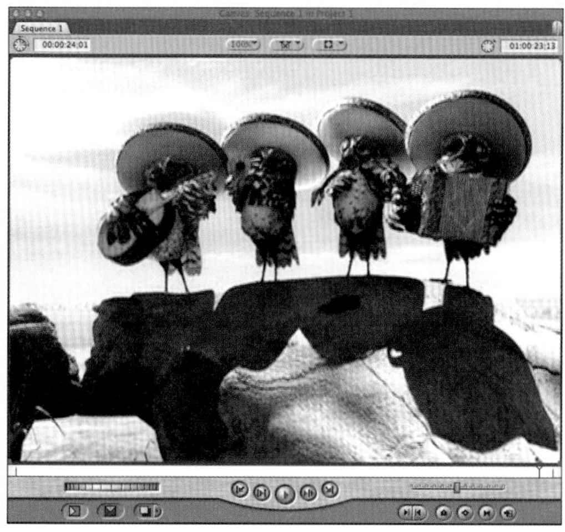

■ 두 개의 타임코드(Timecode) 입력 창

캔버스 창에는 두 개의 TC 입력 창이 있으며, 각각 다른 기능을 한다. TC 입력 창의 네모 박스를 더블 클릭하거나 각 TC 입력 창의 좌측에 있는 시계모양 아이콘을 클릭하면 TC를 기입할 수 있다.

TC는 〔00 : 00 : 00 : 00〕의 형식이며 〔시 : 분 : 초 : 프레임〕가 된다.

TC 입력 방법은 일일이 콜론(:)을 기입하지 않고 수치를 입력하면 된다. 〔3000〕을 입력하면 〔00:00:30:00〕으로 인식하는 것이다.

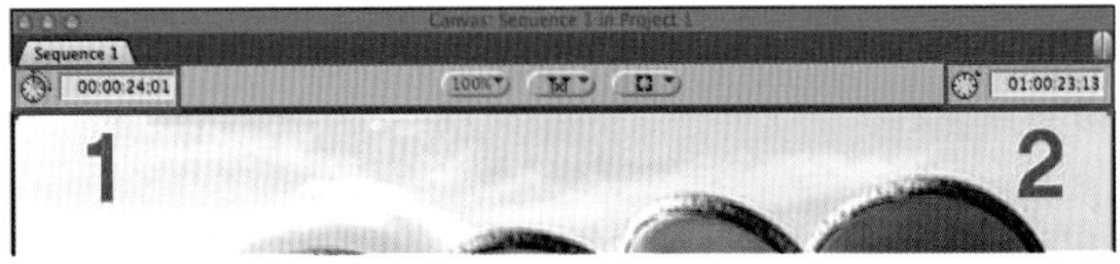

- 1번 TC 입력 창 : 길이를 설정한다. 만약 인/아웃이 지정되어 있다면 인아웃 구간의 길이를 인점을 기준으로 변경해 준다.
  인아웃이 지정되어 있지 않으면 클립의 처음 부분을 인점으로 인식하고, 클립의 길이를 입력한 TC만큼 길이를 정해준다.
- 2번 TC 입력 창 : 재생헤드를 입력한 TC로 이동한다.

■ 팝업 메뉴

• 줌 팝업 메뉴(Zoom pop-up menu)

화면의 확대, 축소를 조절한다.

각 수치는 배율이고, Fit to Window는 창 크기에 맞게 전체를 채워서 화면을 보여준다.

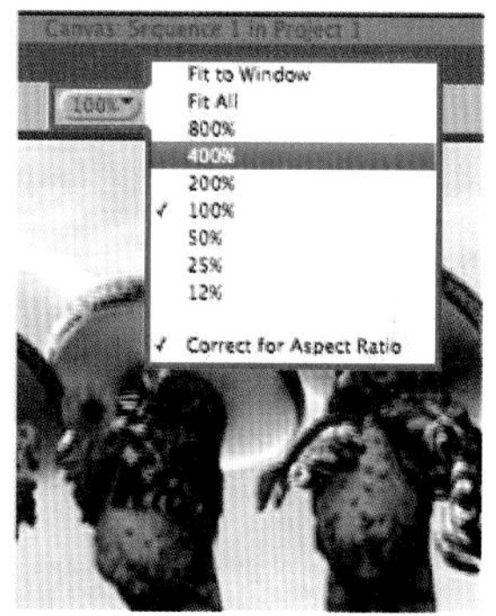

Fit All는 창 크기에 맞게 일정한 여백을 주고 화면을 보여준다.

• 재생헤드 싱크 팝업 메뉴(Playhead Sync pop-up menu)

뷰어 창과 캔버스 창의 재생헤드 위치를 동기/비동기화시키는 기능을 한다.

- Sync Off : 뷰어 창과 캔버스 창의 싱크를 맞추지 않고 독립적으로 움직인다.
- Open : 뷰어 창과 캔버스 창의 재생헤드 위치를 동기화시킨다. 동일한 클립에 동일한 화면으로 싱크 동기화한다.
- Gang : 동기화는 되지만 Open과 달리 동일 클립, 동일 화면이 아닌 재생헤드의 위치 이동만을 동기화시키는 차이가 있다.

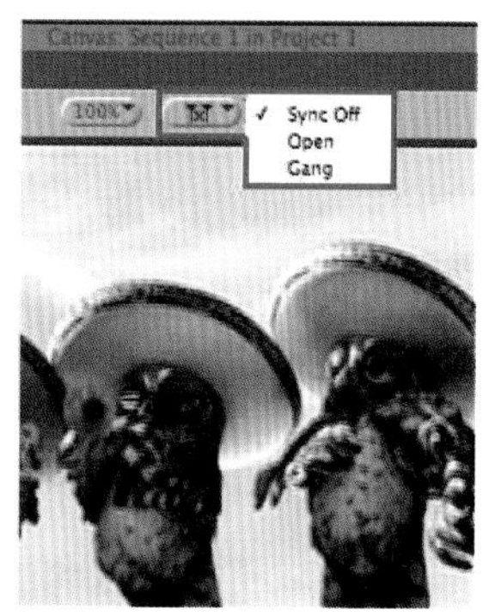

• 뷰 팝업 메뉴(View pop-up menu)

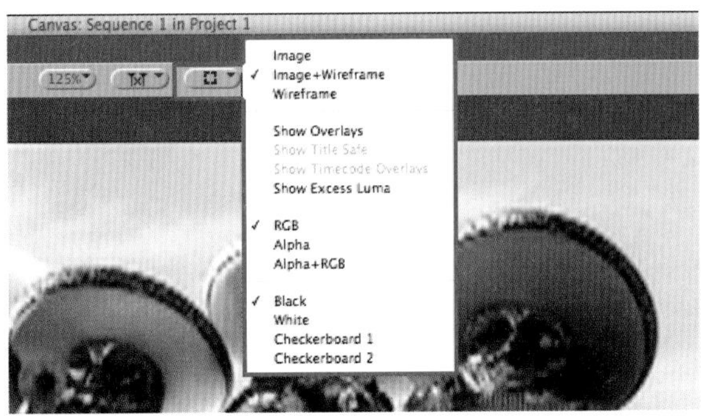

캔버스 창의 모니터에 보이는 화면의 구성들을 여러 형식으로 지정해 줄 수 있다.

- Image : 캔버스 창에 화면만을 보여준다.
- Image+Wireframe : 화면과 와이어를 함께 보여준다. 와이어가 활성화되면 클립을 이동시키고 크기를 줄이는 작업이 가능하다.
- Wireframe : 와이어만 보여준다. 클립의 이동, 크기 조절 등 가능하다.
- Show Overlays : 자막의 세이프존과 타임코드, 노출 정보를 보여준다.
- Show Excess Luma : 클립의 노출 정보를 적정/조금 과다/ 과다노출로 보여준다.
- RGB : 적 · 녹 · 청 RGB채널로 보여준다.
- Alpha : 알파 채널만 보여준다.
- Alpha+RGG : RGB와 Alpha채널로 모두 보여준다.
- Black : 배경 색을 검정으로 한다.
- White : 배경 색을 흰색으로 한다.

■ 편집 버튼

뷰어 창의 영상을 타임라인으로 올리는 기능을 하는 버튼들로, 각각 조금씩의 다른 기능들을 한다.

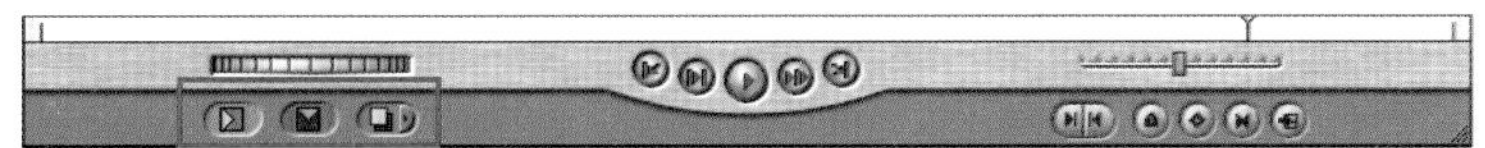

● 인서트 버튼(노란색)

인서트 버튼을 누르면 뷰어 창의 인아웃 구간이 타임라인 상에 재생헤드가 위치한 부분을 시작점으로 올라간다. 이때 타임라인의 재생헤드가 위치한 부분에 다른 클립이 있다면 그 부분을 뒤로 밀면서 들어가게 된다.

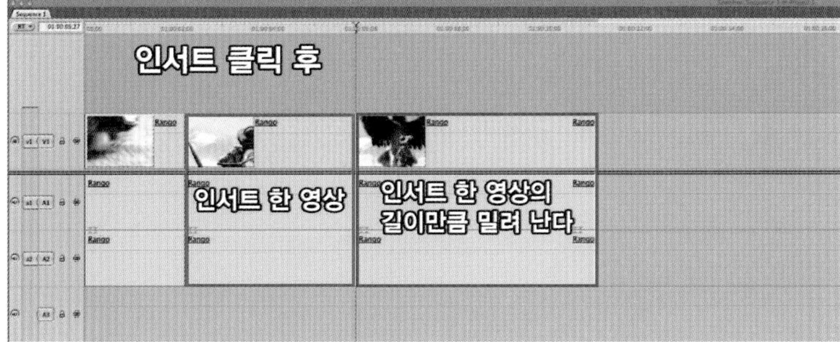

• 오버라이트 버튼(빨간색)

뷰어 창의 인아웃 구간이 타임라인 상에 재생헤드가 위치한 부분을 시작점으로 올라간다. 단, 인서트와 달리 기존 타임라인에 있는 클립을 덮어씌우며 올라간다.

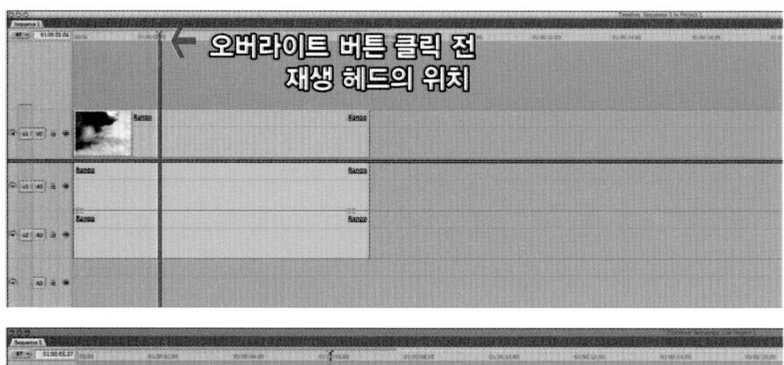

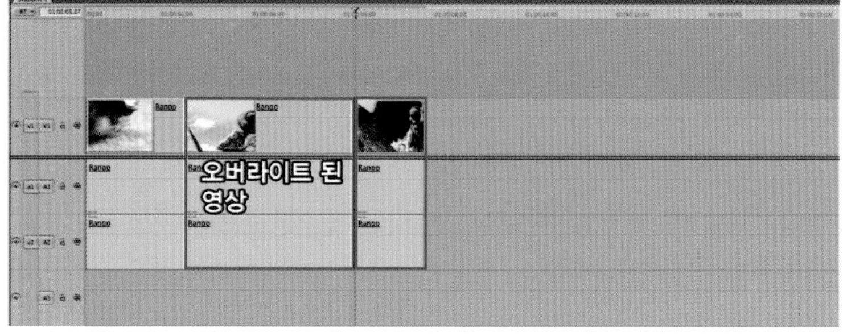

• 리플레이스 버튼(파란색)

리플레이스 편집 버튼을 누르면 뷰어에서 지정한 인아웃 구간이 타임라인의 인점을 기준으로 교체가 된다.

타임라인(Timeline)

타임라인은 비디오와 오디오 클립 또는 시퀀스를 불러와 합성과 편집 작업을 하고 자막을 입히는 등의 작업과정이 이루어지는 공간이다.

■ 타임라인의 편집 컨트롤

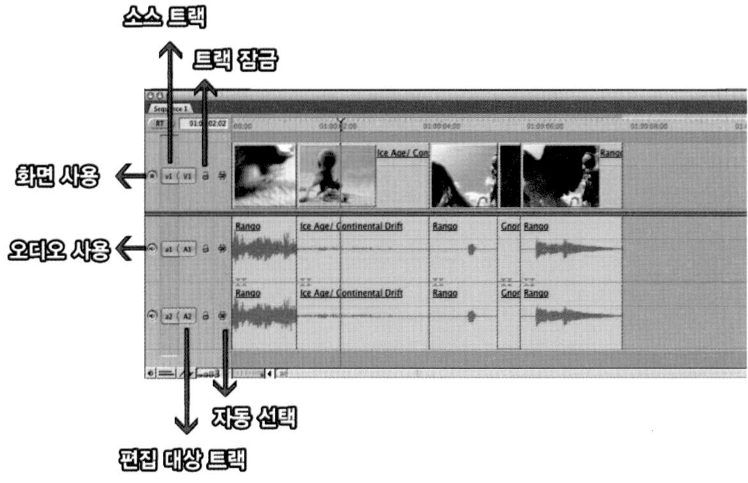

• 화면 사용(Visible)

활성화 상태에서 캔버스 창에 비디오가 보이며, 비활성화 시 보이지 않는다.

• 오디오 사용(Audible)

활성화/비활성화에 따라 오디오 재생 유/무

• 소스 트랙(Source)

뷰어 창에 있는 비디오/오디오를 나타낸다. 뷰어 창에 올라온 비디오/오디오 트랙의 개수에 맞춰 타임라인에 보여진다. 클릭하여 편집 대상 트랙과의 연결/해제를 지정할 수 있다. 연결 유무에 따라 뷰어 창에서 인서트/오버라이트 시 타임라인 상에 올라가는 트랙이 결정된다.

• 편집 대상 트랙(Destination)

타임라인 상에 작업하고 있는 시퀀스의 트랙을 나타낸다. 99개까지 트랙을 생성할 수 있다.

• 트랙 잠금

클릭하여 잠금/비잠금 설정. 트랙을 잠그면 편집이 불가능하다.

• 자동선택

원하는 트랙만을 켜 놓고 동시에 편집할 수 있다.

■ 키프레임(Keyframe)과 트랙 컨트롤(Track Control)

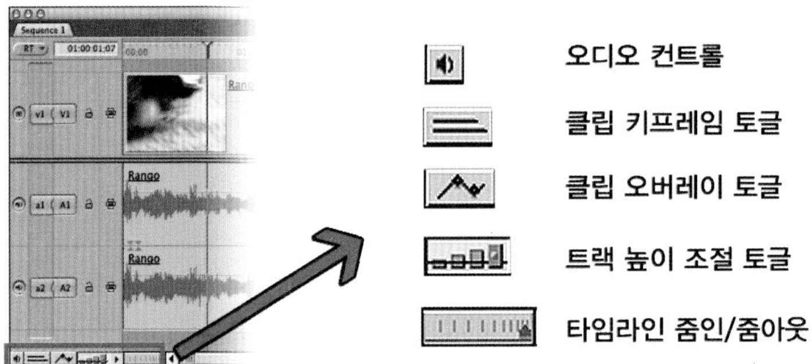

• 오디오 컨트롤(Audio Controls)

타임라인 상에 음소거/솔로 버튼을 생성한다.

음소거 버튼은 활성화시킨 트랙의 오디오를 음소거시키며, 솔로 버튼은 여러 개의 오디오 트랙이 있는 경우 활성화된 트랙의 오디오만을 들려준다.

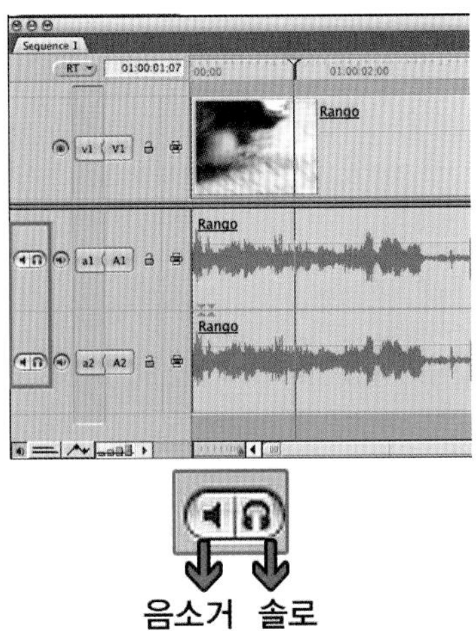

• 클립 키프레임 토글(Toggle Clip Keyframe)

클립 키프레임 토글 버튼을 클릭하면 각 트랙 밑에 연속된 네모 칸 모양의 트랙이 추가되는데, 마우스로 드래그를 하여 네모 칸의 간격(혹은 크기)을 조절할 수 있다. 네모 칸의 간격을 조정하여 영상 재생 속도를 빠르게 혹은 느리게 할 수 있다.

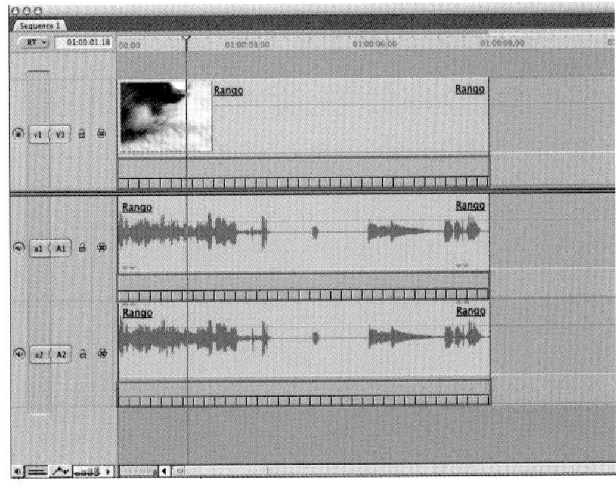

• 클립 오버레이 토글(Toggle Clip Overlays)

이 버튼을 클릭하면 트랙에 겹쳐서 검정과 빨강의 선이 생긴다. 비디오 트랙에 생긴 검정선은 불투명도를 나타내며, 오디오 트랙에 생긴 빨강선은 오디오 레벨을 나타낸다.

마우스 드래그를 해서 전체적인 값을 조정할 수 있으며, 툴팔레트의 펜툴을 이용해서 키프레임을 만들어 작업할 수도 있다.

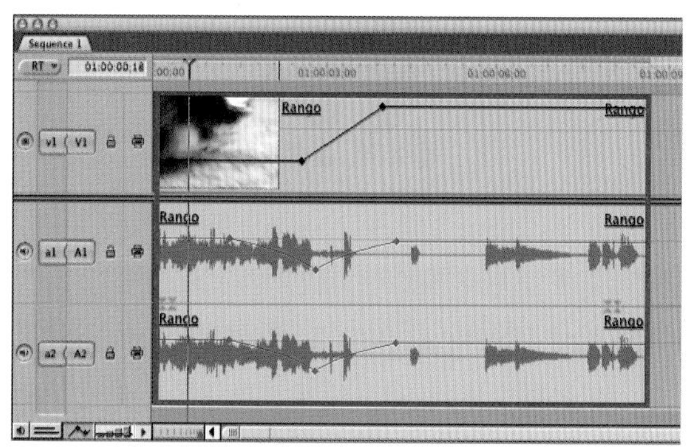

• 트랙 높이 조절 토글(Toggle Timeline Track Height)

타임라인의 높이를 네 단계로 조정한다. 타임라인의 트랙에서 키프레임 작업을 진행할 때 트랙의 높이를 높이면 보다 편하게 작업할 수 있으며, 작업이 쌓여 트랙이 많아질 때는 높이를 낮춰 관리를 할 수 있다.

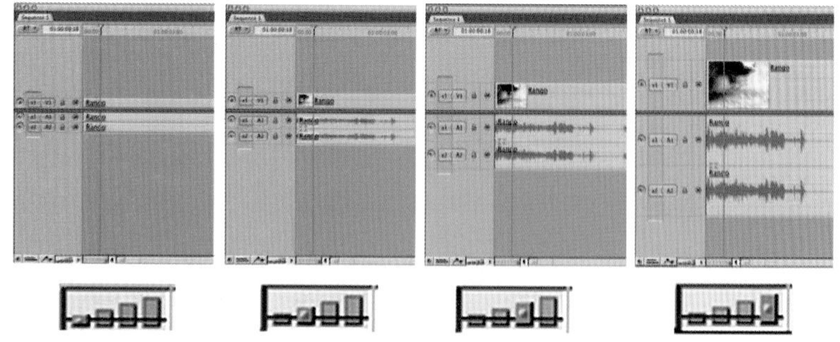

• 타임라인 줌인/줌아웃(Timeline Zoom In/Out)

트랙의 길이를 줌인/줌아웃으로 조정한다. 트랙을 전체적으로 보고 싶을 때와 트랙을 확대해서 좀더 세밀한 작업을 진행할 때 등 작업환경에 맞게 트랙을 확대/축소한다.

- 타임라인의 줌인/줌아웃은 단축키 〔Command〕+〔+〕, 〔Command〕+〔-〕이다.
- 단축키 〔Shift〕+〔Z〕를 누르면 타임라인 창의 크기에 맞게 트랙의 전체 크기를 보여준다.

• 타임라인 레이아웃 팝업 메뉴

- Show Video Filmstrips : 비디오 트랙을 연속된 프레임의 섬네일 이미지로 보여준다.
- Show Audio Waveforms : 오디오 트랙의 웨이브폼을 보여준다.
- Show Audio Clip Names : 오디오 클립의 이름을 표시해 준다.
- Show Video Clip Names : 비디오 클립의 이름을 표시해 준다.

■ RT(Real Time) 버튼

타임라인 상단 왼쪽에 위치해 있다. 클릭하면 여러 개의 메뉴가 나온다.

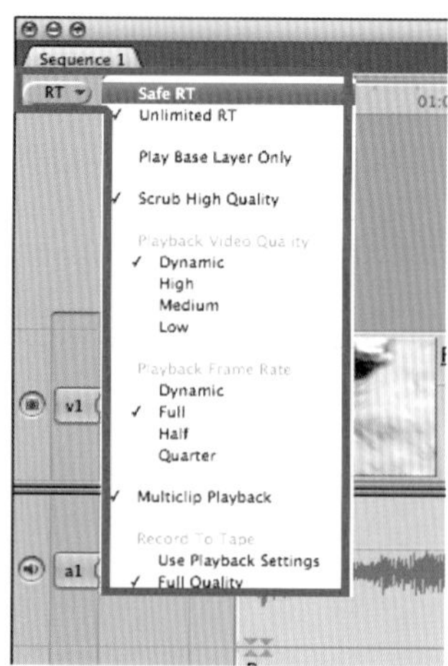

- Safe RT : 프레임의 끊김이나 건너뜀 없이 모든 프레임을 재생하게 한다. 최종 출력 시 꼭 설정을 해주어야 하는 항목.
- Unlimiter RT : Drop Frame이 생기더라도 계속 재생을 해준다. 또한 랜더링 없이 재생이 안 되는 부분을 저화질로 재생 가능하게 해준다.
- Play Base Layer Only : 재생 시 랜더가 필요한 구간을 Unrendered라고 표시하고 재생한다.
- Scrub High Quality : 재생헤드가 멈춰 있을 때의 정지 화면의 화질을 좋게 보여준다.
- Playback Frame Rate : 플레이되는 영상의 퀄리티를 정해준다.
- Multiclip Playback : 멀티 클립 재생 시 모든 앵글을 플레이해준다. 체크 해제하면 선택된 앵글만 플레이된다.
- Record to Tape : 테이프로 최종 출력 시 화질을 결정한다. 최종 출력은 최상의 퀄리티로 뽑아야 하기 때문에 항상 Full Quality로 설정한다.

■ 즐겨찾기 버튼 모음툴

타임라인 우측 상단에 즐겨찾기 버튼을 등록할 수 있다. 편집자가 따로 설정하지 않은 상태에서는 기본적으로 두 개의 버튼이 있다. 각각의 버튼을 클릭해서 활성화시키면 녹색으로 표시된다.

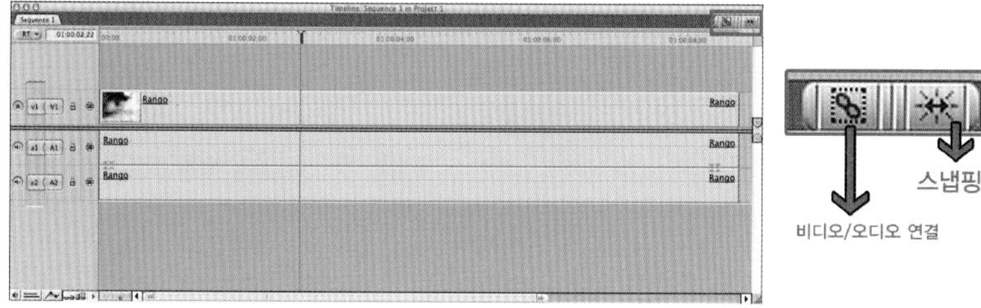

● 비디오/오디오 연결 옵션

비디오나 오디오 둘 중 하나만 클릭해도 비디오와 오디오의 클립이 동시에 선택되고 동시에 편집된다.

● 스냅핑

클립을 이동할 때나 재생헤드 이동시킬 때 가까운 편집점에 자동으로 붙는 기능을 한다.

● 즐겨찾기 등록하기

메뉴 〉 Tools 〉 Button List

또는 즐겨찾기 버튼에서 마우스 우클릭을 한 후 Button List를 선택한다. Button List에서 즐겨찾기에 추가하고 싶은 기능을 골라서 타임라인의 즐겨찾기 버튼으로 드래그한다.

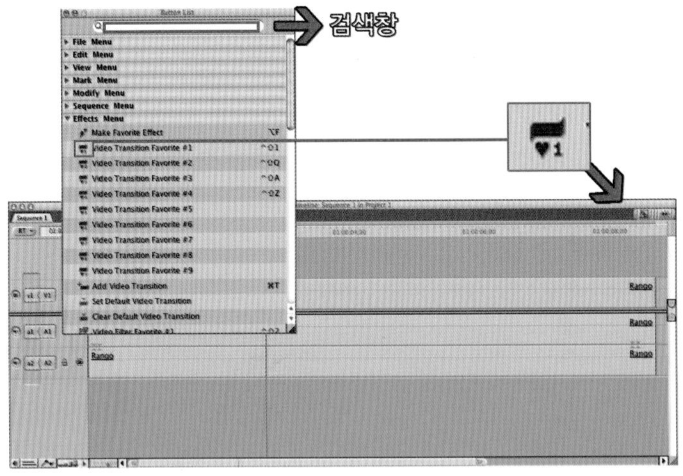

• 즐겨찾기 버튼 지우기

지우고자 하는 즐겨찾기 버튼에 마우스를 위치하고 우클릭하면 팝업 메뉴가 나온다. 메뉴에서 Remove 〉 Button을 클릭하면 마우스가 위치한 버튼이 삭제가 된다. All/Restore Default를 선택하면 등록된 모든 버튼이 지워지고, 기본값으로 지정된 버튼들로 다시 구성된다.

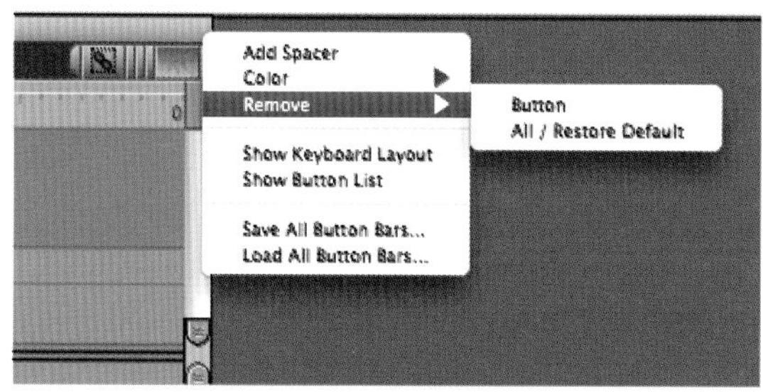

■ 툴팔레트(Tool Palette)

선택툴을 제외한 나머지 툴들은 모두 팝업 버튼을 가지고 있다.

마우스를 클릭한 채로 1, 2초 가량 있으면 오른쪽으로 숨겨진 버튼들이 나타난다.

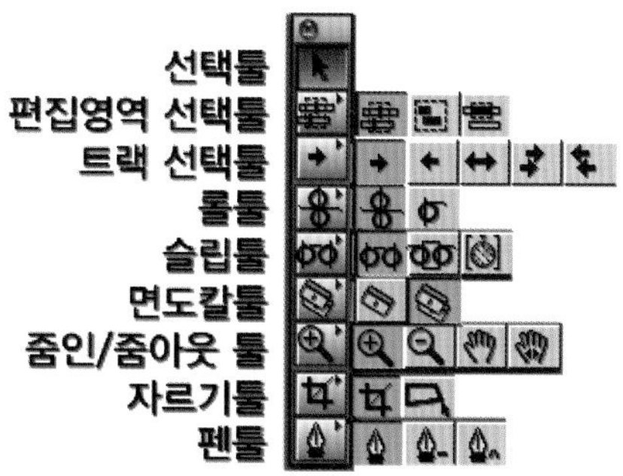

• 선택툴(Selection Tool)

클립이나 트랙 등을 선택하거나 선택 후 이동을 하는 등의 전반적인 기능을 한다.

• 편집영역 선택툴(Edit Selection Tool)

: 마우스 드래그로 클립의 한 개 혹은 다수의 경계면을 보다 쉽게 선택한다.

: (그룹선택툴) 마우스 드래그나 클릭으로 타임라인 상에 있는 클립 별로 선택한다.

: (구간선택툴) 클립 위를 마우스로 드래그한 부분이 선택된다.

• 트랙 선택툴(Select Track Tool)

트랙을 선택하는 기능을 한다.

: 마우스를 클릭한 부분의 트랙 오른쪽의 클립들을 모두 선택한다.

: 마우스를 클릭한 부분의 트랙 왼쪽의 클립들을 모두 선택한다.

: 마우스를 클릭한 트랙 전체를 선택한다.

: 마우스 클릭한 부분의 위아래 모든 트랙의 오른쪽의 클립들을 모두 선택한다.

: 마우스 클릭한 부분의 위아래 모든 트랙의 왼쪽의 클립들을 모두 선택한다.

• 롤툴(Roll Tool)

클립의 경계면을 이동시켜 클립의 길이를 조절하는 기능을 한다.

: (롤툴) 클립의 경계면을 기준으로 양 옆의 클립 모두의 길이를

조절한다.

: (리플툴) 클립의 경계면을 기준으로 한 쪽의 클립의 길이만 조절한다.

• 슬립툴(Slip Tool)

: (슬립툴) 클립의 위치는 변화가 없고 클립의 내용이 마우스 드래그에 따라 변경된다.

: (슬라이드툴) 마우스 드래그로 클립의 위치를 변경한다.

• 면도칼툴(Razor Blade)

클립을 자르는 기능을 한다.

: 마우스로 클릭한 부분의 클립만을 자른다.

: 마우스로 클릭한 부분의 상하에 있는 모든 트랙을 자른다.

• 줌인/줌아웃 툴(Zoom In/Zoom Out)

: (줌인툴) 타임라인, 뷰어 창, 캔버스 창을 확대한다.

: (줌아웃툴) 타임라인, 뷰어 창, 캔버스 창을 축소한다.

: (핸드툴) 뷰어나 캔버스 창에서 화면이 확대되어 창에서 화면이 넘어갈 때 화면을 이동시키는 기능을 한다.

: (스크럽툴) 브라우저 창이나 타임라인 상에서 썸네일 모드일 때 썸네일 화면을 바꾸는 기능을 한다. 마우스 드래그로 원하는 화면으로 바꿀 수 있다.

• 자르기/변형 툴

자르기/변형 툴을 사용하기 위해서는 뷰어나 캔버스 창의 보기 모드가 와이어프레임이 선택되어 있어야 한다

: (자르기툴) 뷰어나 캔버스 창에서 마우스 드래그로 화면을 자른다

: (변형툴) 뷰어나 캔버스 창에서 마우스 드래그로 화면의 모양에 변형시킨다.

• 펜툴

모션탭이나 타임라인에서 키프레임을 생성, 추가, 이동하는 기능을 한다.

04 편집하기 - 클립 배치하기

타임라인에 클립 올리기

클립을 자르고 붙이고 합성하는 편집작업은 타임라인을 중심으로 진행되기 때문에 편집 작업에 있어 가장 먼저 해야 하는 일이 바로 타임라인에 클립을 배치하는 것이다.

클립을 타임라인에 올리는 여러 가지 방법이 있는데, 편집자의 편의와 작업의 능률을 고려하여 각각의 방법을 병행하면 된다.

▪ 브라우저 창 프로젝트 탭에서 타임라인으로 클립 올리기

프로젝트 탭에서 소스가 되는 클립들을 불러오기(임포트)하면 클립 리스트가 보이는데, 네 가지의 보기 모드를 소개하겠다.

프로젝트탭 빈 공간에서 마우스 우클릭을 하면 다음과 같은 메뉴가 나오는데, 메뉴 중간 부분에 View 메뉴가 있다.

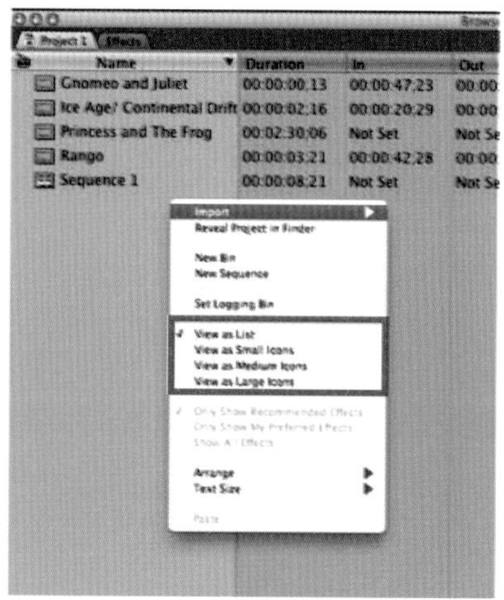

- View as List : 우측의 그림과 같이 리스트로만 보는 모드이다.
- View as Small Icons : 작은 썸네일 보기 모드
- View as Medium Icons : 중간 썸네일 보기 모드
- View as Large Icons : 큰 썸네일 보기 모드

〈썸네일 보기 모드〉 : 썸네일 크기에 따라 구분

프로젝트탭에서 원하는 클립을 선택 후 타임라인으로 드래그한다.

〔Command〕 키를 누르고 다수의 클립을 선택 후, 드래그할 수도 있다. 이때 타임라인 상에 클립의 배치순서는 프로젝트 탭에 나열된 순서에 의해 결정된다.

프로젝트탭의 나열순으로 위에서 아래, 좌에서 우가 우선순이 된다.

아래 그림은 네 개의 클립을 모두 선택한 후에 타임라인으로 드래그했을 때의 순서를 나타낸다.

프로젝트탭의 배열 위치에 따른 타임라인의 클립정열 순서

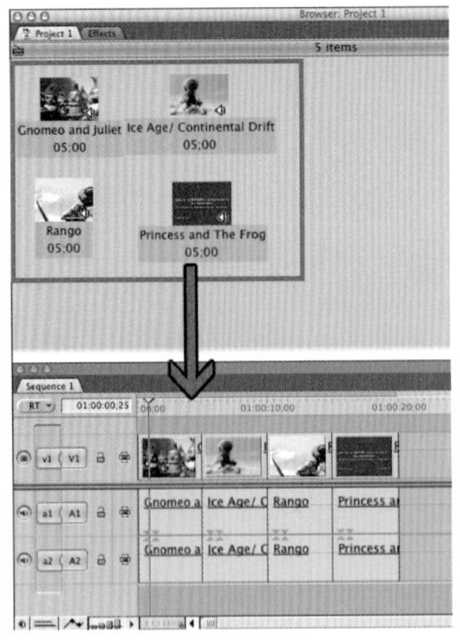

■ 뷰어 창에서 인/아웃 구간 지정하기

프로젝트 탭에서 타임라인으로 클립을 올릴 때는 클립의 전체 구간이 올라가게 된다. 반면 뷰어 창을 이용하면 클립 전체 구간이 아닌 일부 구간, 즉 편집자가 원하는 구간만을 지정해서 올릴 수 있다.

- 프로젝트 탭의 클립을 더블 클릭하거나, 마우스 드래그로 뷰어 창으로 클립을 불러온다.

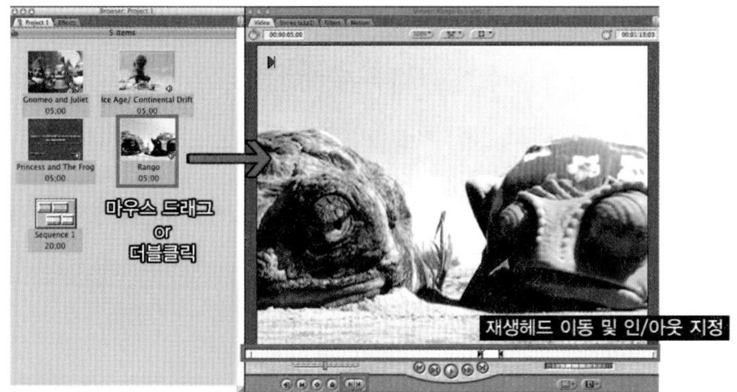

- 뷰어창 하단에 재생헤드가 있는데, 재생헤드를 이동시켜 편집자가 원하는 구간을 인/아웃 버튼을 이용해서 지정을 해준다. 인점이 시작부분, 아웃점이 끝부분이 되겠다.

  인/아웃점의 키보드 단축키 〔I〕 / 〔O〕이다.

- 뷰어 창 상단 좌측의 TC 입력창에 TC를 입력해 원하는 길이(듀레이션)의 인/아웃 구간을 만들 수 있다.

  인점만 지정하고 TC 입력창에 듀레이션을 입력하면 인점을 기준으로 입력한 듀레이션만큼의 아웃점이 생성되며, 아웃점만 지정시는 반대로 듀레이션만큼 인점이 찍힌다.

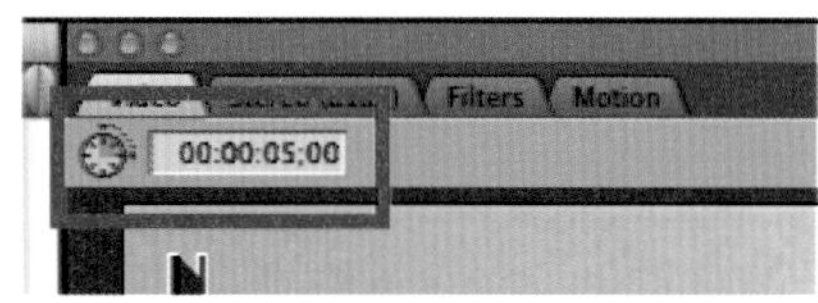

■ **뷰어창에서 타임라인으로 클립 올리기**

뷰어창에서 원하는 구간을 지정한 후 타임라인으로 클립을 배치한다.

• **뷰어창에서 타임라인으로 드래그하기**

타임라인상에 원하는 위치로 마우스 드래그하여 클립을 배치한다.

타임라인으로 드래그할 때 타임라인을 보면 각각의 트랙 안에 가는 경계선이 보인다.

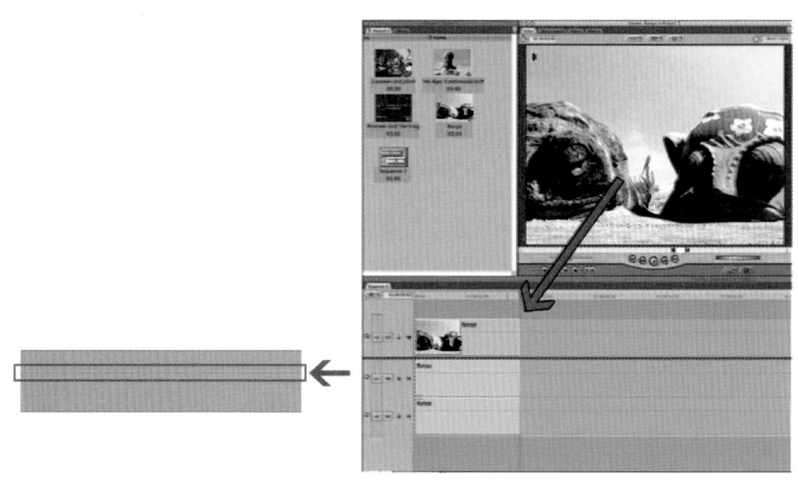

클립 드래그 시 이 경계면을 기준으로 인서트와 오버라이트의 선택을 할 수 있다. 경계면의 선택에 따라 마우스 커서의 모양도 변한다.

- 드래그할 때 마우스의 위치를 트랙의 경계면 위로 위치하면 인서트

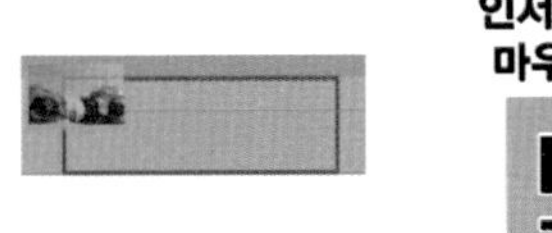

- 드래그할 때 마우스의 위치를 트랙의 경계면 아래로 위치하면 오버라이트

인서트(Insert)와 오버라이트(Overwrite)

■ 인서트

인서트는 끼워놓기로 이해한다. 인서트한 클립이 타임라인으로 배치되면서, 뒷부분의 클립은 인서트한 클립만큼 밀려나게 된다. 인서트한 클립의 길이만큼 RT(재생시간)는 늘어나게 된다.

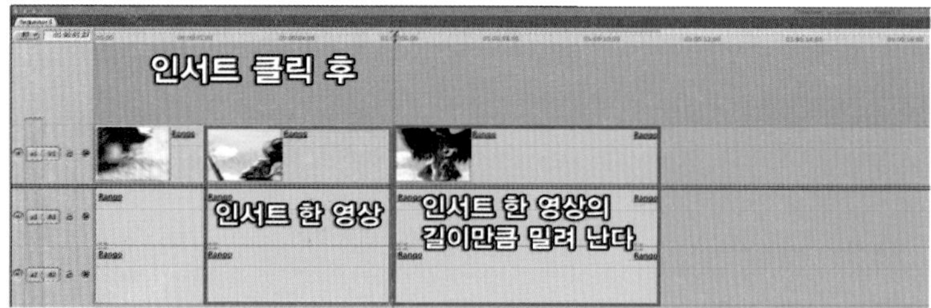

■ 오버라이트

오버라이트는 덮어쓰기로 이해한다. 오버라이트하는 위치에 다른 클립이 이미 올라간 상태라면 그 클립을 지우면서(덮어쓰면서) 타임라인에 배치된다. 때문에 오버라이트하기 전과 후의 RT(재생시간)는 변화가 없다.

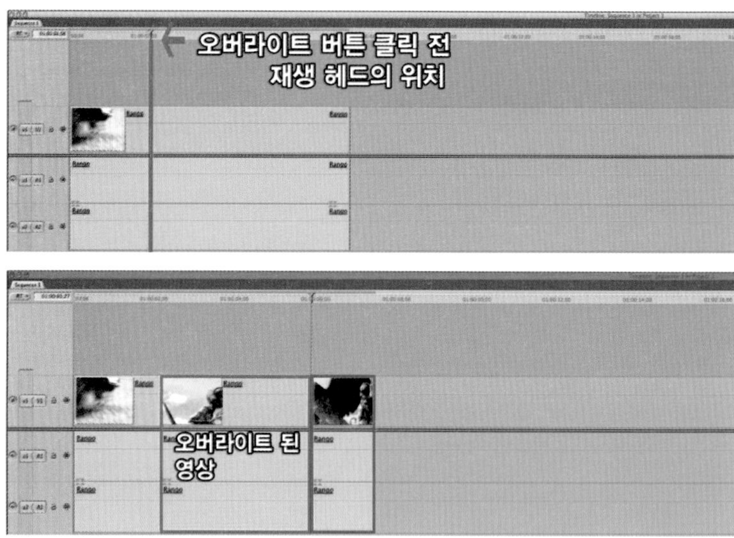

05 편집하기 2 - 화면전환 효과와 PIP 만들기

화면전환(Transition)

컷과 컷 사이에 전환이 자연스럽지 않거나 시각적으로 컷 전환의 효과를 주고자 할 때 화면전환 효과를 사용하게 된다.

화면전환은 타임라인 상의 클립의 경계면에 적용한다.

■ 메뉴바의 Effect 메뉴를 이용하여 화면전환 적용하기

- 먼저 화면전환을 하고자 하는 클립과 클립 사이의 경계면을 선택한다.

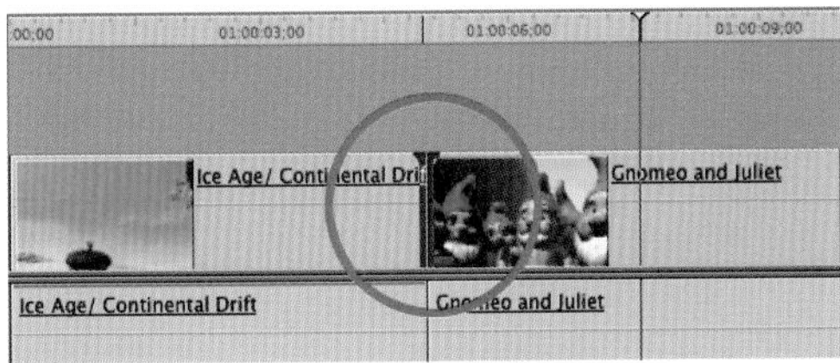

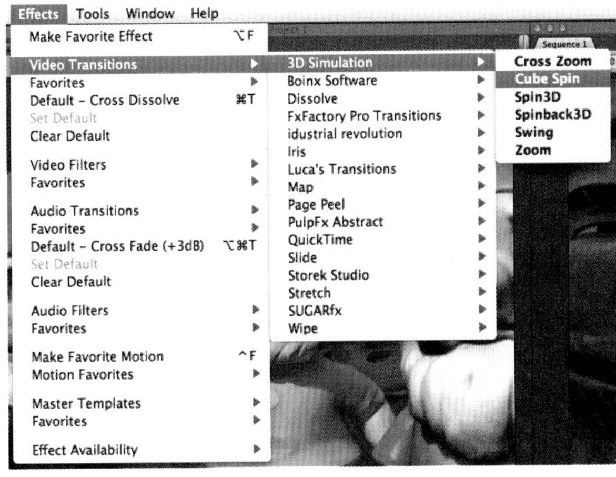

- 메뉴 〉 Effects 〉 Video Transitions
- 메뉴의 Effects 〉 Video Transitions에 가면 여러 가지 화면전환 효과들이 있다. 그 중에서 원하는 항목을 클릭하면, 화면전환 효과가 적용된다.

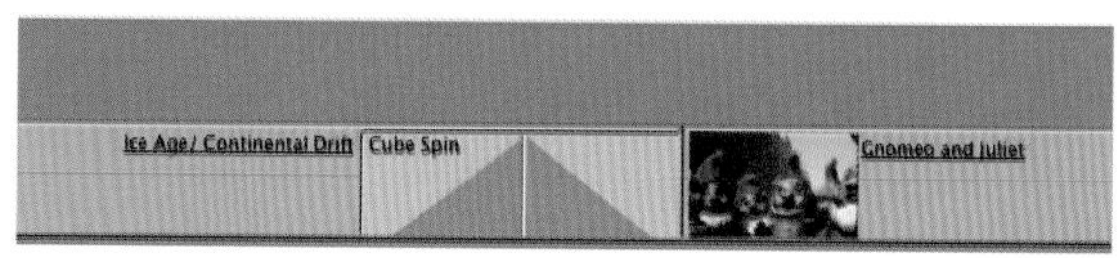

- 효과가 적용된 후의 모습이다.
  경계면 사이에 사각형의 아이콘이 생겼고, 아이콘 상단 좌측에 적용한 화면전환 효과의 이름이 표시되어 있다.
- [Command]+마우스 클릭으로 다수의 경계면을 선택해 한 번에 화면전환 효과를 적용할 수도 있다.

■ 이펙트 탭을 이용하여 화면전환 적용하기

브라우저 창의 이펙트 탭을 열면 적용할 수 있는 화면전환 즉, Transition 항목이 나온다.

영상의 화면전환 항목은 Video Transitions인데, 좌측의 삼각형을 클릭하면 하위 항목들이 나오게 된다.

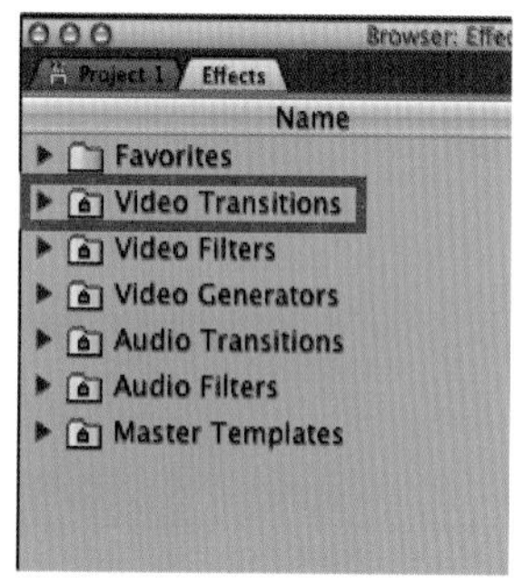

- 원하는 화면전환 효과를 선택한 후 클립의 경계면으로 드래그하면 바로 화면전환 효과가 적용된다.

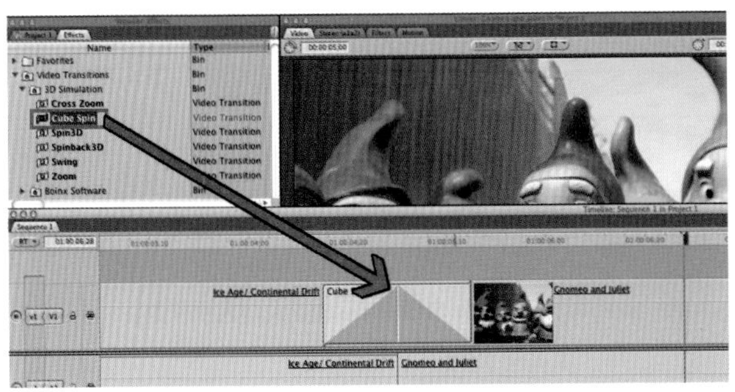

- 화면전환 효과의 종류에 따라 실시간으로 재생이 안 되거나 열화된 화질로 재생이 되는 경우가 있다. 이때 렌더링 과정을 진행해야 하는데, 렌더링에 대해서는 뒤에서 다시 다루겠다.

■ **캔버스 창을 이용해 화면전환 효과 적용하기**

- 앞에서 캔버스 창을 이용하여 인서트와 오버라이트하는 방법을 배웠다. 같은 방법으로 인서트 혹은 오버라이트하면서 동시에 화면전환 효과를 적용할 수 있다.
- 뷰어 창에서 캔버스 창으로 드래그하면 팝업메뉴가 뜬다.
  노란색의 인서트와 빨간색의 오버라이트의 팝업메뉴 중 우측에 보면 With Transitions이라는 메뉴가 있다. 이 메뉴를 선택하게 되면 타임라인에 배치됨과 동시에 인점에 화면전환 효과가 적용된다.

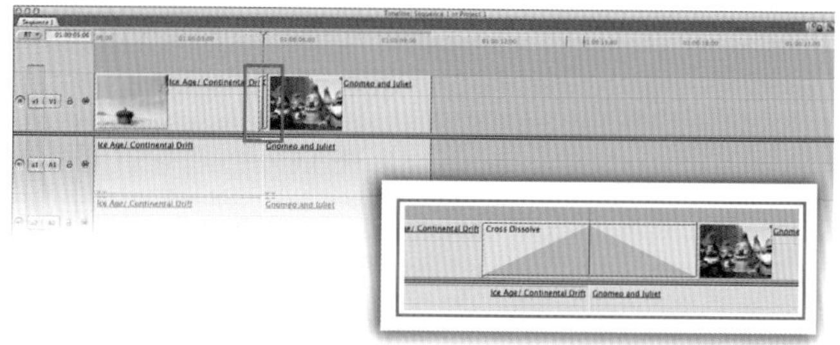

- 클립의 타임라인 배치와 동시에 적용되는 화면전환 효과는 기본 화면전화으로 등록되어 있는 화면전환 효과가 들어가게 된다.
- 편집자가 기본 화면전환을 등록하지 않았다면 기본값으로 Cross Dissolve로 되어 있다.

■ 기본 화면전환 등록하기(Set Default Transition)

- 이펙트 탭에서 등록하고 싶은 화면전환 효과를 선택한 후 마우스 우클릭을 한다.

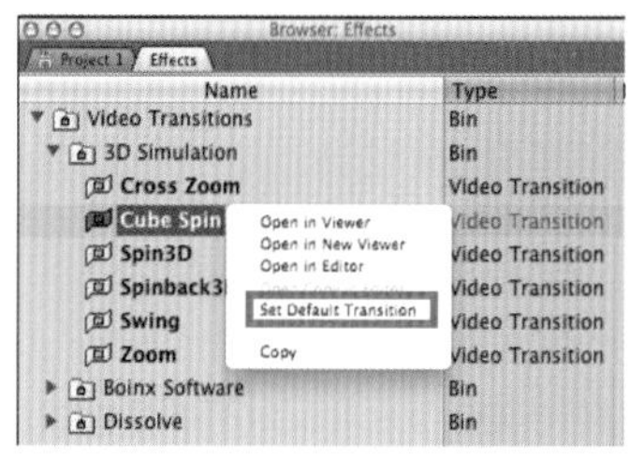

- 우클릭해서 나오는 팝업메뉴 중 Set Default Transition을 선택하면 등록 완료된다.
- 기본 화면전환 효과로 등록된 화면전환 효과의 이름 밑에는 밑줄이 그어지게 된다.
- 등록은 단 한 개만 할 수 있으며, 단축키는 〔Command〕+〔T〕이다.
- 클립의 경계면을 선택 후 단축키는 〔Command〕+〔T〕를 누르면 기본 화면전환 효과로 등록된 효과가 적용된다.

■ 화면전환 효과 세부 설정

클립에 적용된 화면전환 효과 아이콘 또는 이펙트탭에 있는 화면전환 항목을 더블 클릭하면, 세부 설정을 할 수 있는 메뉴들이 뷰어창에 나타난다.

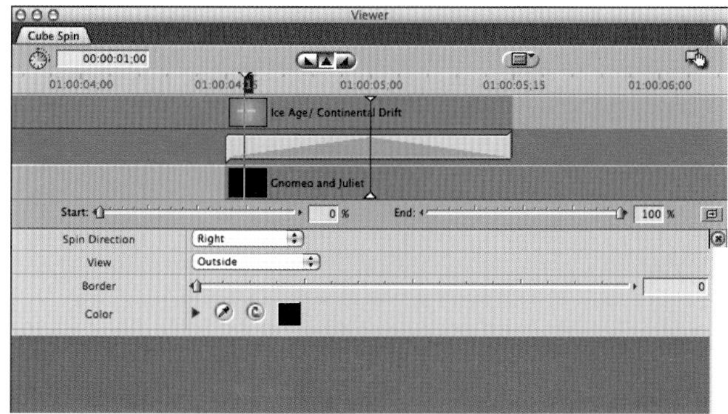

- Cube Spin

뷰어창 좌측 상단에 있는 탭. 화면전환 효과의 이름이 나와 있다.

- 00:00:01;00

화면전환 효과의 길이(듀레이션)를 조절한다. 기본값으로 30프레임 즉, 1초로 되어 있다. 직접 입력하여 화면전환의 길이를 조절할 수 있다.

-

경계면을 기준으로 화면전환 효과의 정렬을 선택한다.

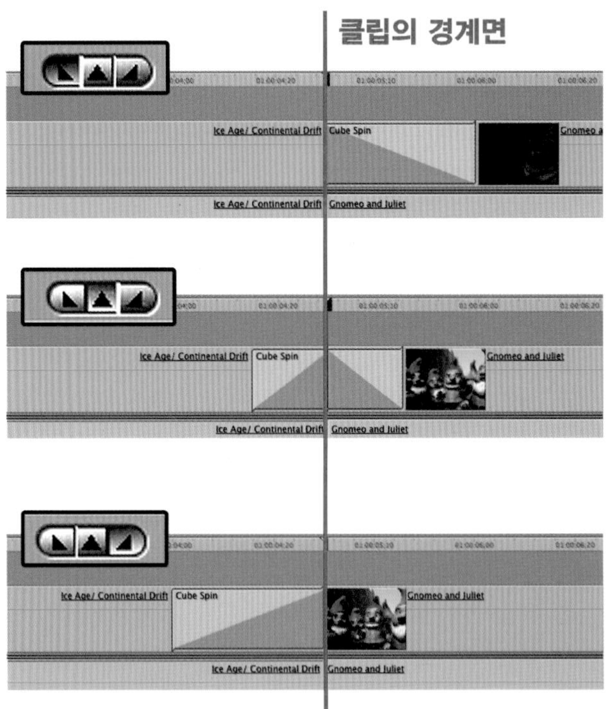

•

마우스 드래그로 클립의 경계면에 세부 설정이 완료된 화면전환 효과를 적용한다.

- 만약 타임라인 상에 적용된 화면전환 효과 아이콘을 더블 클릭을 해서 세부 설정을 변경한 경우라면, 설정이 적용되어 있기 때문에 다시 드래그할 필요없다. 새로운 경계면에 적용 시 드래그를 한다.

• 화면전환 효과 세부 항목

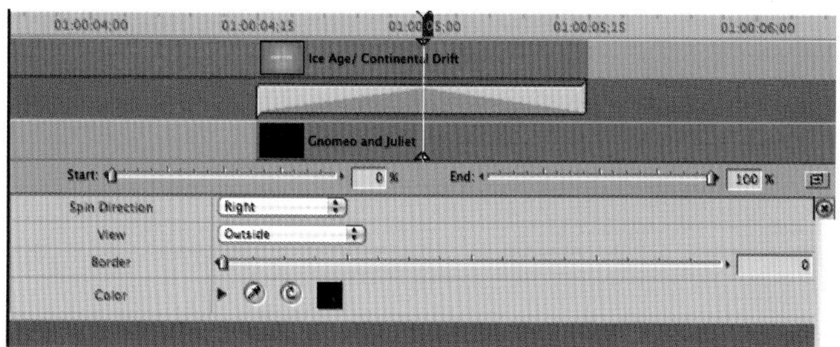

- 각각의 화면전환 효과들마다 세부 항목들이 다르다. 위에 적용한 효과는 큐브스핀 화면전환이며, 세부 항목을 살펴보면 돌아가는 큐브의 방향이 외곽선의 색과 두께 등을 설정할 수 있는 메뉴들이 있다.
- 각각의 화면전환 효과마다 세부 항목들은 다르지만,

  ① 화면전환의 방향

  ② 화면전환의 앞뒤 클립의 적용 순서

  ③ 외곽선 또는 그림자 선택

  ④ 적용되는 컬러 선택

  등은 대체로 비슷하다. 설정들을 바꿔가며 각각의 화면전환 효과의 특징들을 파악하면 되겠다.

■ 화면전환 효과 삭제하기

타임라인 상에 적용된 화면전화 효과 아이콘을 선택한 후 키보드의 〔delete〕 키를 누르면 효과가 삭제된다. 또한 〔Shift〕+〔delete〕를 누르면 화면전환 효과와 그 효과가 적용된 부분의 클립까지 함께 지워진다.

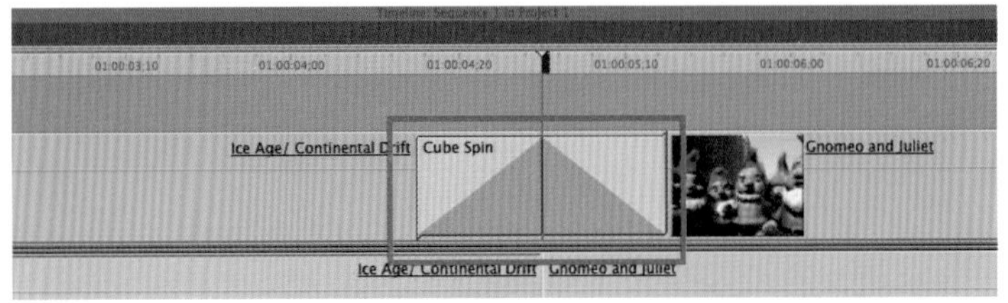

■ 화면전환 효과의 종류

파이널 컷 프로에는 다양한 종류의 화면전환 효과가 있다. 여기서는 우선 기본이 되고 자주 사용하는 화면전환에 대해서만 설명하겠다.

• 3D Simulation

3D 효과를 이용하여 화면전환을 한다.

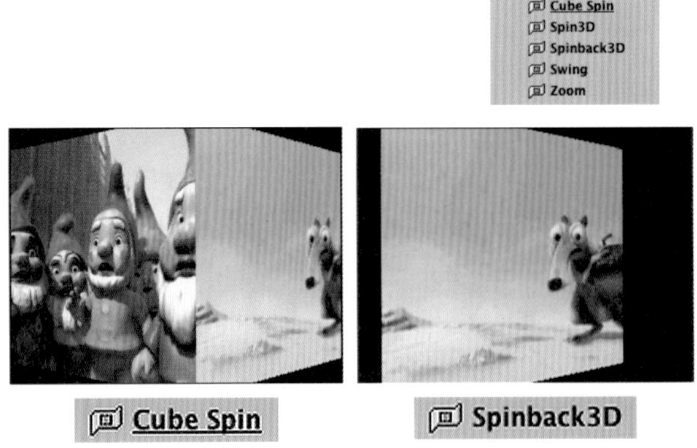

- Cube Spin : 육각면체의 면과 면이 회전하면 전환
- Spinback3D : 면을 뒤집으며 반대면으로 전환

• Dissolve

화면을 겹치면서 전환을 한다.

- Cross Dissolve : 앞뒤 화면을 겹치며 전환
- Ripple Dissolve : 물결모양으로 앞뒤 화면을 겹치며 전환

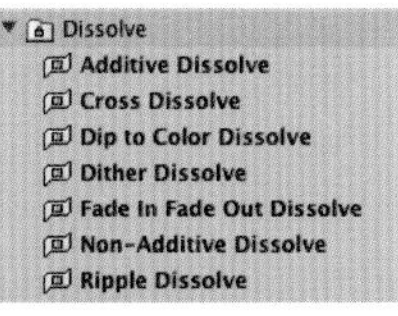

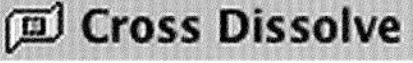

Ripple Dissolve

• Iris

화면이 열리거나 닫히면서 전환된다.

- Cross Iris : 십자가 모양으로 전환
- Oval Iris : 원 모양으로 닫히거나 열리면서 전환

Iris
Cross Iris
Diamond Iris
Oval Iris
Point Iris
Rectangle Iris
Star Iris

Cross Iris

Oval Iris

• Slide

화면 위로 다른 화면이 겹치거나 밀고 들어오면서 전환된다.

- Box Slide : 박스모양으로 화면 위를 겹치며 전환
- Push Slide : 다른 화면을 밀면서 전환

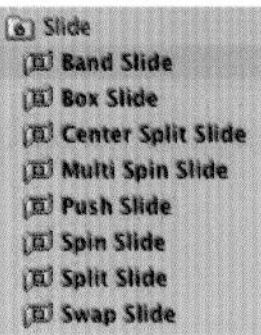

Box Slide

Push Slide

• Strech

화면을 늘리거나 줄이면서 전환된다.

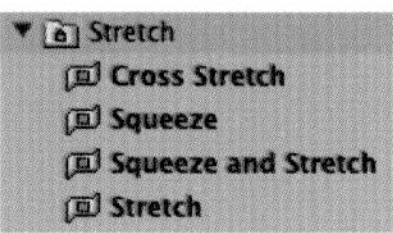

• Page Peel

종이 넘기듯 전환된다.

PIP 만들기

자료화면 위에 인터뷰 화면을 작게 올리거나 편집자의 의도에 따라 화면 위에 다른 화면을 구성해서 영상 작업을 진행할 수 있다. 또한 겹쳐진 영상 간에 모션을 적용하여 보다 비주얼적으로 영상 작업을 할 수 있다. 이처럼 영상 위에 다른 영상을 배치하여 구성하는 것을 PIP(Picture In Picture)라고 한다.

- V1 트랙에 배경으로 보일 클립을 배치하고, V2 트랙에는 작은 화면으로 올릴 클립을 배치한다.

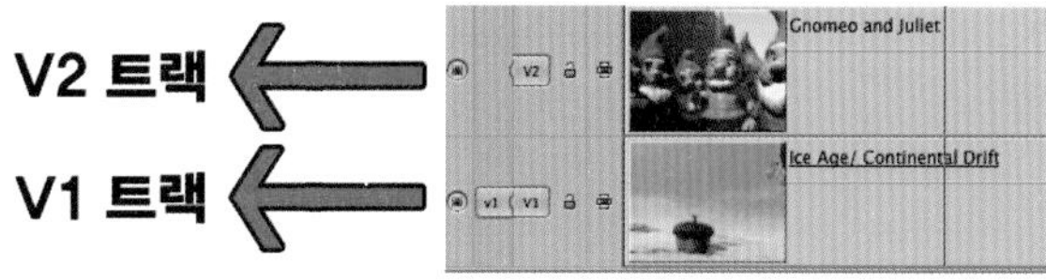

- 영상의 크기를 조절하기 위해 캔버스 창의 뷰어 팝업 메뉴에서 Image +Wireframe 항목을 선택한다.

- 2번 트랙의 클립을 클릭하거나 캔버스 창의 영상을 클릭하면 와이어 프레임이 활성화된다.

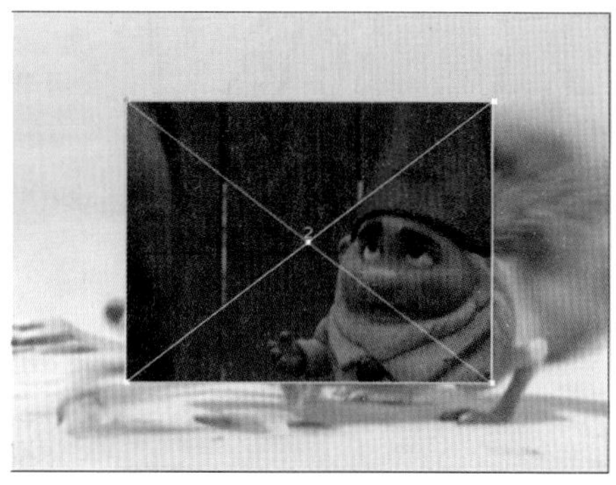

- 캔버스 창에서 마우스로 와이어 프레임의 모서리를 드래그해서 영상의 크기를 조절하고 원하는 위치로 이동시킨다.
- PIP 테두리에 외곽선을 넣어주기 위해 필터를 적용한다.
- 브라우저 창 프로젝트 탭에서 Video Filters 〉 Border 〉 Basic Border을 트랙 2번의 클립으로 드래그한다.

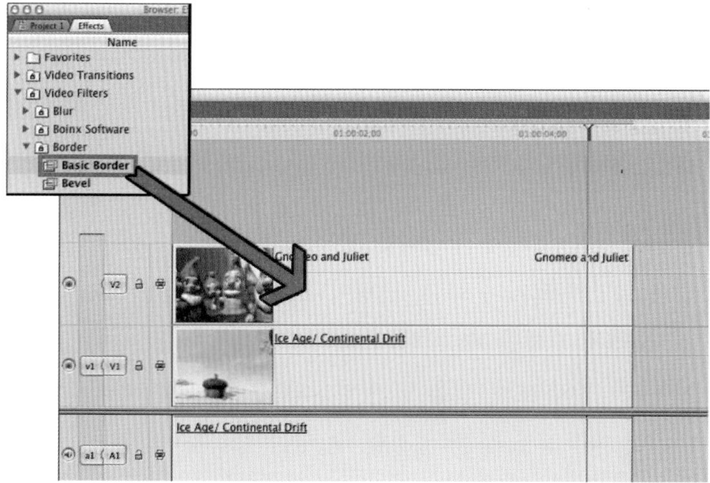

- Basic Border를 적용한 후 2번 트랙영상의 테두리에 검정 외곽 라인이 생겼다.

- 필터 적용에 대해서는 뒤에 자세히 소개하겠다.

06 편집하기 3 – 모션(Motion)

모션 적용하기

영상을 보다 다양하게 구성하는 방법 중에 모션 기능이 있다. 편집의도에 맞게 화면의 크기나 회전, 변형이나 그림자 등에 키프레임을 추가해서 모션 작업을 진행할 수 있다.

- 브라우저 창의 모션 탭을 열면 영상의 크기, 회전, 위치, 자르기, 변형하기, 불투명도 등을 설정할 수 있는 항목들이 있다.

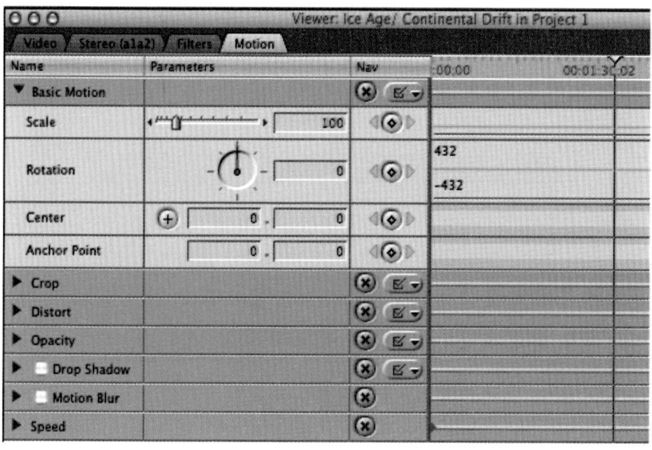

■ 모션 탭의 설정 메뉴

- 기본 모션(Basic Motion)

- Scale : 비디오의 크기를 확대하거나 축소한다.
- Rotation : 비디오를 회전시킨다.
- Center : 비디오의 위치를 설정한다.
- Anchor Point : 크기, 회전 모션의 기준점을 설정한다.

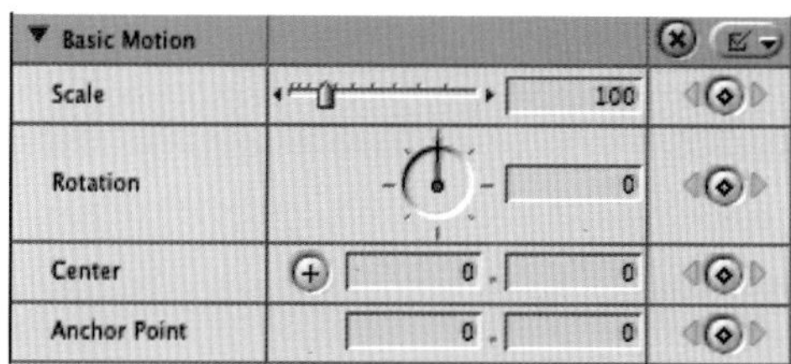

- 자르기(Crop)

- 상하좌우 자르기 옵션이 있다.
- Edge Father : 잘린 외곽 라인을 부드럽게 처리한다.

- 자르기는 수치를 직접 입력하거나 슬라이더를 드래그해서 조정하기보다 툴팔레트의 자르기 툴을 이용하는 것이 더욱 편리하다.

▼ Crop		
Left		0
Right		0
Top		0
Bottom		0
Edge Feather		0

• 변형(Distort)

- 비디오의 꼭지점의 이동으로 형태를 변형시킨다.
- 툴팔레트의 변형들을 이용하면 보다 쉽게 적용할 수 있다.
- Aspect Ratio : 비디오의 화면 비율을 조정한다. -값은 위아래로 줄어들고, +값은 좌우로 줄어든다.

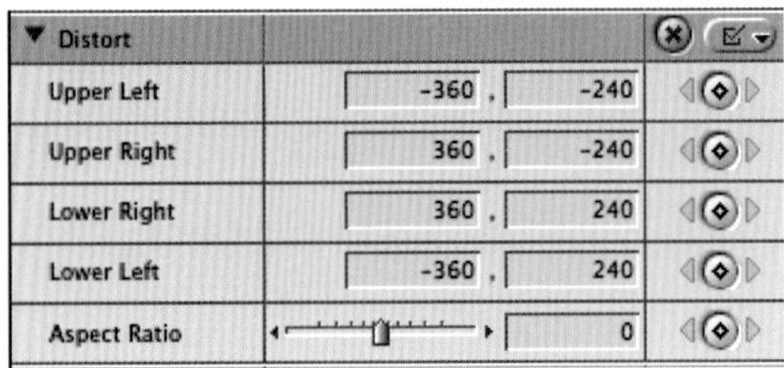

• 불투명도(Opacity)

- 비디오의 불투명도를 조절한다.

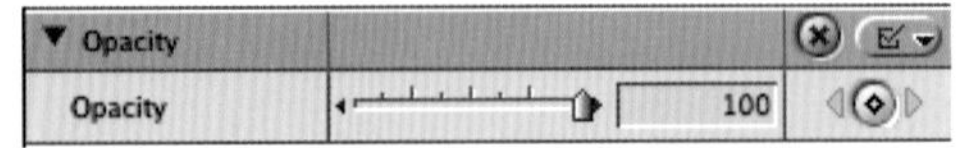

• 그림자(Drop Shadow)

- 비디오에 그림자를 넣어준다.
- ▼ Drop Shadow : 체크를 해야 설정이 적용된다.
- Offset :비디오와 그림자의 거리 설정
- Angle : 그림자의 각도 설정
- Color : 그림자의 컬러 지정
- Softness : 그림자의 부드럽기를 조정
- Opacity : 그림자의 불투명도를 조정

Drop Shadow	
Offset	2
Angle	140
Color	
Softness	10
Opacity	50

• 모션 블러(Motion Blur)

- 영상의 프레임 재생이나 모션에 대한 잔상효과를 준다.
- ▼ Motion Blur : 체크한 후 설정 적용
- %Blur : 재생되는 프레임의 잔상 효과
- Samples : 위치 이동이나 크기 변화 등 모션 변화에 대한 잔상효과

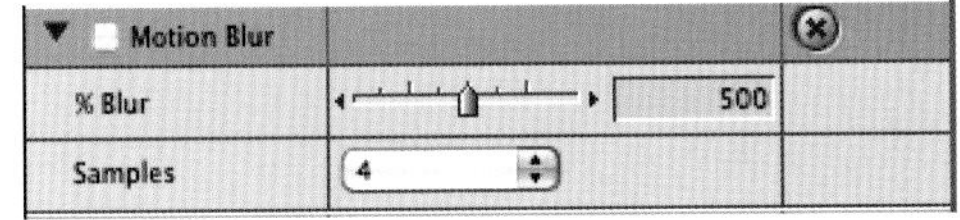

● 재생 속도 제어(Speed)

- 영상의 재생 속도를 제어한다.
- 수치가 높을수록 재생 속도는 빨라지고, 낮을수록 재생 속도는 느려진다.

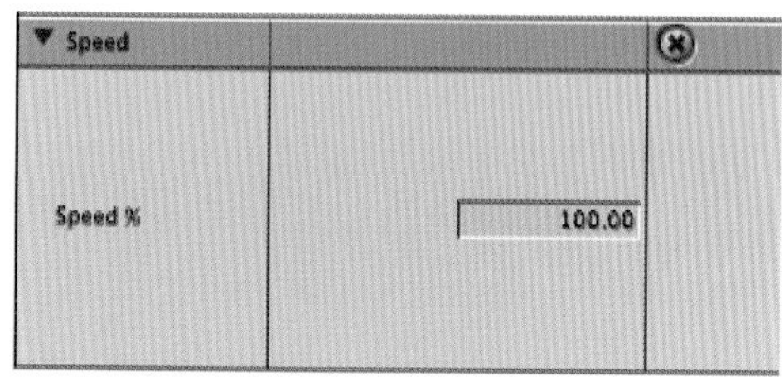

● 모션 효과 초기화하기

- 작업 시 모션의 설정값들에 변화를 준 후 초기 기본값 상태로 복구하고 싶을 때 초기화 버튼을 클릭한다.

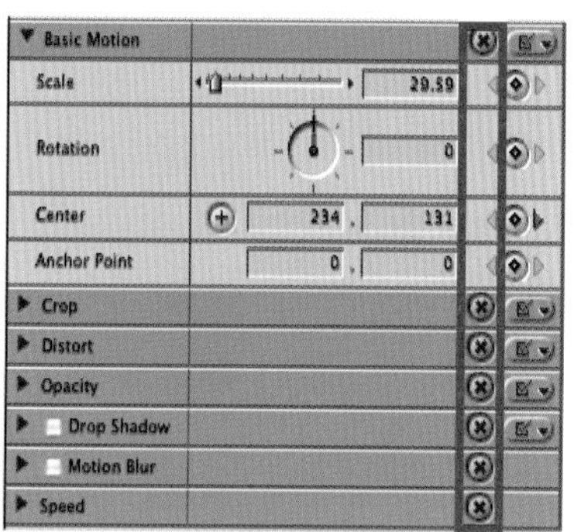

■ 모션탭에서 키프레임 작업하기

- 모션의 각 항목마다 설정값들을 일정한 시간에 따라 변경을 줄 수 있다. 이를 키프레임 작업이라 한다.

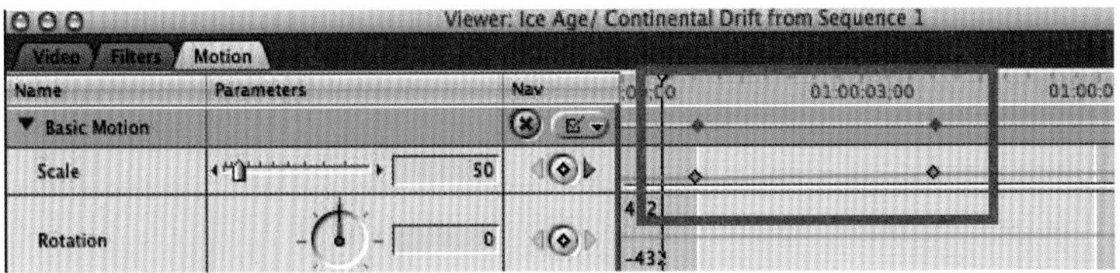

- 위의 그림은 크기값에 키프레임 작업을 진행한 것이다. 처음에는 크기값이 50이고, 3초 후 크기값이 100이 되도록 키 작업을 진행했다.

• 키프레임 작업 진행

- 타임라인 상에 있는 키프레임 작업할 클립을 더블클릭하여 뷰어창으로 불러온다.
- 상단 탭 중에 모션 탭을 클릭한다.
- 키 작업의 첫부분이 되는 지점으로 재생헤드를 이동시킨다.
- 모션 탭 상태에서 이동 혹은 타임라인 상에서 이동할 수 있으며, 둘 중 하나만 움직여도 동시에 이동된다.

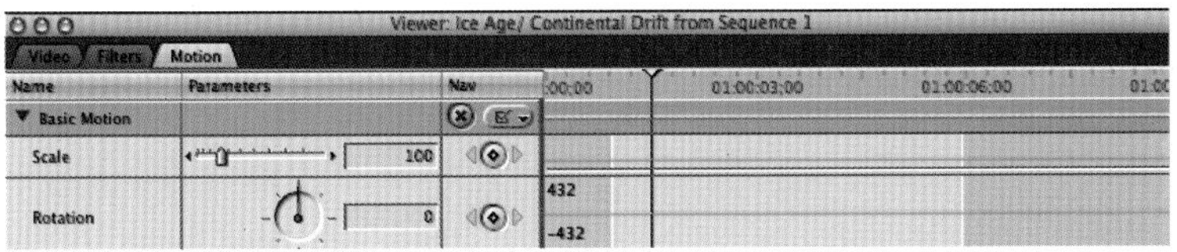

- 변경할 수치를 입력하고 키프레임 추가/삭제 버튼을 클릭하여, 키프레임을 찍어준다.

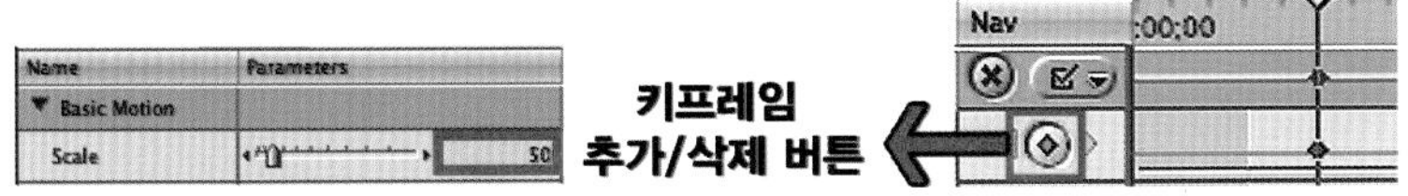

- 다시 재생헤드를 이동시킨 후 수치를 변경해 주면 키프레임이 자동으로 추가된다.

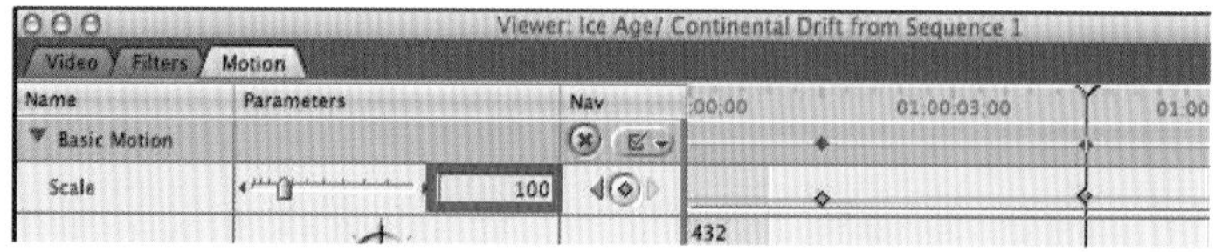

- 추가된 키프레임을 삭제하려면 삭제할 키프레임으로 재생헤드를 이동시킨 후 키프레임 추가/삭제 버튼은 다시 한번 클릭하면 된다.
- 키프레임으로 이동을 편하게 하려면 키프레임 추가/삭제 버튼의 양옆에 있는 삼각형 모양의 버튼을 클릭한다.
  단축키 이전 키프레임 〔option〕+K, 다음 키프레임 〔Shift〕+K

이전 키프레임 | ◁◇▷ | 다음 키프레임

- 키프레임의 추가 삭제는 툴팔레트에 있는 펜툴을 사용할 수도 있다.

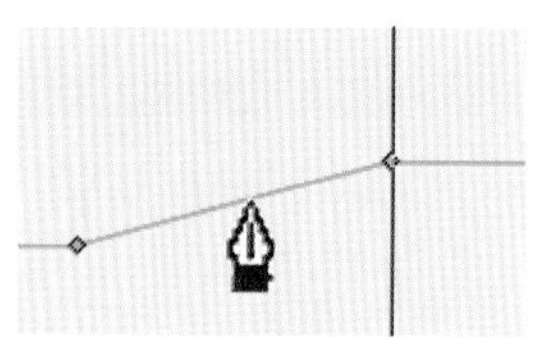

■ 모션 속성 복사하기/지우기

- 동일한 모션 값을 여러 클립에 복사할 수 있으며, 반대로 여러 클립의 모션값들을 동일하게 지울 수도 있다.

● 여러 클립에 모션값 복사하기

- 아래의 타임라인에 4개의 클립이 있다.

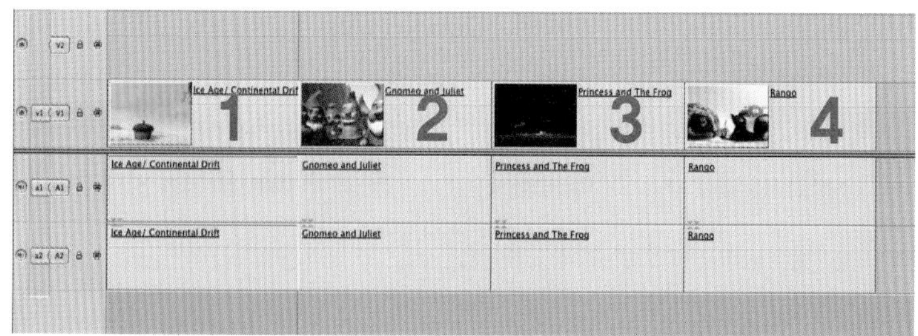

- 이 중 첫번째 클립에는 모션의 크기값이 50에서 100으로 변하는 키프레임 작업이 되어 있으며, 나머지 세 개의 클립에는 크기값 100이라는 기본 설정이 되어 있다.

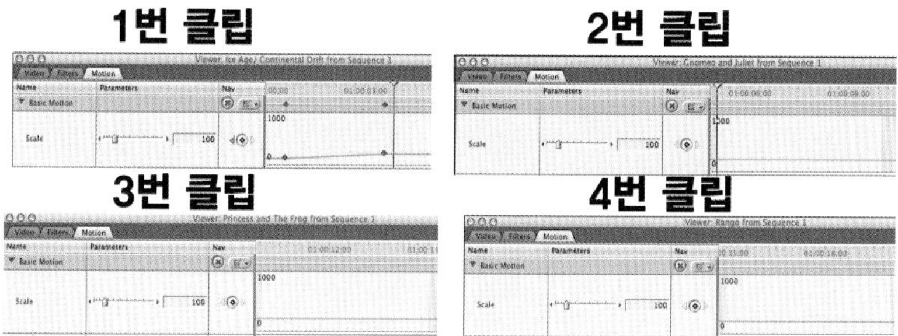

- 1번 클립에 있는 키프레임 작업을 2, 3, 4번 클립에 똑같이 적용을 하는 작업을 진행하겠다.
- 먼저 타임라인 상에서 1번 클립을 선택한 후, 메뉴 Edit 〉 Copy 클릭한다. 또는 클립 선택 후 클립 위에서 마우스 우클릭을 해서 나오는 팝업메뉴 중 Copy를 선택한다.

단축키 〔Command〕+C

- 1번 클립과 동일한 속성으로 복사할 2, 3, 4번 클립을 타임라인 상에서 선택한 후 다시 우클릭하고, Paste Attributes를 선택한다.

단축키 〔Option〕+V

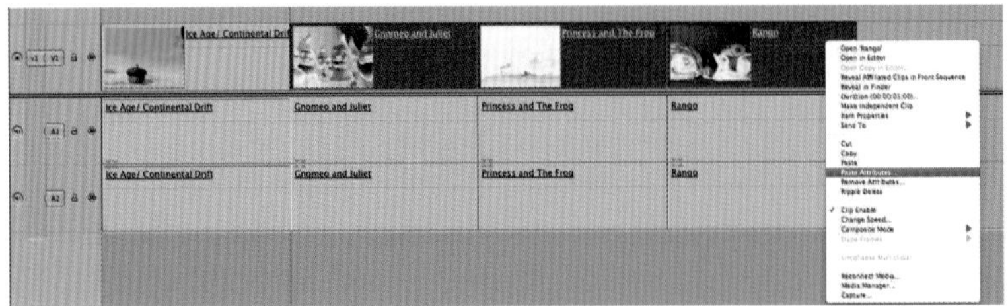

- Paste Attributes를 선택하면 속성 붙여넣기창이 나온다. 여러 메뉴 중에 1번 클립으로부터 복사할 항목을 체크를 하고, OK를 선택한다.

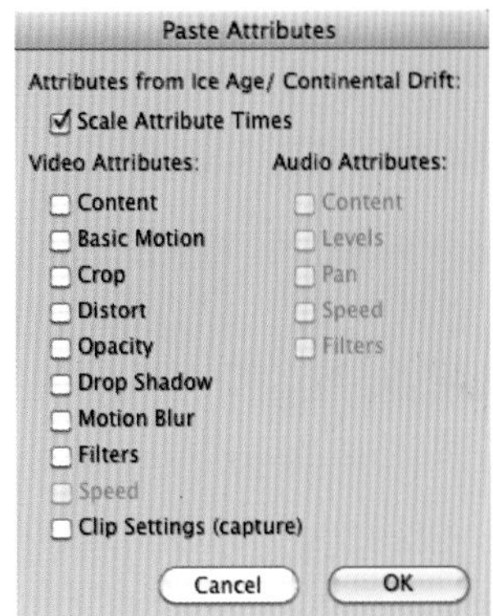

- 지금은 1번 클립의 크기(Scale)를 복사할 것이기에 Basic Motion을 선택한다.
- 2, 3, 4번 클립에 1번 클립의 모션값이 그대로 복사가 되었다.

1번 클립 **2번 클립**

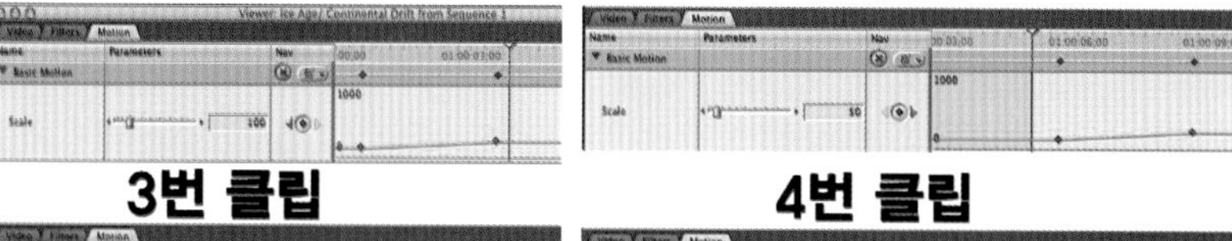

3번 클립 **4번 클립**

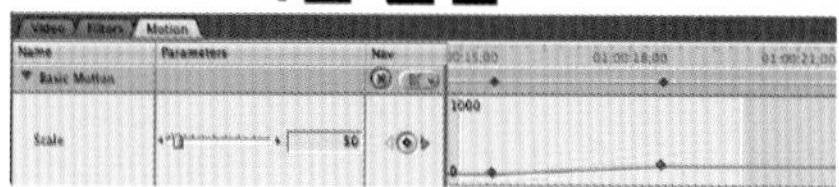

- 여러 클립의 속성값 동시에 삭제하고 초기화하기

- 현재 1, 2, 3, 4 클립에는 크기 변화에 대한 키프레임 작업이 되어 있는데 이를 모두 삭제해 보겠다.
- 먼저 모션 속성을 삭제하고자 하는 클립들을 타임라인 상에서 선택한 후, 우클릭하여 팝업메뉴의 Remove Attributes를 선택한다.

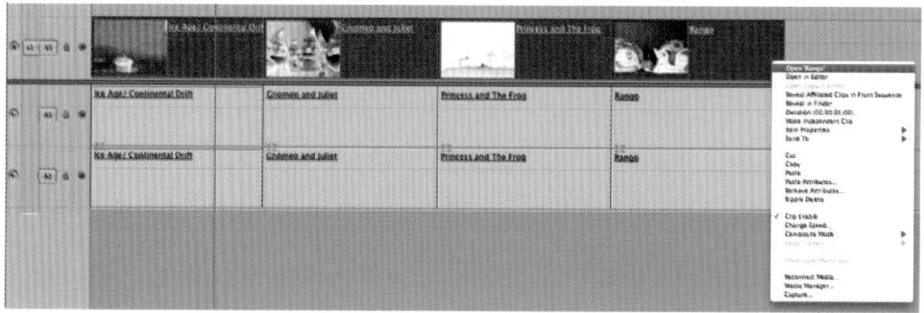

- 또는 메뉴 Edit 〉 Remove Attributes
- 단축키 〔Option〕+〔Command〕+V

- Basic Motion을 선택하고 OK하면, Basic Motion의 1, 2, 3, 4, 클립의 Scale에 작업했던 키프레임 작업이 모두 지워지고 초기화가 된다.

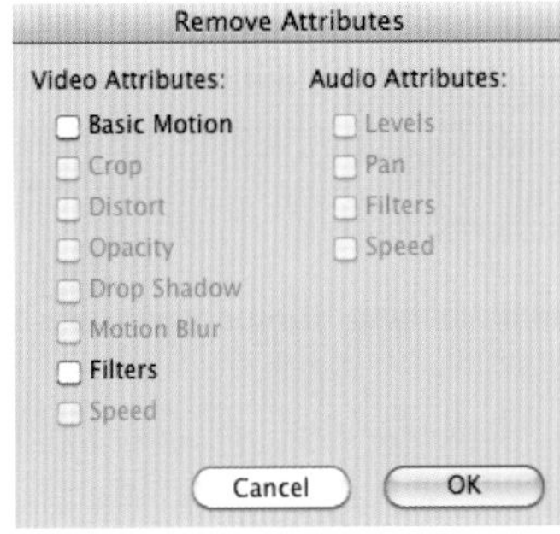

■ 타임라인에서 키프레임 작업하기

타임라인에서 키프레임 작업을 하기 위해 타임라인 하단에 위치한 클립 오버레이 토글과 클립 키프레임 토글 버튼을 클릭한다.

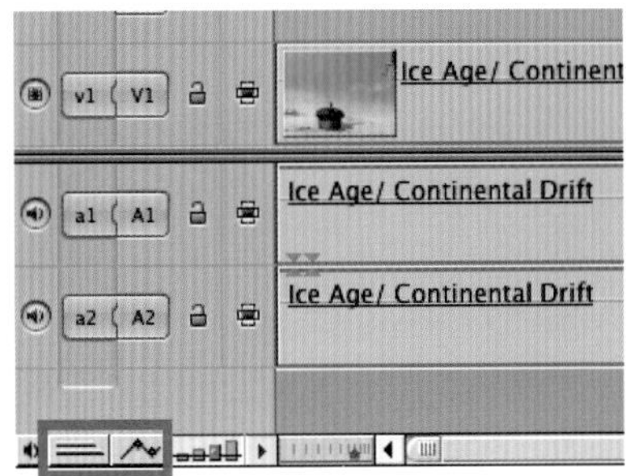

• 클립 키프레임 토글(Toggle Clip Keyframes)

활성화시키면 키프레임 작업을 할 수 있는 공간이 생긴다. 작업공간에서 마우스 우클릭을 하면 팝업메뉴가 나오는데, 작업하길 원하는 항목을 체크하면 그 항목의 커브가 나타난다. 키프레임 추가/삭제나 이동은 툴 팔레트의 펜툴을 이용하면 된다.

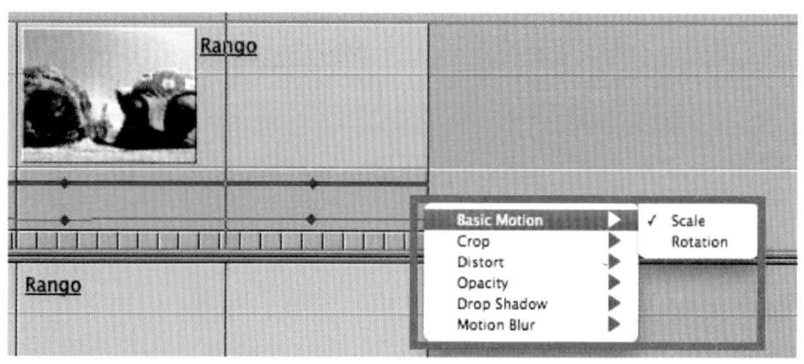

• 클립 오버레이 토글(Toggle Clip Overlays)

활성화시키면 타임라인의 클립 위로 겹처서 줄이 생성된다. 비디오 트랙의 검정 선은 불투명도를 조절할 수 있으며, 오디오 트랙의 분홍색 선은 레벨을 조절할 수 있다. 키프레임 추가/삭제나 이동은 툴팔레트의 펜 툴을 이용하면 된다.

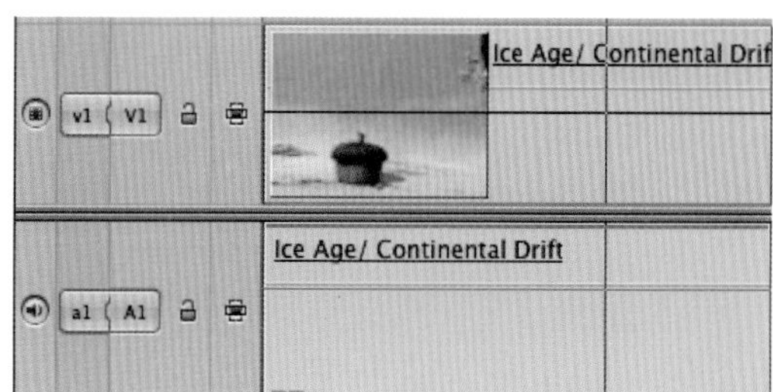

비디오 이펙트(Video Effects)

영상을 좀더 효과적이고 비주얼적으로 표현하기 위해 비디오에 이펙트 작업을 진행할 수 있는데, 이를 필터(Filter)라고 한다.

필터는 브라우저의 이펙트 탭의 있으며, 이를 적용하는 방법은 앞서 설명한 화면전환 효과 적용과 거의 동일하다.

■ 비디오에 필터 적용하기

• 메뉴를 이용한 비디오 필터 적용하기

- 필터를 적용할 클립을 타임라인 상에서 선택을 한다.
- 메뉴 Effects 〉 Video Fiters 〉 필터 선택

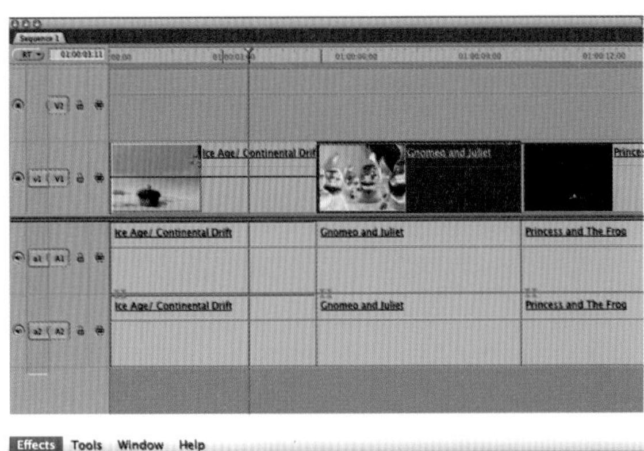

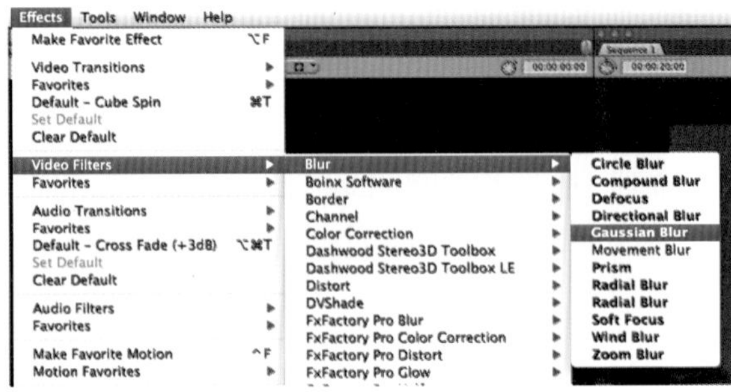

● 브라우저의 이펙트 탭을 이용하여 타임라인의 클립으로 필터 적용하기

- 이펙트 탭의 필터 항목에서 적용할 필터를 선택한 후 적용하고자 하는 타임라인상의 클립으로 드래그한다.

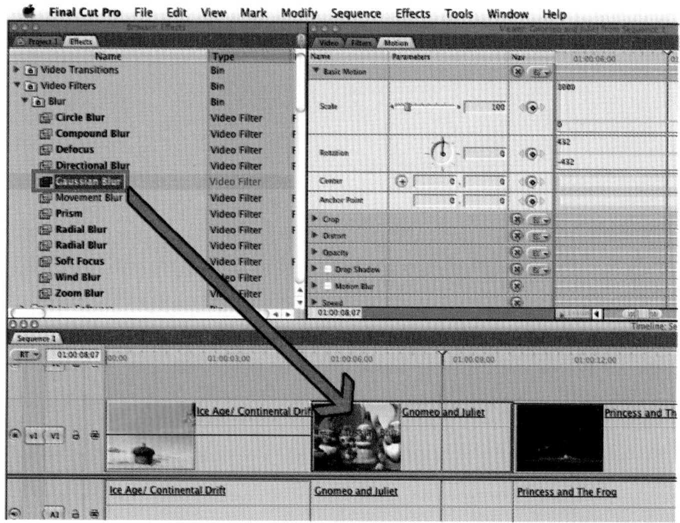

● 브라우저의 이펙트탭을 이용하여 뷰어 창으로 필터 적용하기

- 타임라인 상에서 적용할 클립을 더블 클릭하여 뷰어 창으로 불러온다.
- 뷰어 창에서 필터 탭을 선택한다.
- 적용할 필터 항목을 선택한 후 뷰어 창으로 드래그한다.

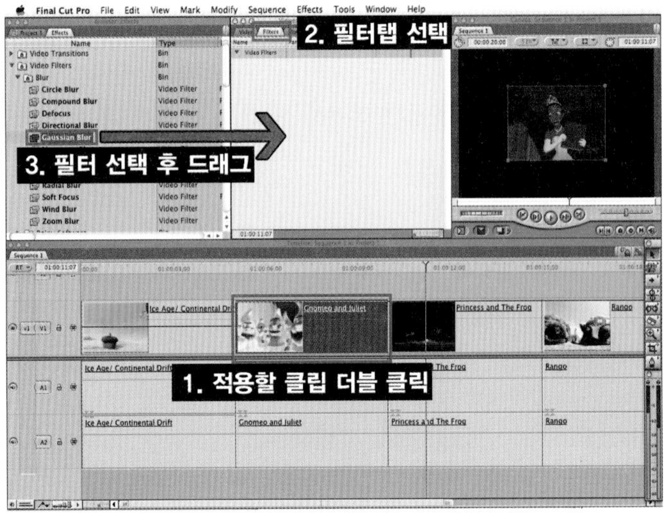

• 다수의 필터를 선택하여 적용하기

- 적용할 필터가 여러 개일 경우, 〔Command〕+선택으로 적용할 필터들을 다수 선택을 한 후 뷰어 창이나 타임라인의 클립으로 드래그하여 적용한다.

- 뷰어 창의 필터 탭을 보면 선택한 다수의 필터가 적용된 것을 볼 수 있다. 필터 탭이 나열된 순서에 따라 효과의 적용이 차이가 나는데, 순서를 편집자 의도로 변경하려면 필터 항목을 선택한 후 원하는 순서로 드래그하면 된다.

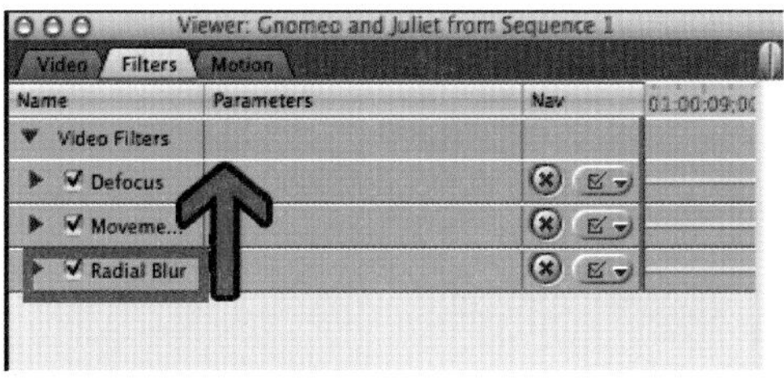

■ 필터의 세부 설정

● 비디오 필터 세부 설정 조절하기

- 설정값을 변경하고 키프레임 작업을 진행하는 과정은 화면전환 효과와 모션에서의 키프레임 작업과 대부분 동일하다.

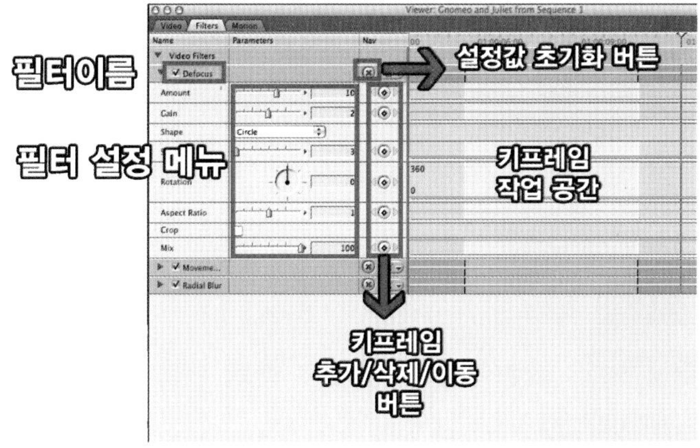

- 각 필터마다 설정 항목들이 다르다.

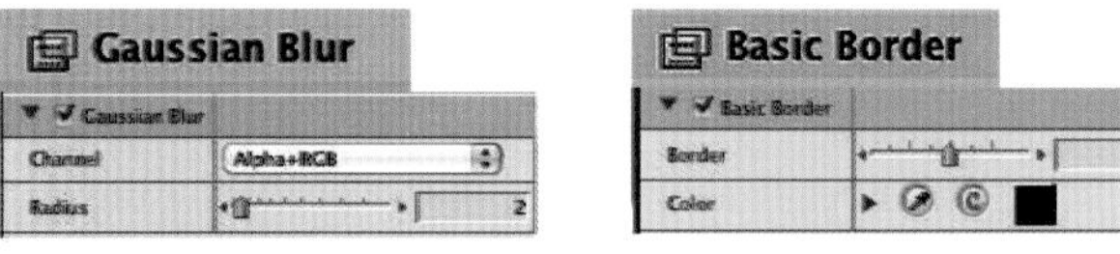

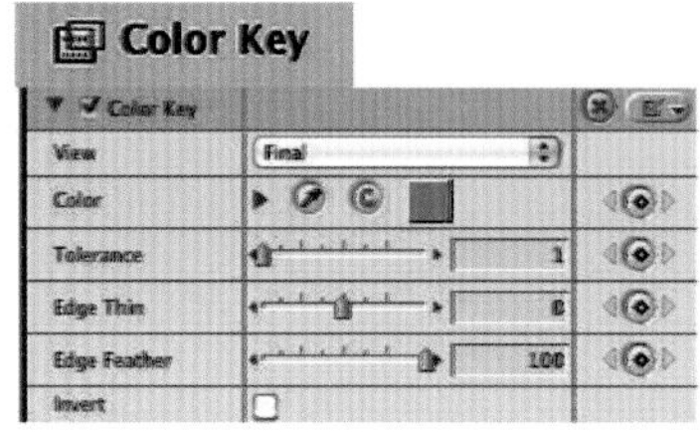

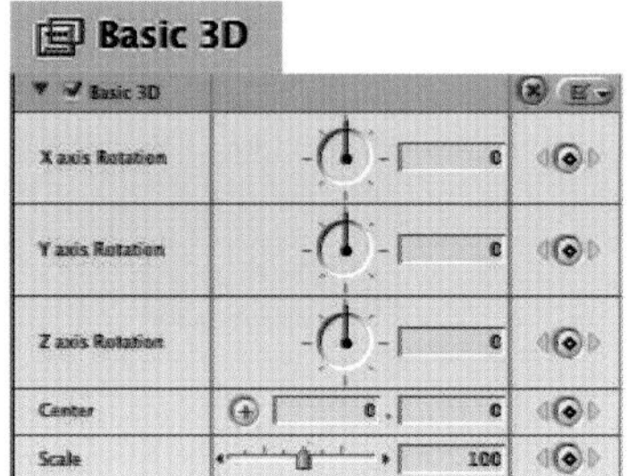

● 필터의 종류

- 필터의 종류는 화면전환 효과와 마찬가지로 매우 다양하다. 각각의 필터를 적용하면서 필터마다의 특징들을 파악하도록 한다.
- Blur : 화면을 뿌옇게 하는 효과
- Border : 화면에 외곽선을 그려주는 효과
- Color Correction : 영상의 컬러를 보정하는 효과
- Distort : 화면의 모양을 변형시키는 효과
- Image Control : 영상의 컬러값을 변경해주는 효과
- Key : 크로마 작업을 하는 효과
- Matte : 영상에 다양한 모양의 매트 작업을 하는 효과
- Perspective : 영상의 전후좌우 반전이나 3D 투시 효과
- Sharpen : 영상을 선명하게 하거나 외곽라인을 선명하게 하는 효과

- 필터 삭제하기

- 뷰어 창 필터 탭에서 삭제할 필터를 선택한 후 키보드의 〔Delete〕를 누른다.

07 편집하기 4 - 효율적인 작업을 위한 기능들

마커(Marker)

영상에서 편집자가 원하는 위치를 표시하거나, 메모를 하고 싶을 때 사용하는 기능이다.

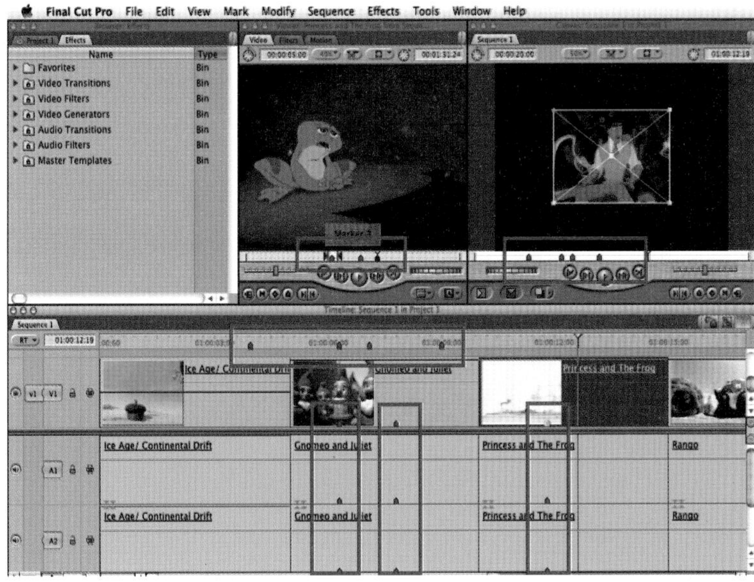

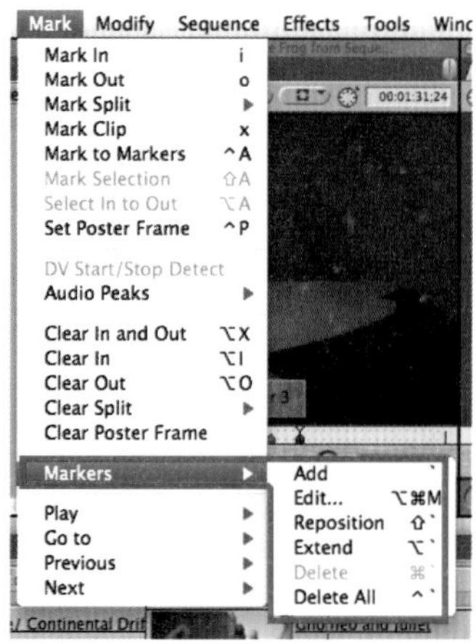

- 마커는 뷰어 창이나 캔버스 창, 타임라인, 클립 등에 모두 추가/삭제가 가능하다.
- 메뉴 Mark 〉 Markers에 가면 마커 추가, 삭제, 수정에 대한 메뉴가 있다.

● 마커 추가하기

- 마커를 추가하려는 위치로 재생헤드를 이동한 후
- 메뉴 Mark 〉 Markers 〉 Add를 선택하거나 단축키 〔M〕을 누른다.
- 클립에 마커를 추가하고 싶다면 클립을 선택한 상태에서 단축키 〔M〕을 누른다.
- 또한 재생 중에 단축키 〔M〕을 누르면 마커가 추가되며, 재생중 여러 번 마커를 찍을 수 있다.

● 마커 수정하기

- 재생헤드를 수정하려는 마커로 이동시킨 후, 메뉴 Mark 〉 Markers 〉 Edit를 선택한다.

- 또는 마커로 이동한 상태에서 단축키 〔M〕을 누르면 마커 편집창이 나온다.

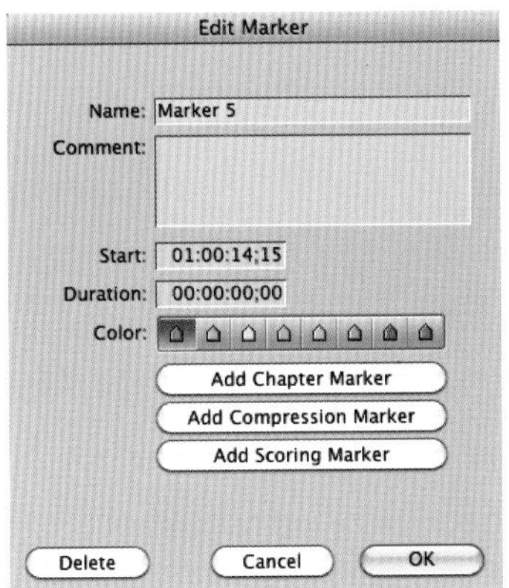

- Name : 마커의 이름을 입력한다.
- Comment : 메모를 입력한다.
- Start : 마커가 추가된 지점의 타임코드이다.
- Duration : 마커에 구간을 유저가 원하는 길이로 설정한다.
- Color : 마커의 색을 지정해 준다.
- Add Chapter Marker : DVD Studio Pro라는 DVD 오소링 프로그램으로 가져갈 때 색인을 표시해 주는 기능이다.
- Add Compression Marker : DVD Studio Pro로 가져갈 때 마커 정보를 유지한다.
- Add Scoring Marker : Soundtrack Por 프로그램에서 사용한다.

● 등록된 모든 마커 삭제하기

- 입력된 모든 마커를 삭제하려면 메뉴 Mark 〉 Markers 〉 Delete All, 또는 단축키 〔Control〕+〔`〕

- 클립에 추가된 마커는 모든 클립을 선택한 후, 단축키 〔Control〕+〔`〕

● 선택한 마커만 삭제하기

- 특정 마커만 삭제하고 싶을 때는 마커로 이동 후 메뉴 Mark 〉 Markers 〉 Delete, 또는 단축키 〔Command〕+〔`〕
- 또는 단축키 〔M〕 마커 편집창을 불러 Delete를 선택한다.
- 클립에 추가된 마커는 클립을 선택한 후 단축키 〔Command〕+〔`〕

● 재생헤드를 마커로 이동하기

- 〔Shift〕+화살표〔↑〕: 이전 마커로 이동
- 〔Shift〕+화살표〔↓〕: 다음 마커로 이동

매치 프레임(Match Frame)

작업이 계속 진행되다보면 사용한 클립의 위치나 원본 소스의 위치를 찾기가 힘들어진다. 이를 돕기 위해 매치 프레임 기능이 있는데, 타임라인 상에 재생헤드가 위치한 클립의 원본 소스를 찾거나 원본 소스가 타임라인 상에 배치된 위치를 찾아주는 기능을 한다.

● 타임라인 상에 위치한 클립의 원본 소스 찾기

- 타임라인에서 찾으려는 클립으로 재생헤드를 위치시킨다.
- 캔버스 창의 하단에 있는 매치 프레임 버튼( ) 클릭, 또는 단축키 〔F〕를 누른다.
- 뷰어 창에 매치 프레임된 영상이 나온다.

- 뷰어 창의 소스 클립으로 타임라인에 배치된 클립 찾기

- 뷰어 창에 소스 클립을 올린 후 찾고자 하는 그림으로 재생헤드를 위치시킨다.
- 뷰어 창 하단에 있는 매치 프레임 버튼( ) 클릭, 또는 단축키 〔F〕를 누른다.
- 캔버스 창에 매치 프레임된 영상이 나온다.

정지영상 만들기(Make Freeze Frame)

편집 작업을 진행하다보면 정지영상이 필요한 경우가 자주 있다. 이때 Make Freeze Frame을 사용한다.

- 정지영상을 만들려는 곳으로 재생헤드를 위치한다.
- 메뉴 Modify 〉 Make Freeze Frame 또는 단축키 〔Shift〕+〔N〕을 누른다.
- 뷰어 창에 정지영상이 만들어진다.

- 정지영상을 타임라인으로 바로 배치할 수도 있고, 브라우저 창으로 드래그하여 원본 클립처럼 관리하고 사용할 수 있다.
- 정지영상을 뷰어 창으로 생성될 때의 정지영상 길이는 사용자 설정에서 설정된 스틸 이미지 길이를 따른다.

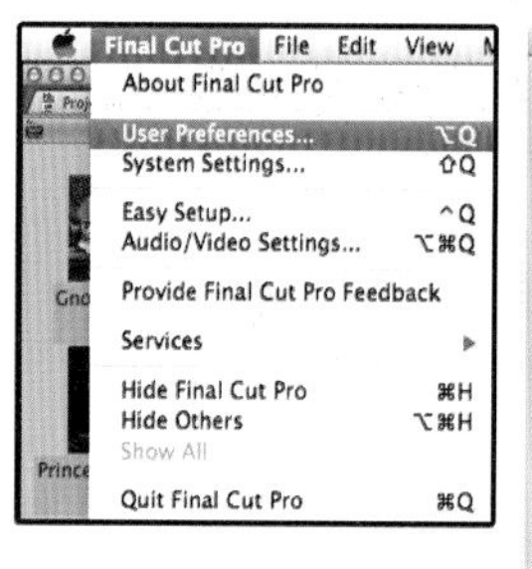

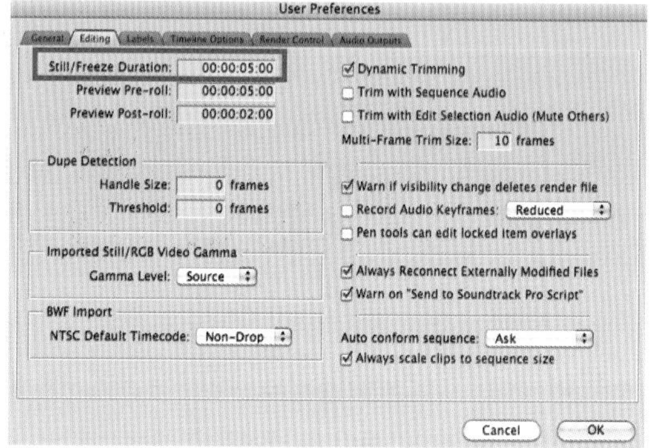

- 메뉴 Final Cut Pro 〉 User Preferences를 선택하면 사용자 설정 창이 나온다.
- 두 번째 Editing탭의 Still/Freeze Duration 항목에서 TC 입력을 하면 이 길이로 정지영상이 만들어진다.
- 또한 스틸 이미지를 불러오기할 때도 Still/Freeze Duration 항목에서 설정한 값으로 임포트하게 된다.

네스팅(Nesting)

편집 작업을 진행하다 보면 비디오와 오디오 트랙이 여러 개 쌓이게 된다. 클립이 복잡하게 쌓이면 작업 진행도 불편하고, 각 클립에 모션이나 필터를 적용시킬 때 번거로운 과정을 거치게 된다. 이처럼 작업 진행 시 여러 트랙으로 나열된 클립들을 하나의 시퀀스로 묶어 주어 관리를 효율적으로 할 수가 있는데, 이를 네스팅이라고 한다.

- 먼저 시퀀스로 묶어 줄 클립들을 선택한다.

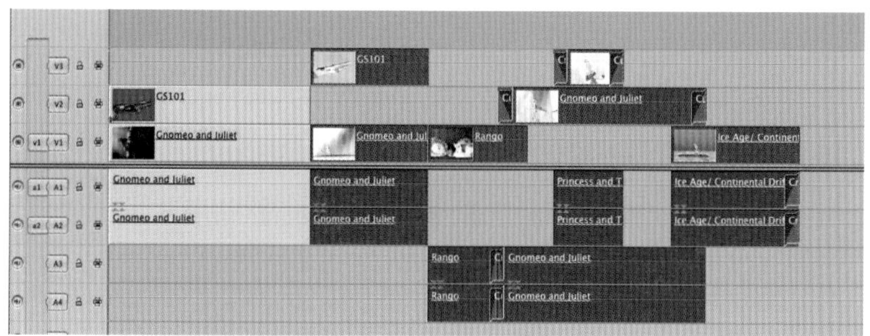

- 단축키 〔Option〕+〔C〕를 누르면 네스팅 창이 나온다.

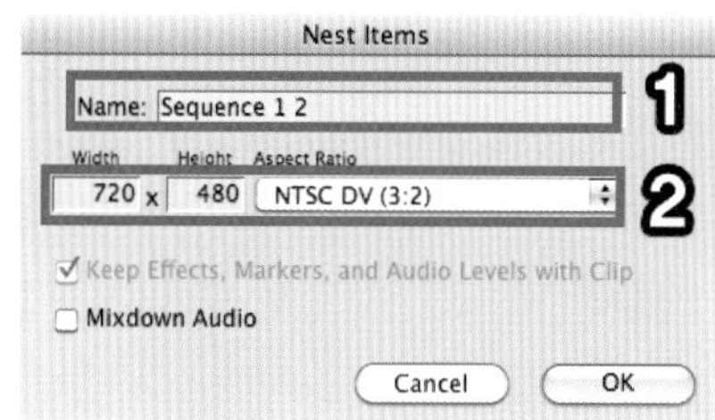

1. Name : 네스팅 작업으로 만들어지는 시퀀스의 이름을 입력한다.
2. 시퀀스의 포맷을 변경할 수가 있는데, 특별한 경우가 아니면 동일하게 유지할 것을 권장한다.

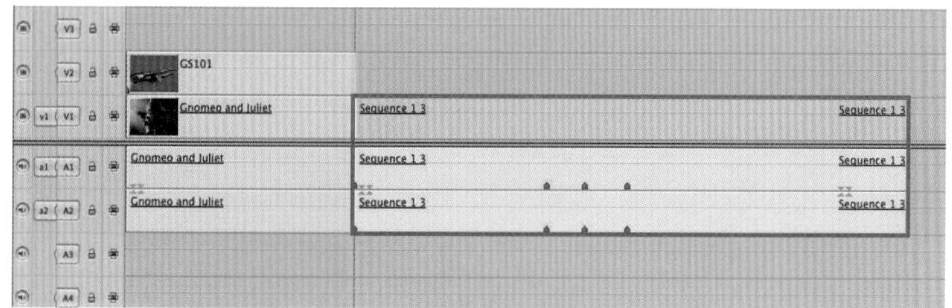

- 네스팅으로 만들어진 시퀀스를 더블 클릭하게 되면 이전 클립들의 배열을 볼 수 있다.
- 즉, 시퀀스 안에 시퀀스가 배치되는 것으로 이해하면 되겠다.
- 만약 네스팅된 시퀀스에 모션 작업을 진행하길 원한다면 뷰어 창으로 불러와야 하는데, 일반 클립들을 불러오듯 더블 클릭을 하게 되면 시퀀스가 열릴 뿐이다.
- 네스팅된 시퀀스를 뷰어창으로 불러와 모션 작업을 진행하려면 키보드의 〔Option〕을 누른 상태에서 더블 클릭을 하면 된다.

08 편집하기 5 - 그 외 다양한 기능

영상의 속도 조절

편집의도에 맞게 영상의 속도를 빠르게, 느리게, 정상속도 등의 교차 편집으로 다양하고 스타일 있는 화면을 만들 수 있다.

■ **스피드창 불러오기**

- 영상의 속도 변화를 줄 클립을 선택한 후 메뉴 〉 Modify 〉 Chang Speed를 선택한다.
- 또는 단축키 〔Command〕+〔J〕
- Duration : 클립의 길이. 길이를 줄이면 속도가 빨라지고, 길이를 늘리면 느려진다.
- Rate : 입력한 비율에 맞게 속도 변화를 준다.
- Reverse : 체크하면 영상이 거꾸로 재생된다.

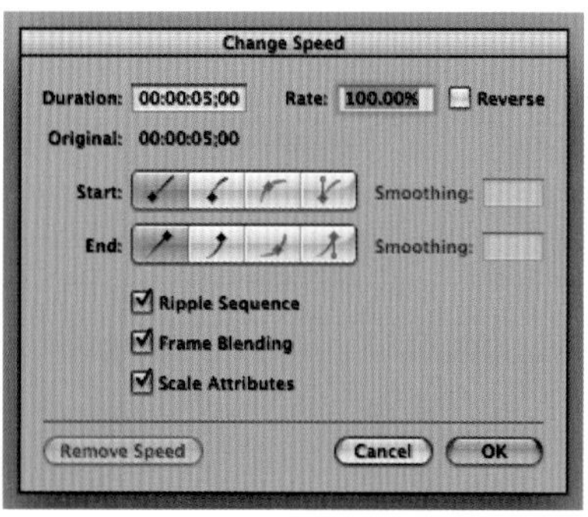

- Start, End : 고정속도와 가변속도를 선택한다.
  고정속도는 일정한 속도로 변화가 일어나고, 가변속도는 점점 빠르게 점점 느리기의 속도로 속도가 변한다.
- Ripple Sequence : Duration을 고정시키고 클립의 길이 변화없이 속도변화를 준다.
- Frame Blending : 슬로우로 속도 변화를 주었을 때 부드럽게 프레임을 겹치면서 재생되는 옵션
- Scale Attributes : 속도 변화를 주는 클립에 모션에서의 크기변화가 있을 때 크기변화를 포함해서 속도 변화를 주는 옵션.
- Remove Speed : 속도 변화를 초기화한다.

■ **속도 변화 시 주의점**

- 속도 변화에 따라 클립의 길이가 변화할 때 뒤에 클립들은 밀리거나 당겨진다.

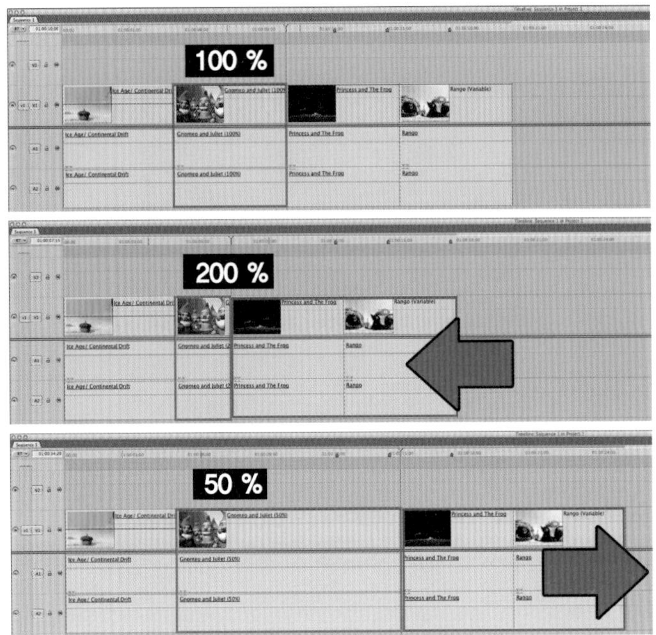

트림 작업

정밀하게 프레임 단위로 컷을 조절할 때 트림 기능을 사용한다.

■ 선택툴을 이용하여 트림 작업하기

- 타임라인 상의 클립의 경계면을 클릭하면 마우스의 모양이 ←|→으로 변한다.
- 이 상태에서 원하는 만큼 드래그한다.
- 이때 노란색 박스에 프레임의 이동 길이가 표시된다.
- 경계면을 클릭한 후 키보드의 〔+〕나 〔-〕를 누르면 타임라인 상단에 Roll: +10 창이 뜨는데, 수치를 입력해서 클립의 길이를 조절할 수 있다.

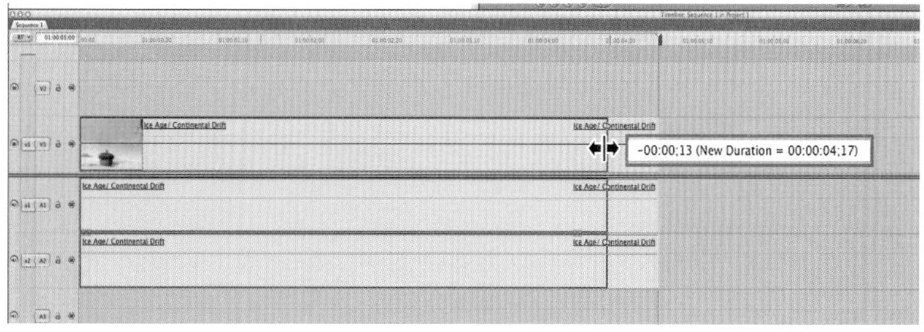

- 선택툴로 트림 작업 시 두 클립의 경계면은 작업에 불편함이 많다.

■ 롤툴(Roll Tool)로 트림 작업하기

- 툴팔레트의 롤툴을 선택 후 두 클립의 경계면을 클릭한 후 드래그할 수 있다.
- 앞뒤 클립 모두 트림 작업이 진행된다.
- 노란색 박스에 클립의 이동 수치가 나오며, 캔버스 창을 통해 앞뒤 클립의 이동을 영상을 보면서 트림 작업을 할 수 있다.

- 경계면을 클릭한 후 키보드의 〔+〕나 〔-〕를 누르면 타임라인 상단에 Roll: +10 창이 뜨는데, 수치를 입력해서 클립의 길이를 조절할 수 있다.

■ **리플툴(Ripple Tool)로 트림 작업하기**

- 롤툴과 같은 방식으로 작업을 진행한다.
- 툴팔레트의 리플툴을 선택 후 앞뒤 클립의 경계에 마우스를 위치시킨다.
- 마우스 커서의 모양에 따라 경계면을 기준으로 이전 클립 , 이후 클립 각각 트림 작업을 할 수 있다.
- 경계면을 클릭한 후 키보드의 〔+〕나 〔-〕를 누르면 타임라인 상단에 Roll: +10 창이 뜨는데, 수치를 입력해서 클립의 길이를 조절할 수 있다.

■ **트림 편집(Trim Edit) 모드**

- 트림 작업을 보다 효율적으로 할 수 있게 작업창과 버튼들이 구성된 트림 편집창을 불러온다.
- 트림 작업할 클립의 경계면을 선택한 후 메뉴 Sequence 〉 Trim Edit를 선택하거나, 트림 작업을 진행할 클립의 경계면에서 마우스 우클릭을 한 후, 팝업메뉴 중 Trim을 선택한다.

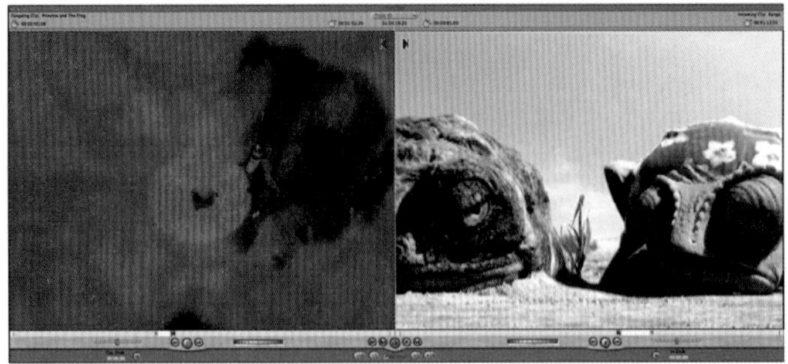

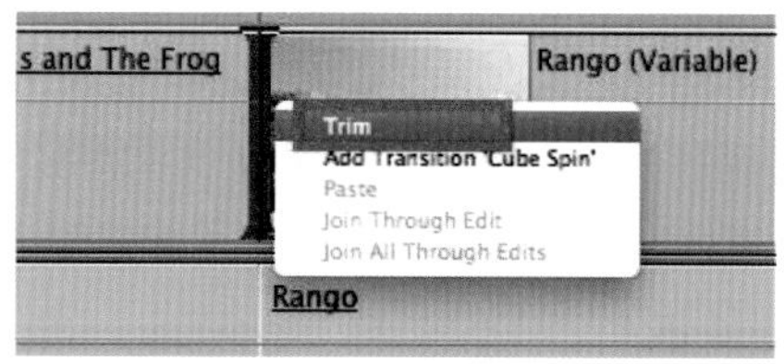

- 트림 편집창에서 트림 작업을 할 클립을 선택한다.
- 마우스를 트림 편집창의 이전 클립, 다음 클립, 경계면으로 이동시키면 마우스의 모양이 ⊕ ⇔ ⊕ 변경된다.
- 이 상태에서 작업할 클립을 선택하면 된다.
- 트림 편집창 하단에 프레임 이동 버튼이 있다. 앞뒤로 1프레임, 혹은 10프레임씩 조절이 가능하다.

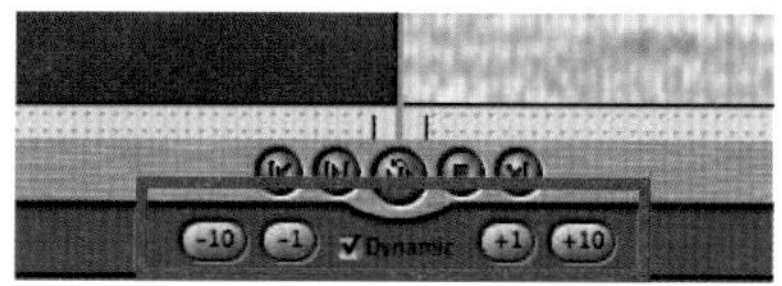

멀티캠 편집(Multicam Editing)

멀티캠 편집은 여러 개의 클립을 실시간으로 재생을 하면서 원하는 클립을 선택하여 비디오와 오디오를 편집하는 방식이다.

■ 멀티클립 만들기

- 멀티캠 작업을 위해서 먼저 멀티클립을 만들어야 한다.
- 멀티캠 작업을 할 클립들을 브라우저 창으로 임포트한 후, 모두 선택을 한다.

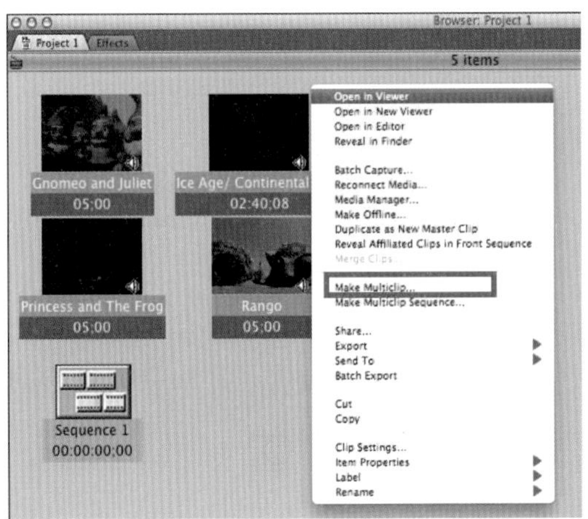

- 선택한 클립 중 하나에서 마우스 우클릭을 한 후, Make Mutil Clip을 선택한다.
- 멀티클립 창이 나타난다.

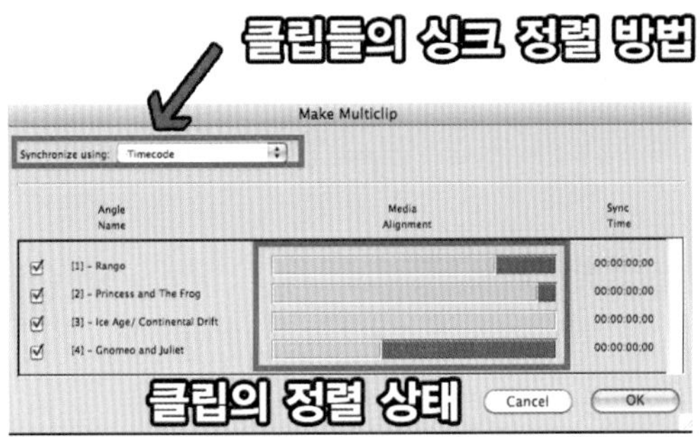

- Synchronize using: Timecode : 멀티캠 편집은 여러 클립들을 동시에 재생시키면서 편집하기 때문에 시작되는 기준점을 잡아 주어야 한다. 바로 클립들의 싱크 정렬 방법을 고르는 메뉴이다.

1. In Point : 클립들의 인점을 기준으로 정렬한다. 인점을 기준으로 정렬하기 위해 Make Mutil Clip하기 전에 각 클립마다 인점을 지정해 주어야 한다.

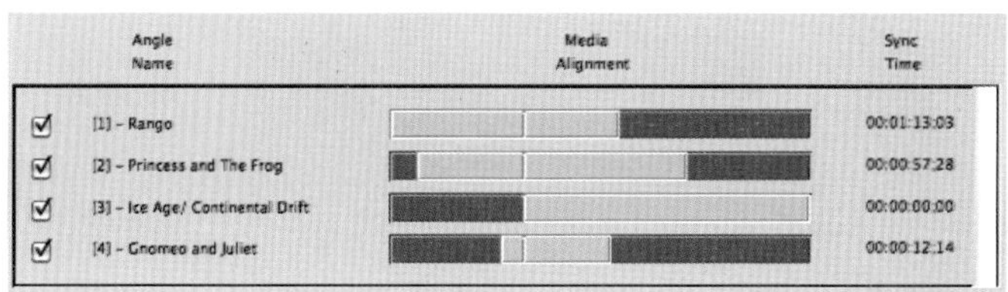

2. Out Point : 클립들의 아웃점을 기준으로 정렬한다. 아웃점을 기준으로 정렬하기 위해 Make Mutil Clip하기 전에 각 클립마다 아웃점을 지정해 주어야 한다.

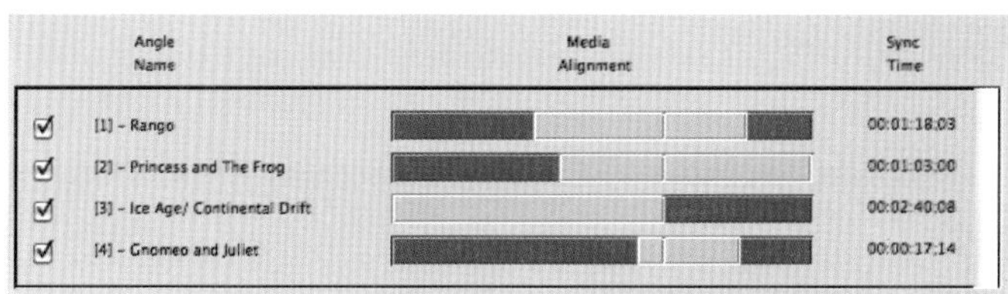

3. TimeCode : 타임코드에 맞춰 클립을 정렬한다.

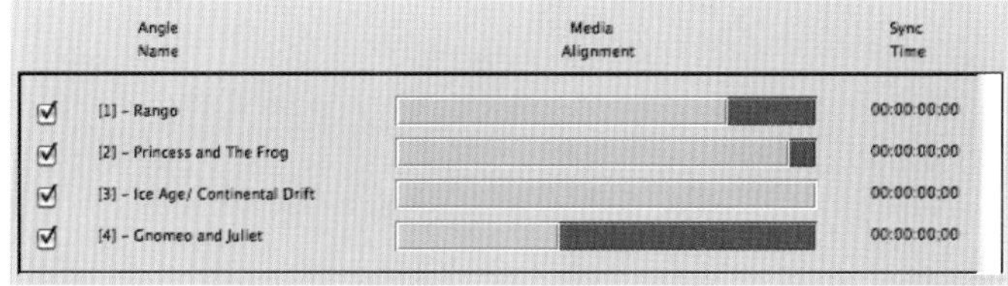

- 멀티클립 창에서 정렬방법을 선택한 후 OK를 클릭하면, 브라우저 창에 멀티클립이 생성된다.

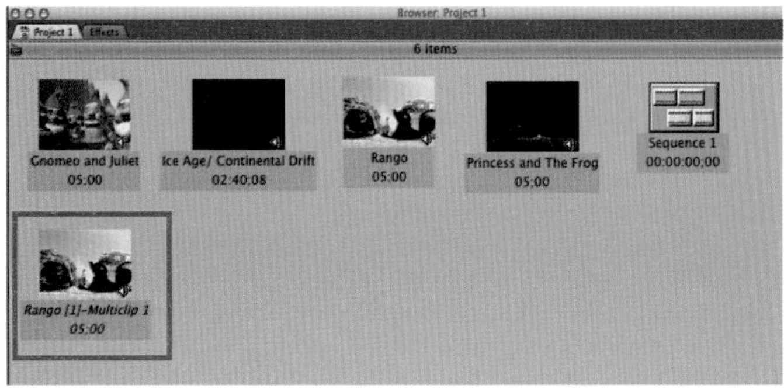

■ **멀티클립의 뷰어 창 구성**

- 멀티클립을 더블 클릭한 후 뷰어 창으로 불러오면 네 개의 화면으로 분활되어서 보여진다.

- 화면 분활 개수를 조절할 수 있는데, 우선 멀티클립을 불러온 뷰어 창을 활성화시킨 후 메뉴 View 〉 Mutilclip Layout 〉 창 개수를 선택하면 된다.
- 메뉴 View 〉 Show MutilClip overlays를 선택하여 각 창의 클립의 이름과 타임코드 정보를 볼 수 있게 한다.
- 멀티클립 뷰어 창을 보면 파란색과 녹색의 테두리가 있다. 파란색은 비디오 액티브 앵글이며, 녹색은 오디오 액티브 앵글이다.
- 비디오와 오디오의 액티브 앵글은 각각 선택할 수도 따로 선택할 수도 있는데, 메뉴 View 〉 Multiclip Active Tracks에서 선택할 수 있다.

- Video+Audio : 비디오와 오디오를 동시에 선택하는 옵션
- Video : 오디오는 고정시킨 채 비디오만 선택하는 옵션
- Audio : 고정시킬 오디오를 선택하는 옵션

• 멀티클립의 순서 바꾸기

- 〔command〕+클립 선택한 후 원하는 위치로 드래그하여 분활된 멀티클립의 순서를 바꿀 수 있다.
- 클립을 이동하면 나머지 클립들은 한 칸씩 이동하게 된다.

• 멀티클립의 삭제

- 〔command〕+클립 선택한 후 뷰어창 밖으로 드래그하면 클립이 지워진다.

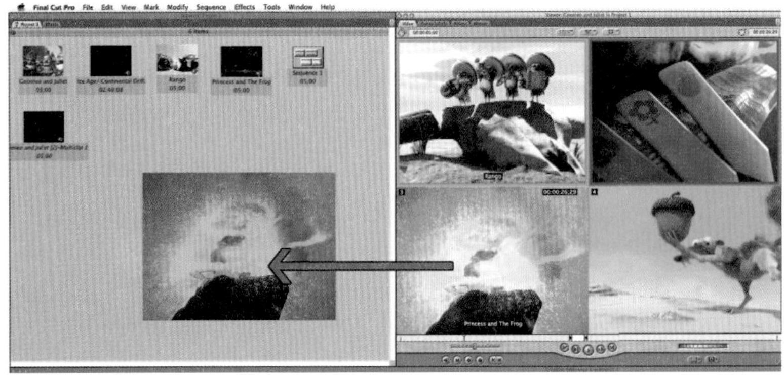

- 단, 액티브 앵글로 선택된 화면은 지워지지 않으니 액티브 앵글 해제 후에 삭제한다.

● 멀티클립의 추가 또는 교체

- 추가하거나 교체할 클립을 선택한 후 멀티클립에 원하는 위치로 드래그한 채로 1초 가량 있으면 3개의 팝업메뉴가 나오는데, 인서트와 오버라이트로 추가나 교체가 가능하다.

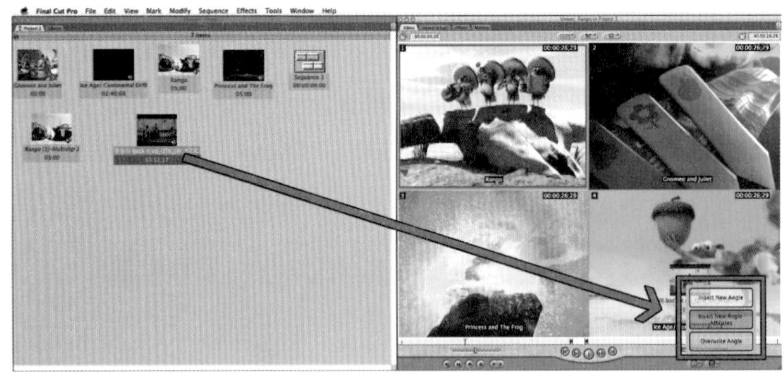

■ 멀티캠 편집하기

- 멀티클립이 준비가 되었다면 캔버스 창의 인서트나 오버라이트 편집 버튼을 클릭하여 타임라인에 배치한다. 또는 단축키 〔Command〕+〔F9〕나 〔Command〕+〔F10〕
- 뷰어창 또는 캔버스 창의 싱크 버튼을 클릭하여 Open으로 설정한다.

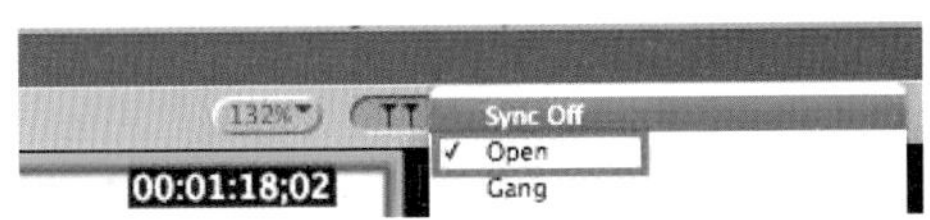

- 재생을 하면 뷰어 창의 네 개의 분할된 화면이 모두 재생되면서 캔버스 창의 영상도 재생된다. 재생 시 마우스 버튼으로 분할된 화면을 선택을 하면 재생이 끝난 후 선택된 화면들이 타임라인에 배치된다.

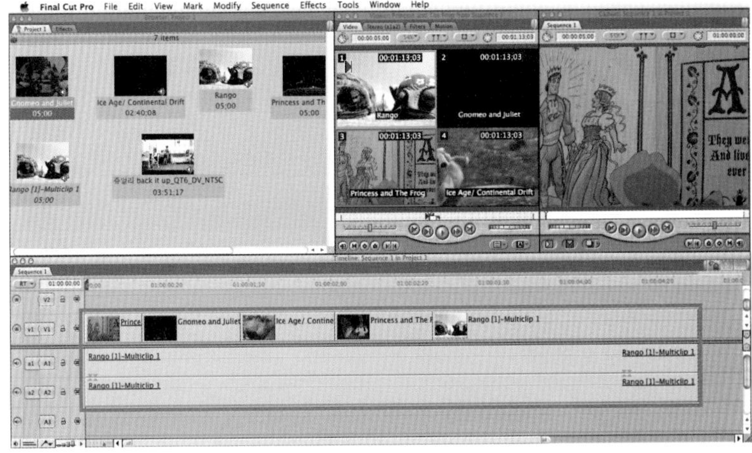

- 키보드의 단축키를 이용하면 보다 편하게 멀티캠 편집을 할 수 있다.
- 메뉴 Tool 〉 Keyboard Layout 〉 Multi Camera Editing를 선택한 후

- 〔Command〕+키패드의 숫자키(앵글번호)를 클릭하면 선택한 번호 대로 컷 편집이 진행된다.

크로마 작업

보편적으로 많이 사용하는 합성 작업 중 블루나 그린 스크린에서 피사체를 촬영한 후 피사체 뒤에 배경을 따로 합성하는 작업이 있는데, 이를 크로마 작업이라고 한다.

- 크로마 촬영한 클립을 불러온다.
- 배경이 되는 클립을 V1에 배치하고 크로마 촬영 클립을 V2에 배치 한다.

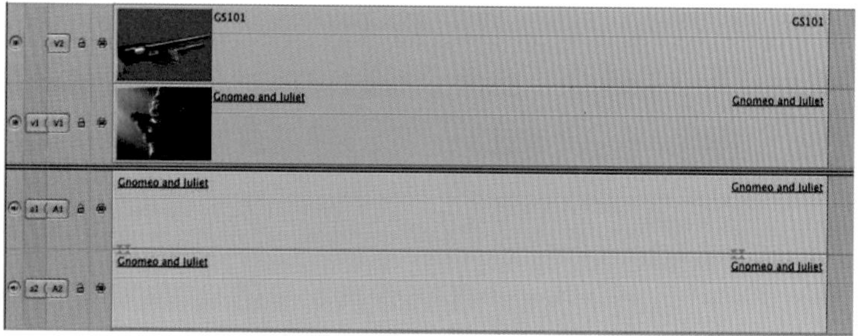

- 크로마 촬영 클립에 이펙트탭의 Video Filter 〉 Key 〉 Chroma Keyer를 적용한다.
- 필터를 적용한 클립을 뷰어 창으로 불러오면 뷰어 창의 탭 중에 Chroma Keyer가 추가된 것을 볼 수 있다.
- 크로마 탭을 선택하면 세부 설정을 할 수 있는 항목들이 나온다.

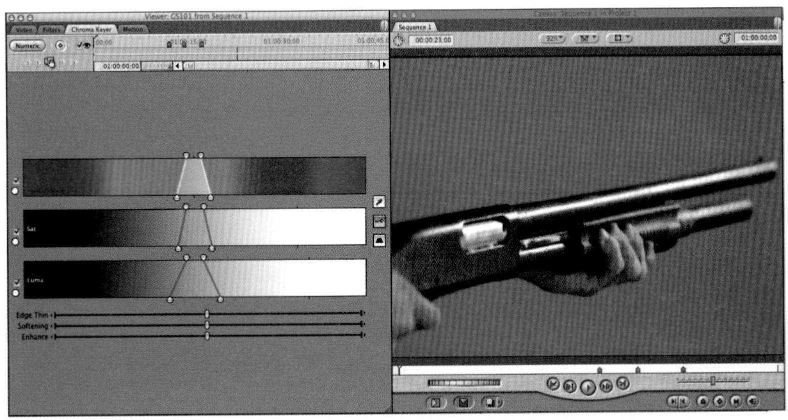

- 크로마탭의 스포이드 로 캔버스 창에 있는 크로마 촬영 클립의 블루 매트 부분을 클릭하여 빼낼 색을 지정해준다.
- 스포이드로 색을 찍어 주어도 깔끔하게 지워지지 않기 때문에 크로마 설정 항목의 수치를 조정해 준다.
- Color Range Control : 컬러의 범위를 지정해 준다.
  표시된 버튼들을 드래그하여 색 범위를 설정해 준다.

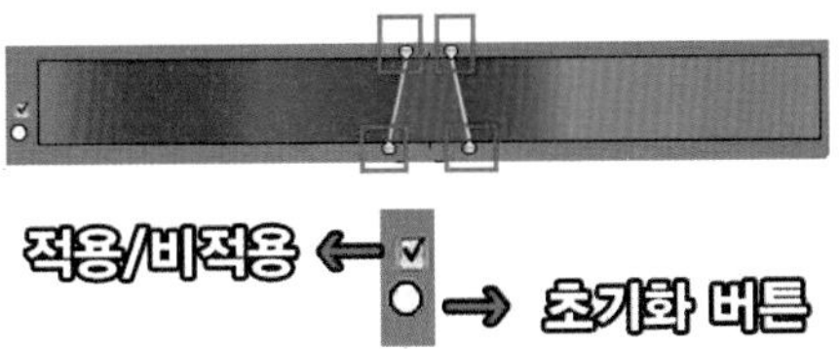

- Sat(Saturation) : 색의 채도 범위를 지정해 준다.

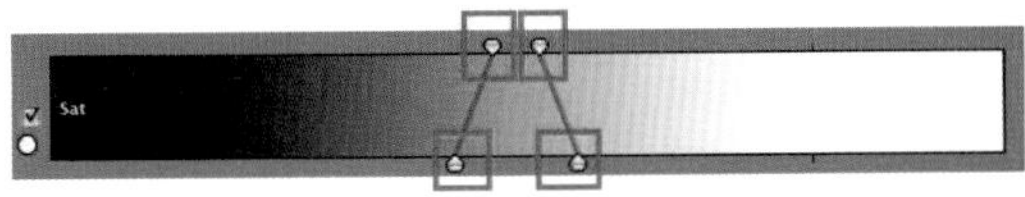

- Luma(Luminance) : 명암의 범위를 지정해준다.

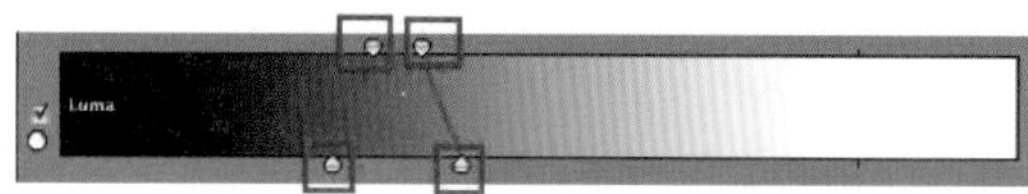

- Edge Thin : 선택된 매트의 외곽 범위를 줄이거나 넓혀준다.
- Sortening : 선택된 매트의 외곽을 부드럽게 해 준다.
- Enhance : 가장자리에 남아 있는 블루톤의 외곽 라인을 없애 준다.
- 크로마 키어 필터의 설정 메뉴를 조절하여 디테일하게 크로마 작업을 진행할 수 있다.

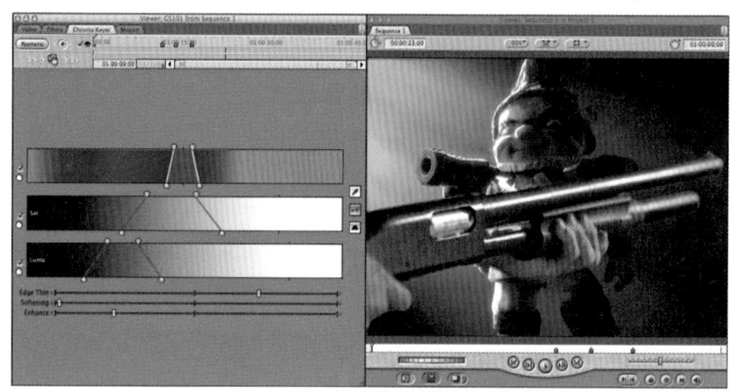

- 뷰어 버튼 : 설정창의 우측에 열쇠모양의 버튼이 있는데, 여러 가지 보기모드 기능이 있다. 클릭할 때마다 버튼이 바뀌면서 다른 기능을 제공하는데, 총 3개의 버튼으로 구성되어 있다.

View Final : 작업한 내용의 최종 결과를 볼 수 있다.

Matte : 작업한 내용을 매트 모드로 볼 수 있다.

Source : 작업 전의 원본 클립을 확인할 수 있다.

/ Invert selection : 크로마 작업한 내용을 반전시킨다.

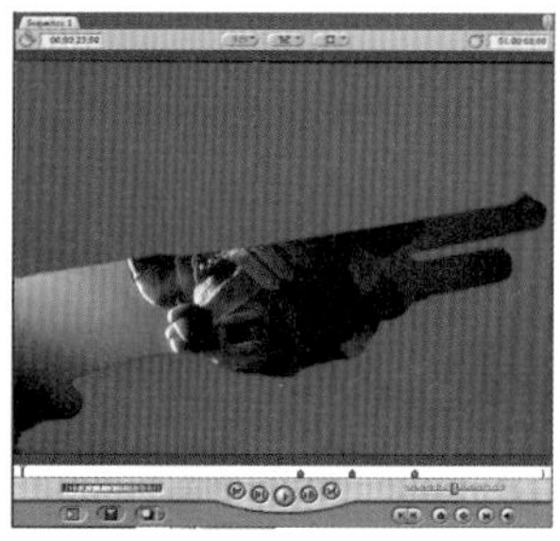

09 렌더(Render)

편집 작업을 진행하다 보면 비디오 필터나 화면전환 효과, 또는 여러 개의 트랙이 쌓이게 된다. 이처럼 작업이 진행되다 보면 타임라인상에서 재생이 안 되거나 재생화질이 떨어지게 되는데, 이때 설정된 시퀀스 세팅으로 최적화된 화질로 재생이 가능하도록 처리하는 작업을 렌더링이라고 한다.

■ 렌더바

타임라인 상단에 보면 렌더링이 필요한 부분을 색깔별로 구분하여 표시를 해 주는 렌더바를 볼 수 있다.

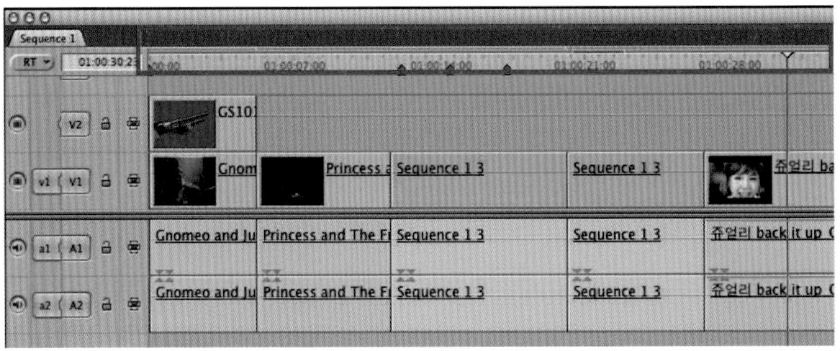

메뉴 Sequence 〉 Render Selection을 보면 여러 색깔의 렌더바를 볼 수 있다.

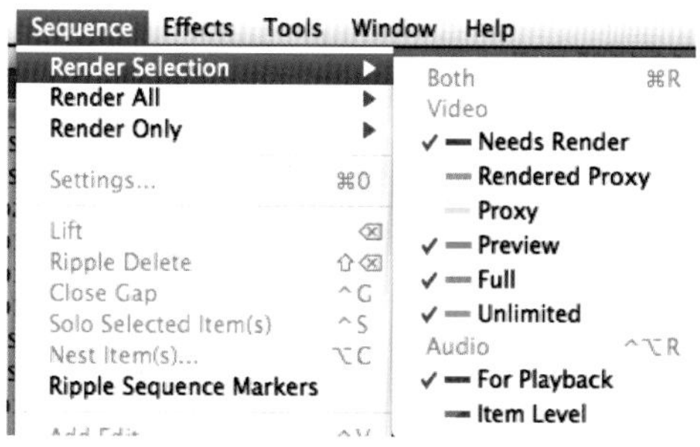

- Needs Render : 반드시 렌더링을 해야 하는 구간.
- Rendered Proxy : 시퀀스 세팅의 렌더 설정보다 낮은 해상도로 렌더한 부분
- Proxy : 재생은 가능하나, 필터 등의 연산작업이 필요한 부분은 생략하며 재생한다.
- Preview : 렌더링 없이 재생이 가능한 구간. 단, 최고 화질의 재생은 아니다.
- Full : 렌더링 없이 테이프 출력 시 최고화질로 실시간 재생이 가능한 구간.
- Unlimited : Unlimited RT 편집 모드 설정 시 화질이나 재생과정이 매끄럽지 못하지만 재생되는 구간. Safe RT편집 모드로 변경하면 Need Render로 표시된다.

■ **시퀀스 전체 렌더링**

렌더가 필요한 렌더바 구간을 재생하기 위해서는 렌더링 작업을 진행해야 한다.

렌더 메뉴는 메뉴 Sequence 〉 Render Selection, Render All, Render Only의 세 가지가 있는데 먼저 전체 렌더링을 설명하겠다.

시퀀스 전체 렌더링은 메뉴 Sequence 〉 Render All 〉 Both, Vedio, Audio의 메뉴로 진행한다.

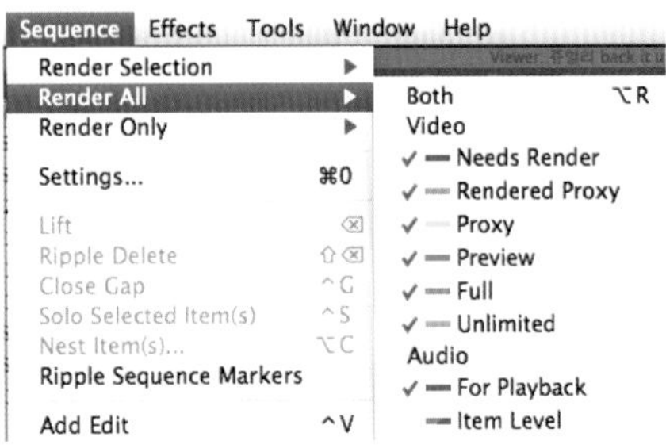

- Both : 비디오와 오디오 모두 렌더링한다. Both의 단축키는 〔Option〕+〔R〕이다.
- Vedio : 비디오만 렌더링한다.
  이때 Sequence 〉 Render Sellection 〉 렌더바 체크를 한 렌더바 구간만을 렌더링을 진행한다. 만약 Needs Render에 체크 설정이 되어 있지 않다면, 전체 렌더링을 해도 타임라인 상의 Needs Render 구간은 렌더링이 진행되지 않는다.

- Audio : 오디오만 렌더링을 진행한다.

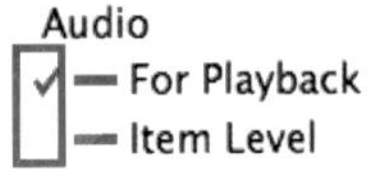

렌더링 시 렌더 작업을 도중에 취소하려면 렌더 진행창의 〔cancel〕을 클릭하거나 키보드 〔esc〕를 누르면 된다.

렌더 작업 중 취소하게 되면 취소 전까지 진행된 구간만 렌더링이 완료된다.

■ 지정한 구간만 렌더링

편집 작업을 진행하다보면 전체 렌더가 아닌 편집자가 원하는 구간만 렌더가 필요할 때가 있다.

이때는 타임라인 상에서 렌더링을 필요한 구간을 인/아웃을 설정한 후 메뉴 Sequence 〉 Render Sellection 〉 Both, Video, Audio 중 원하는 메뉴를 선택한다.

- Both의 단축키는 〔Command〕+〔R〕이다.

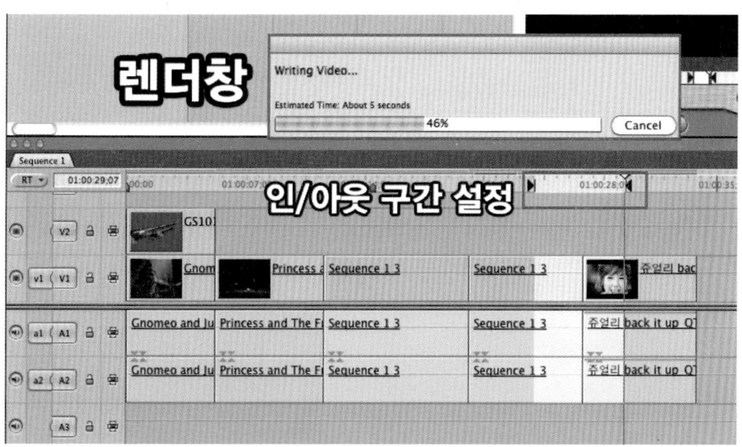

- 인/아웃 구간만 렌더링이 진행되며, 만약 타임라인 상에서 선택툴로 클립이 선택되어 있는 상태라면 인/아웃 구간이 아닌 선택된 클립을 렌더링하게 된다.

- 인/아웃 또는 클립 선택이 되어 있지 않은 상태에서는 전체 렌더링이 진행된다.
- Sequence 〉 Render Sellection 〉 렌더바 체크를 한 렌더바 구간만을 렌더링을 진행한다.

■ **선택한 렌더바 구간만 렌더링하기**

- 렌더바별로 구분해서 렌더링을 할 수 있다.
- Sequence 〉 Render Only 〉 렌더바 선택을 하게 되면 선택한 렌더바의 구간만 렌더링된다.

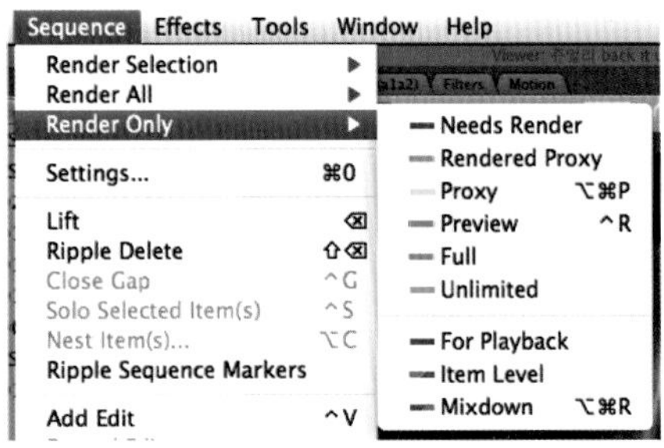

- 이때 인/아웃이나 클립선택이 되어 있으면 지정한 구간에서 렌더링이 되며, 따로 지정되어 있지 않다면 시퀀스 전체에서 선택한 렌더바 구간이 렌더링된다.

10 최종 출력하기(Export)

편집 작업을 완료했다면 최종 출력을 하게 된다. 영상을 모니터하는 방법에 따라 최종 출력물의 형식이나, 파일 포맷도 달라지게 된다.

■ 테이프로 출력하기

편집 작업과 렌더링까지 끝내고 테이프로 출력을 하려면 메뉴 File 〉 Print to Video를 선택하거나 단축키 〔Control〕+〔M〕을 눌러 출력 창을 불러온다.

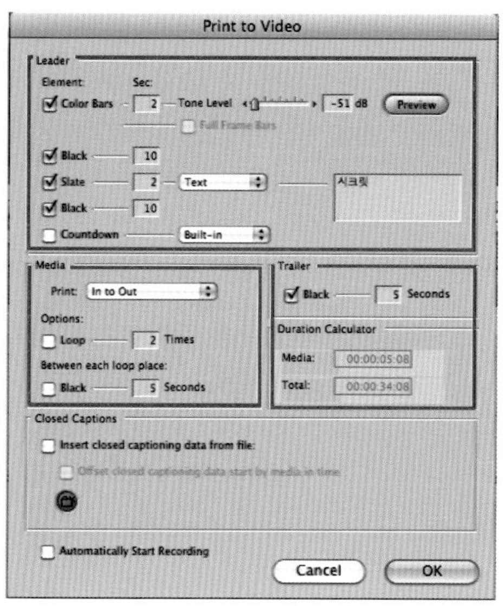

테이프 출력을 할 때 결과물을 녹화 앞부분이나 뒷부분에 컬러바나 테이프 싸인, 카운터 등이 들어가게 되는데 이를 설정해 주는 창이다. 각 항목을 체크하면 설정이 적용되며, 체크 해제하면 테이프 녹화 시 해당 항목은 들어가지 않게 된다.

- Leader : 출력물이 녹화되기 전에 녹화되는 내용.
  - Color Bars : 컬러바의 길이와 컬러바와 함께 들어가는 톤 레벨을 설정하는데 기본적으로 -12db로 설정한다. Preview 버튼을 클릭하면 미리 모니터가 가능하다.
  - Black : 블랙 화면을 넣어준다.

- Slate : 녹화물에 대한 간단한 코멘트를 넣어 줄 수 있다.
- Countdown : 카운트가 들어간다.

● Media : 어떻게 녹화를 진행할지 지정해준다.

- Print : In to Out 설정 시 지정한 인아웃 구간만 녹화하며, Entire Media 설정 시 전체 시퀀스를 녹화한다.
- Loop : 녹화를 몇 번 반복해서 할지 설정한다.
- Black : 반복하여 녹화할 때 반복되는 사이에 몇 초간의 블랙을 넣을지 설정한다.

● Trailer

- Black : 테이프 녹화가 끝난 후 얼마 간 TC가 남아 있어야 하는데, 녹화 끝나고 TC가 흐르도록 블랙을 끼워주는 옵션이다.

● Duration Calculator : 녹화되는 시간을 표시해 준다.

- Media : 녹화되는 편집작업영상의 시간을 표시해준다.
- Total : 본 내용 녹화 전 녹화되는 컬러바, 블랙 등 테이프에 총 녹화되는 시간을 표시해 준다.

● Automatically Start Recording

체크하게 되면 테이프 출력 창의 OK 버튼을 클릭하면 바로 녹화가 진행된다.

체크하지 않으면 OK 클릭 후 데크의 녹화 버튼을 누르면 녹화가 진행된다.

■ 파일로 출력하기

파일 출력 설정은 메뉴 File 〉 Export에 여러 항목이 있지만 독립된 MOV 파일이나 기타 다른 형식의 무비파일로 출력이 가능한 Using

QuickTime Conversion 설정에 대해 설명하겠다.

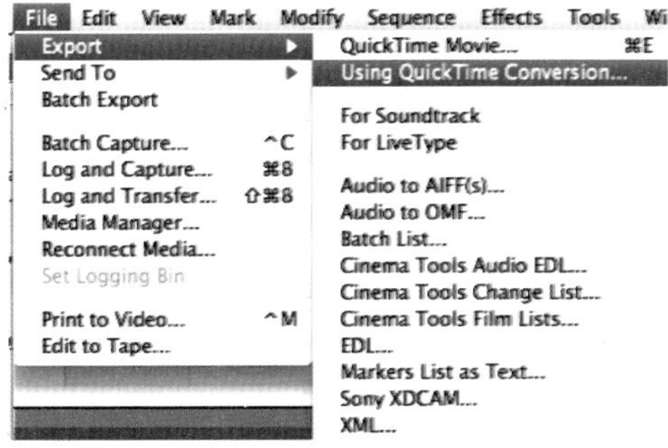

메뉴 File 〉 Export 〉 Using QuickTime Conversion을 선택하면 출력창이 나온다.

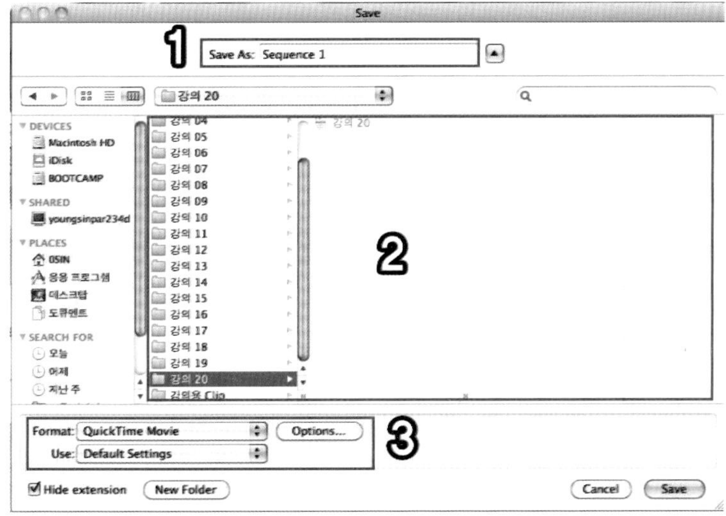

1. Save As : 출력되는 파일이 저장되는 이름을 지정해 준다.
2. 출력되는 파일의 저장 경로를 지정해 준다.
3. 출력되는 파일의 포맷을 선택하고 포맷별로 코덱 선택을 한다.

- Format을 클릭하면 다양한 포맷 옵션이 나온다.

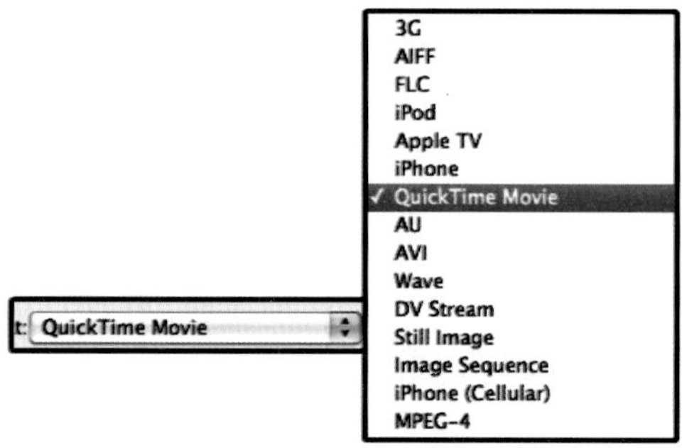

- AIFF : aiff 오디오 파일로 출력
- iPod, Apple TV, iPhone : 각각의 디바이스용 파일로 출력
- QuickTime Movie : Mov로 출력
- AVI : avi로 출력
- Still Image : 재생헤드가 위치한 프레임의 스틸 이미지를 출력
- Wave : wave 오디오 파일로 출력
- Image Sequence : 연속된 이미지로 출력
- 원하는 포맷을 선택한 후 Options... 을 클릭하여 코덱을 설정한다.

QuickTime Movie를 선택한 후 Options을 클릭하면 세팅창이 나온다.

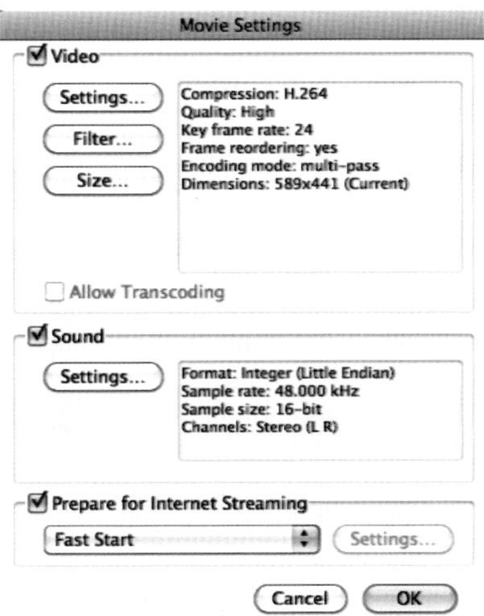

- Video와 Sound 각각의 세팅 메뉴가 있다.
- Video의 Settings를 클릭하면 코덱 세팅 창이 나온다.

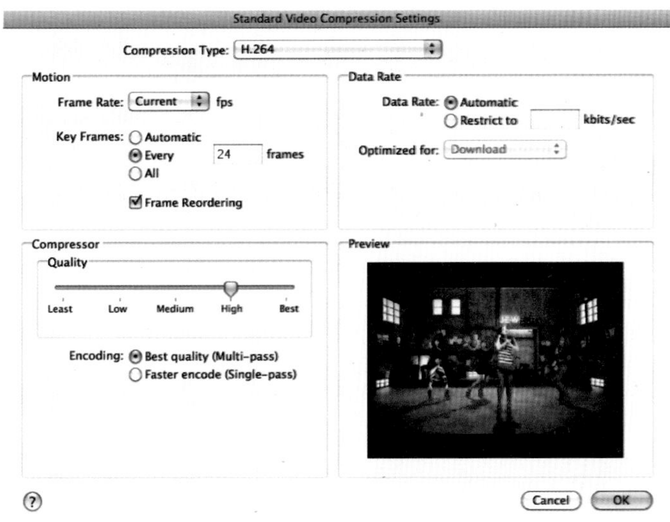

- Compression Type 항목에서 원하는 압축 코덱을 선택한 후 그 코덱에 대한 세부 설정을 진행한다.
- 코덱 선택 시 출력물의 목적에 맞는 선택이 중요하다.
- 작업 영상의 감상이 목적이라면 압축률이 좋은 코덱을 선택한다. 압축률이 좋은 대신 출력 시간이 오래 걸린다.
- 편집용으로 출력할 때는 압축률보다 편집본의 화질을 떨어뜨리지 않고 최적으로 유지할 수 있는 코덱을 선택한다. 화질을 보존하는 대신 용량이 늘어난다.

코덱 선택과 세부 설정까지 완료한 후 OK를 선택하고 처음의 출력창에서 SAVE를 선택하면 출력이 진행된다.

〈저자 약력〉

■ 이상모

- 1960년생, 중앙대학교 예술대학 영화학과 및 대학원 졸업
- 매일경제TV(MBN) PD, 동아TV 편성제작부장, 서울종합예술학교 교수 역임
- 현, 이미지카 대표, 한국영상연구소 회원
- 『응축된 공간과의 대화』, 『리비아 대수로공사(GMR)』, 『평화와 번영의 동반자 자이툰』(제16회 이탈리아로마 세계영화제 최우수작품상) 외 MBC, EBS, MBN, 동아TV 방송 프로그램 다수 연출

■ 박영신

- 1980년생, 강원대학교 영상디자인학과 졸업
- KBS춘천총국 NLE 편집, 서울경제TV NLE 편집 감독
- 현, 기업은행 홍보부 방송팀 OAP PD
- 파이널 컷 프로 인터넷(알지오) 전문강사

저자와 협의
인지 생략

전주정보영상진흥원 총서 5

영상편집 기술 매뉴얼

2011년 8월 2일 제1판제1인쇄
2011년 8월 12일 제1판제1발행

공저자 이상모 · 박영신
발행인 나 영 찬

발행처 **MJ미디어**

서울특별시 동대문구 신설동 104의 29
전 화 : 2234-9703/2235-0791/2238-7744
FAX : 2252-4559
등 록 : 1993. 9. 4. 제6-0148호

정가 18,000원

ISBN 978-89-7880-215-4 93680
www.gijeon.co.kr